贵州：地名文化历史记忆

刘大泯　胡丽　刘炳麟｜著

光明日报出版社

图书在版编目（CIP）数据

贵州：地名文化历史记忆 / 刘大泯，胡丽，刘炳麟
著. -- 北京：光明日报出版社，2024.3
　　ISBN 978-7-5194-7814-8

　　Ⅰ.①贵… Ⅱ.①刘… ②胡… ③刘… Ⅲ.①地名—
介绍—贵州 Ⅳ.①K927.3

中国版本图书馆 CIP 数据核字（2024）第 048720 号

贵州：地名文化历史记忆
GUIZHOU:DIMING WENHUA LISHI JIYI

著　　者：刘大泯　胡　丽　刘炳麟	
责任编辑：谢　香　孙　展	责任校对：徐　蔚
封面设计：樊征宇	责任印制：曹　净

出版发行：光明日报出版社
地　　址：北京市西城区永安路106号，100050
电　　话：010-63169890（咨询），010-63131930（邮购）
传　　真：010-63131930
网　　址：http://book.gmw.cn
E - mail：gmrbcbs@gmw.cn
法律顾问：北京市兰台律师事务所龚柳方律师

印　　刷：天津奥丰特印刷有限公司
装　　订：天津奥丰特印刷有限公司
本书如有破损、缺页、装订错误，请与本社联系调换，电话：010-63131930

开　　本：170mm×240mm	印　张：17
字　　数：278千字	
版　　次：2024年3月第1版	
印　　次：2024年3月第1次印刷	
书　　号：ISBN 978-7-5194-7814-8	

定　　价：68.00元

目　录

前　言

一方水土，孕育一个地名；一个地名，承载一方文化。著名历史地理学家谭其骧认为："地名是人类历史的活化石，是一种看得见的乡愁。"短短数语，便彰显了地名文化的历史价值。从北到南，从都市到乡村，地名文化浓缩了中华民族数千年的历史文化记忆。2022年4月，中华人民共和国国务院公布了修订后的《地名管理条例》（简称《条例》）。新修订的《条例》专门设立地名文化保护专章，明确了加强地名文化遗产保护，鼓励社会参与等要求。地名文化一方面浓缩了一段历史，另一方面承载了人民的乡土情怀和集体记忆。民政部地名研究所专家刘连安指出："由于地名有较好的稳定性、传承性，很多在社会其他领域已难觅踪迹的社会观念、地理特征、语言习惯都沉淀在地名中。"[1]老地名成为今天的人们触摸历史、自然、文化现象的渠道。

十多年前，我在《当代贵州》杂志担任执行主编期间，便和贵州省政府办公厅史志办的刘刚同志联合主编了一本《贵州县名溯源》内部书，此书邀请王丫勹、何静梧、张桂江、伍启林、刘刚、斯信强、钟莉等诸君撰写有关篇目。如今，岁月流逝，在国务院颁布修订后的《地名管理条例》之际，我们便想到把原书中的地名溯源上升到地名文化的历史记

---

[1]　张希：《守护我们共同的记忆》，《中国民政》，2017年第17期。

忆这一线索，重新编著一本新的贵州地名文化的书。同时借鉴了何仁仲主编的《贵州通史》（当代中国出版社出版）、柴兴仪主编的《中华人民共和国地名词典·贵州省》（商务印书馆出版）和《人民日报》《贵州日报》等刊载贵州近年发展的资料。我们知道，地名的起源与含义十分复杂，大体可以分为自然环境和社会历史因素两大类。从自然环境因素来看，很多的城镇依山傍水，滨江临湖，不少地名就起源于这些地物的相对位置，如贵州的省会贵阳市——建在"贵山之阳"称之贵阳；江口县名起源于"大江之口"。从社会历史因素来看，有些地方以当地历史名人或部族来命名，如道真县便借名先贤尹珍（字道真），荔波和册亨两县均来源于布依族语音译。

我们从历史时空走来，梳理一下贵州的历史脉络：贵州位于中国西南腹地，早在24万年前就有古人类在这里活动，贵州是中国古人类发祥地之一。1964年考古学家裴文中率领中科院和贵州一批专家在贵州黔西观音洞进行发掘，发现观音洞是中国南方旧石器时代早期古人类代表遗址。贵州观音洞古人类遗址同北京的周口店、山西的西侯度，成为中国旧石器时代早期的三种代表性文化类型。2000多年前的春秋战国至西汉时期，贵州是西南夷地区一个人多地广的"最大"的实体——夜郎国。司马迁《史记·西南夷列传》载："西南夷君长以什数，夜郎最大。"古夜郎国管辖现贵州及周边省区的部分领地，夜郎的势力已超过同期西南的滇国，成为雄踞一方的政权。古夜郎文化的神秘莫测，成为贵州2000年来最主要的文化符号。秦始皇统一中国后，曾在夜郎地区修筑五尺道，并在部分地方设郡县、置官吏。西汉武帝在夜郎地区继续推行郡县制，同时开辟了从四川南部经贵州西部平夷（今毕节）至江（北盘江）、南到番禺（今广州）的通道。公元前25年，夜郎国灭，郡县制在夜郎地区最后确立。三国时，西南大部地区被蜀汉政权占有，贵州属牂牁郡、朱提郡、兴古郡、江汉郡、涪陵郡。魏晋南北朝时，今贵州境内，除置牂柯郡外，边远地区又分属朱提、江汉等郡。隋时，在贵州置牂柯郡、明阳郡。唐代，在今贵州地区推行经制州与羁縻州并行的制度。宋代，今贵州地域分别隶于夔州路、荆湖北路、潼川府路、广南西路、剑南西路、剑南东路等，主要属夔州路。元代在今贵州地区遍行土司制度。贵州除了灿烂的史前文化，还有神秘的夜郎文化，丰富多彩的民族文化、屯堡文化、阳明文化、沙滩文化、红色文化等。

　　"贵州"之名见于典籍记载，最早是宋代皇帝的诏书，其中有"惟尔贵州，远在要荒"一语。1119 年，宋廷加封当地二司首领为"贵州防御使"，这是"贵州"第一次成为一个行政区划的名字。贵州在元代分属于四川、湖广、云南三行省，明朝建立后，占据云南的元朝梁王把匝剌瓦尔密拒不投降，洪武十四年（1381），明太祖朱元璋命颍川侯傅友德为征南将军，率领大军进攻云南，次年正月云南平定。贵州介于内地与云南之间，控扼湖广至云南的唯一道路，贵州不守，云南也必定保不住，所以明太祖留下 20 余万军队镇守滇黔，尤其是横贯贵州的驿道，命大将顾成驻守贵州，并设贵州都指挥使司，统一指挥贵州驻军。由于贵州分属周边三行省，对三省而言，都是鞭长莫及之地，而且部族林立，控制为难，于是贵州独立建省就有了必要。[1]贵州正式建省后，从此结束了过去多年来分属四川行省、湖广行省、广西行省的历史。明永乐十一年（1413）二月，明成祖下令设立贵州承宣布政使司，贵州成为全国的第十三个行省。贵州省的疆域定型于清朝雍正年间，一是贵州同四川互相交换了一些地区，原属于四川的遵义府及其下属各县改属贵州，贵州毕节以北的永宁全境划给了四川。二是广西行省的红水河、南盘江以北之地以及荔波地区划给了贵州。三是湖广行省的天柱、平溪等地划给了贵

---

[1]　王尧礼：《贵州建省》，《贵州文史丛刊》，2019 第 1 期。

州。民国二年（1913），贵州地方政区进行了一次大的调整，以前的府、厅、州，一律改为县。民国时期，贵州进行了多次行政区划调整，包括各县之间的裁撤、合并、更名及插花地与飞地划拨、县界调整等。其过程大致可以分为三个阶段，第一个阶段是民国初年根据各级政令进行的改传统府、州、厅为县及更改县名、划拨插花地飞地等。此后到1939年左右，贵州省进行零星的行政区划调整，但规模不大。1940年到1942年左右，进行了较大规模的行政区划调整，县的裁撤、合并等调整较多。此后到新中国成立，贵州省的行政区划变动较小。通过几次调整，一些县名被历史的车轮碾过，埋葬到深深的故纸堆中，逐渐为世人所遗忘。民国时期，开县改为开阳县，龙泉县相继改为凤泉县即现在的凤冈县，清平县改为炉山县即现在的凯里县（市），永宁州改为永宁县即现在的关岭县，平远州改为平远县即现在的织金县，思州府改为思县即现在的岑巩县，麻哈州改为麻哈县即现在的麻江县，安南府改为安南县即现在的晴隆县，定番州改为定番县即现在的惠水县；平舟县与大塘县合并为平塘县，长寨县、广顺县合并为长顺县，三合县与都江县合并为三都县，永从县与下江县合并为从江县；弃用了丹江县、八寨县、台拱县、省溪县、青溪县和后坪县等几个县名。[1]抗战时期，贵州成为支持全国的大后方，大量机关、工厂、学校内迁，对贵州经济社会的发展起到了促进作用。1949年，中华人民共和国成立以后，特别是改革开放以来，贵州发生了天翻地覆的历史变化。

贵州不但有丰富的历史文化，还有绚丽多彩的民族文化风情。贵州是一个多民族的省份，全省人口4000多万人，位居西部12省（区、市）第三位。少数民族人口占全省人口的三分之一。全省共有49个民族成分。少数民族成分居全国第五位，少数民族人口数量居全国第三位，主

---

[1] 宋祖顺:《民国时期贵州行政区划调整中"消失"的县名》,《文史天地》2023年第5期。

要有苗、布依、侗、彝、水、回、仡佬、壮、瑶、满、白、土家等17个世居少数民族。其中，苗族、布依族、侗族人口数量全国最多，是全国著名的民族大省。各民族大杂居小聚居，形成了亲如一家、血脉相连的多元一体格局。迷人的民族风情就这样在贵州高原上生动地展现出来了。过去，由于历史上的封闭，贵州形成了多元民族文化特有的原生态风采。在这里的千山万壑中，至今仍保留着众多在经济发达地区已经消失了的多元民族文化之根的鲜活元素。这些多元民族文化未加雕琢，原汁原味，像璞玉般天然美质。如果你有充分的时间，如果你想对贵州多姿多彩的民族文化探寻根底，一年365天都可以到贵州各地各民族村落去感受，去体验不同的民族文化风情。从大年正月到年底岁末，你可以天天都过节，在多彩的贵州，这是一个不难实现的愿望。正月，可以到侗乡腹地，被称为"歌的海洋、诗的家乡"的黎平去看鼓楼，逛花桥，听天籁的侗族大歌，感受浓郁淳朴的侗族风情和丰富多彩的侗族历史文化。二月，在魅力凉都六盘水市南开乡间，和苗族男女青年一起临山对歌，跳起欢腾的芦笙舞，感受古朴的民风。四月，正是到黔西、大方赏百里杜鹃的好时节，逢盛花时节，登高远眺，群山逶迤，山间各色杜鹃花花团锦簇、绚丽灿烂、千姿百态、色彩丰富，并可尽赏彝族粗犷歌舞的阳刚之美。每年一次的"中国贵州杜鹃花节"，被有关部门列为全国生态旅游的主要节庆之一。六月盛夏，到黔西南去，和当地布依族群众过查白歌节，唱山歌、吹木叶，体验布依青年男女"以歌为媒"特殊的传情达意方式，一定会在炎炎夏日体会到布依青年热情真诚的感情。冬天，到威宁草海自然保护区欣赏成千上万从四面八方飞来过冬的水鸟，在这片高原湿地的冬天，你会因为这些飞翔的精灵而感到人与自然的和谐平等，内心也会越发安详。贵州民族文化，因多样而出规模，因多样而多彩。千百年来，贵州少数民族文化已形成"文化千岛"，连接着民族长廊；苗族的牯藏节、姊妹节，布依族的六月六，水族的过端、过卯，瑶族的盘王节等民族节日多不胜举，使贵州成为中国知名的"民俗之都"和"百节之乡"，贵州民族文化项目因此在全国首批非物质文化遗产保护名录中位居前列。[1]

---

[1] 刘大泯：《贵州文化教育相关问题研究》，开明出版社 2021 年版，第 5 页。

第一章　市州篇

市州篇包括贵州省的贵阳市、遵义市、毕节市、铜仁市、安顺市、六盘水市等6个地级市；黔东南苗族侗族自治州、黔南布依族苗族自治州、黔西南布依族苗族自治州3个自治州。

贵阳：避暑的天堂，取自贵山之阳建山城

贵阳市简称筑，别称筑城。贵州省的省会，是贵州省的政治、经济、文化、教育、交通、科技中心。全市面积 8034 平方千米，常住总人口 610 万人。下辖云岩区、南明区、白云区、花溪区、乌当区、观山湖区、清镇市、修文县、开阳县、息烽县。有汉、苗、水、蒙古、布依、瑶族等 50 个民族。贵阳市属于亚热带高原季风湿润气候，冬无严寒、夏季湿润，热量丰富且无霜期较长，降雨十分充沛，多云日照少，相对湿度较大，加上贵阳独特的较高的海拔和较低的纬度位置形成了"爽爽的贵阳"，是当之无愧的避暑天堂，因此中国气象学会于 2007 年授予其"中国避暑之都"荣誉称号。

有关贵阳的记载相关文献资料不多，贵阳出现于地方志《贵州图经新志》："贵州，郡在贵山之阳，故名。"贵阳作为地名有 600 多年的历史。贵阳的建置沿革大体可以追溯到秦汉以前，但是当时贵阳的行政区域还十分模糊，无法定位其位置，从文献资料的推断中可知，当时的贵阳乃至整个贵州都不在中原王朝的统治之下。到了西周中期，西南地区出现了最大的古国牂牁，贵阳市之地属于牂牁北部的中心地区。古夜郎时期，贵阳开始得到发展。两汉时期，贵州曾先后分属于五个郡，牂牁郡所领的夜郎县东北部就是今天的贵阳地区。东晋政府在牂牁设置晋乐、丹南、新宁 3 县，据相关文献记载所知，晋乐县为今贵阳一带。两晋时期可以确定的是，贵阳已经有县一级的行政机构。南北朝承袭汉朝时期的郡县单位，历经四朝发展，晋乐县的设置未有所变化。隋炀帝时期改为郡县两级，贵州的牂牁郡最广，今贵阳市以及其所辖的开阳、息烽都在其管辖内。唐朝时期，在贵州设置羁縻州制度，羁縻州首领保持其原有的称号和权力，由朝廷颁布印信。唐代，在贵州设置了以乌江为界的

两片管理区，在乌江以东设置了 50 多个羁縻州，有庄、应、矩州等。据有关史料记载，其中的矩州可能就是今天的贵阳。北宋时，普贵以矩州归顺，因土语中"矩"与"贵"同音，在颁布的《赐普贵敕》中称为贵州，于是矩州便有了"贵州城"的称谓。[1]元代为了加强对贵州的统治，将贵州城改为顺元府。至元十六年，元朝在贵州设置宣慰府，相继设立了顺元宣慰府、亦溪不薛宣慰府等。清代以巡抚为全省军政长官，设巡抚衙门于贵阳。民国三年（1914），改设贵阳县；民国三十年（1941）撤销贵阳县，以贵阳城区及近郊设立贵阳市[2]。

　　贵阳作为一座悠久的历史名城，保留了大量的历史文物遗迹，其历史街区有护国路、电台街、翠微巷、虎门巷以及历史名镇青岩古镇等。护国路，原名"会文路"，护国路源于护国运动。辛亥革命后，袁世凯倒行逆施宣布称帝，以唐继尧、蔡锷为首的滇军首领开始酝酿反袁的斗争，将此次反对袁世凯称帝的运动称为"护国运动"。云南是第一个反对的大省，护国都督府自然是建立在云南。云南宣布独立之后，与云南相邻的贵州紧接着也宣布独立。"会文路"之所以改为"护国路"，是为了纪念护国运动中的贵州进步人士。王伯群、王文华、任可澄、袁祖铭等人曾经都在护国路居住过。贵阳电台街位于云岩区文昌阁旁，1939 年贵州广播电台成立，当时租用了位于电台街的华家阁楼，电台街的名称由此而来。这条带有浓厚历史气息的老巷子，成为贵阳典型的市井老街。中共贵州省工委旧址纪念馆就位于电台街附近，由市委党史研究室管理，是全省唯一一家由党史部门管理使用的省级爱国主义教育基地。青岩古镇是贵州的四大名镇之一，在今天贵阳市花溪区，至今有 600 多年的历史。青岩古镇建于明洪武十一年，以青色的岩石而得名，在明朝时作为军事

---

[1]　范松：《黔中城市史——从城镇萌芽到近代转型》，贵州人民出版社 2012 年版，第 4、5 页。

[2]　何静梧：《贵阳：贵山之阳建山城》，《当代贵州》2004 年第 1 期。

防御设施而修建，被称为贵阳的"南大门"。

贵阳这座现代化都市与其他城市不同，是一座具有高原特色的现代化城市，是首个国家森林城市、循环经济试点城市。自2015年以来贵安新区成为国家第二批新型城镇化综合试点地区，贵阳贵安大力发展经济，提升发展质量，经济实力大幅度上升，为全省的"黄金十年"提供了动力支持。贵阳利用特殊地理优势实施大数据战略行动，推进大数据市场，成为全国大数据试点、示范城市。如今贵阳的大数据产业逐渐发展为国家级大数据产业集聚区，"中国数谷"建设迈入新台阶，如今"中国数谷"已经成为贵阳一张闪亮的名片。随着贵阳经济与科技的发展，为了攻克交通不便，破解地无三里平难题，贵阳贵安逢山开路、遇水架桥，沪昆高铁、成贵高铁、市域环城快铁相继建成，地铁交通1号线、2号线建成运营，贵阳迈入"铁路时代"。贵阳正在加快推进更深层次改革、更高水平的对外开放，如今企业的创新活力显著增强，对外开放程度不断扩大，各种企业、投资开始大量入驻贵州，极大地提升了贵州的经济活力，提升了贵州人的生活水平。2023年3月28日，在全国十大考古新发现评审会上，来自贵安新区的大松山古墓群入列，大松山古墓群是贵安新区继牛坡洞、招果洞后第三次斩获全国十大考古新发现的地区，见证了一部藏于地下的黔中通史，是反映中华民族多元一体格局的生动案例。

修建于明朝万历间的贵阳甲秀楼（刘大泯 摄）

遵义：转折之城，取自遵王之义

遵义市位于贵州北部丘陵地带，乌江北岸。面积 30762 平方千米，常住人口 659 万人。辖播州区、汇川区、红花岗区、仁怀市、赤水市、桐梓县、习水县、湄潭县、凤冈县、余庆县、绥阳县、正安县、道真仡佬族苗族自治县、务川仡佬族苗族自治县共 14 个县、区（市）。有仡佬族、苗族、土家族、布依族、回族、满族等少数民族 47 个，少数民族中，除土家族较早改用汉语外，仡佬族、苗族、侗族、布依族、彝族等都有本民族的语言。遵义之名取自"遵王之义"，源自《尚书·洪范》"无偏无陂，遵王之义"。

夏商时期，西南地区有一个名叫鬼方的政权，今遵义当时可能在其辖境内。春秋到战国中期，牂牁古国强大起来但是没有把遵义列为辖地，战国中期，川黔交界地出现了小方国，如鳖国、鳖国等，鳖国的中心为今天遵义市的中心地区。秦汉时期置今遵义为鳖县，为郡治。到汉武帝时期派遣唐蒙通夜郎，鳖县归犍为郡管辖。西晋年间，将其改为平夷郡。唐朝初年，谢龙羽派遣使者前往唐王朝朝贡，随后将其设置为牂州。贞观时期先后在其地置恭水、柯盈县，属于郎州，贞观十三年（639），改郎州为播州并将其设为行政区域。贞观十四年（640），改恭水为罗蒙，柯盈为带水。贞观十六年（642），将罗蒙改为遵义。南宋嘉熙三年播州改为播州宣抚司。明万历二十八年（1600）"平播之役"后，取消土司制度，实行"改土归流"，于次年分播州为遵义、平越两个"军民府"，分别隶属四川、贵州两省。清雍正五年（1727），遵义府由四川省划归贵州省管辖。民国初年，废除"府"的建制。民国二十四年（1935），贵州省设 11 个行政督察区，黔北 10 余县为第五行政督察区。1949 年 11 月，遵义解放，"第五行政督察区"改为遵义专区，后称遵义地区，为省政府派出机构，并以原遵义县城区为基础新建遵义。直到改革开放后到 1997 年改为市。

　　遵义位于黔北地区，文化底蕴深厚，被国务院评为中国历史文化名城，至今保留了许多重要的文物遗址。遵义老城，是遵义极具历史气息的古城，有将近 900 年的历史。此城修建于杨氏第十二代土司杨轸时期，在杨氏的带领下遵义老城逐渐成为黔北政治、经济、文化的中心。第十三代土司后，其统治者大力发展生产，修桥筑路，经过数百年的发展，老城区的规模越来越大，规划也更加合理。清乾隆年间，慢慢地出现街市，新城形成，直至建城，开始有新老二城之分。如今遵义老城承载了遵义数不清的历史，成为遵义历史的见证者。贵州有名的沙滩文化就出自遵义，晚清时期遵义地区出现了一大批的学者、官吏，他们从经学、文字、版本目录学到地理学、天文学、农学、医学进行研究著书，取得了一定的成就。以黎、郑、莫三大家族的学者在沙滩文化中做出的贡献最大，早期的沙滩文化代表，有郑珍、莫友芝、黎庶昌等著名人物。

　　遵义又被称为转折之城，1935 年中国共产党在遵义城召开中共中央政治局扩大会议。遵义会议的召开，使党在极危难的历史关头，挽救了红军，挽救了中国革命，在中国共产党和红军的历史上，是一个生死攸关的转折。红军山是遵义烈士陵园，与红花岗、老鸦山相望，收集在遵义各处的红军遗骨，因此称红军山。陵园的正面是在纪念遵义会议召开 50 周年时兴建的一座别具特色的纪念碑，碑上刻着邓小平同志书写的"红军烈士永垂不朽"八个大字。

　　遵义自古以来就是经济发展之地，明以后遵义曾被誉为"黔北粮仓"。当时主要的产业是丝织业。20 世纪中后期，遵义发展起来的金属钛、钢绳、电器、航天、化工及烟酒等工业更是在全国名列前茅，其中优质油菜、辣椒等农产品也走向全国，使遵义农业总产值在贵州占有重要的地位。遵义在工业、农业上的发展带动了整个市区的经济繁荣。如今，遵义的经济迅速发展，实现县域220千伏电网全覆盖。新增5G基站3460个、物联网基站2103个。遵义实施生活服务数字化赋能工程，智慧经济、云经济等新型消费显著提升，步行街经济、夜间经济曾为其发展的主要方向。遵义依靠红色文化、历史古城成为重要的旅游城市，极大地带动了遵义人民的GDP，提升了大家的消费水平。

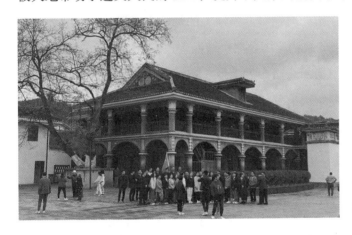

遵义会议会址

（赵昭辉　摄）

安顺：石头之城，取自平安顺利

安顺市，位于贵州省西部，地处中原通往云南及东南亚的要道，被称为"滇之喉，黔之腹"，在设州时取名安顺，意为通衢大道平安顺利。其总面积为9264平方千米。有汉、布依、苗、回、亿佬等民族，常住人口245万人。辖西秀区、平坝区、普定县、镇宁布依族苗族自治县、关岭布依族苗族自治县、紫云苗族布依族自治县。安顺又被称为石头城，是因为在安顺有300多个屯堡村寨，这些村寨以石为路，以石为居，石头的路面、石头的墙、石头的房、石头的磨，大量石材的运用是村寨的特色。走进村寨就如同走进一座座石头城，自此安顺便有了石头城之称。

　　安顺与贵阳一样，都位于黔中腹地。先秦时期，安顺同贵阳一样属于鬼方古国管辖。秦朝时期，在地方推行郡县制，安顺属于象郡，置夜郎县。战国中期，当时西南地区的夜郎逐渐强大起来，安顺一并置于夜郎的管辖之下。西汉末年，王莽专政建立新朝，在全国推行全方位改革，其中包括对地方县名的改革，将安顺由夜郎县改为同亭县。直到东汉时期才恢复夜郎县之名。魏晋时期，南中之战后，济火受封罗甸国王，安顺置于罗甸管辖下。隋朝时期对西南地区的管辖力度不足，东爨势力占据此地，形成了自己的统治集团。唐贞观四年，安顺摆脱了东爨的控制，划归望江县，隶属于琰州。唐中后期设普宁郡。宋朝时，在原普里部落治理地置普安郡，归绍庆府管辖。明万历三十年（1602）将其升为安顺军民府。清顺治十六年（1659），安顺设云贵总督府。康熙元年（1662）改驻贵州提督。二十六年（1687）改安顺军民府为安顺府。民国二年（1913）改安顺府为安顺县，属黔西道。后因为政治的需要又改为安顺行政督察区专员公署驻地。解放后为安顺地区驻地。国务院批准于2000年6月撤销安顺地区，改为安顺市。

　　安顺市人文底蕴相当丰厚。安顺文庙又名府学宫，其建造之美，是我国古代庙宇建筑的精华。安顺文庙建于洪武初年，天启二年被毁坏后，于天启四年重新修建。天启以后，先后经历了多次修缮，成为规模宏大、庄严典雅的古建筑。安顺文庙一度拥有极高的评价，《续修安顺府志》称："庙之建筑，非惟为黔中各府、厅、州、县冠，即放之北京国子监太学中之孔庙，亦无逊色。"安顺还有著名的屯堡文化，它已经成为贵州特有的一种文化资源。明初，明军在征南的过程中，派了大量的士兵，前往南方。征服南方后，命令士兵就地屯田，要求家属等一起迁居于此。随着历史的变迁，他们吸收了当地文化的同时，又恪守自己的文化习俗，形成了一种特殊的文化现象，屯堡文化。安顺屯堡文化就形成于这一时期。如今，安顺屯堡已经有 600 多年的历史，在百余年间顽强地固守自己的故土文化，又与其他文化相互渗透。这种独具地方特色的文化，蕴藏着无穷的魅力。在安顺屯堡文化中保存较完整的有七眼桥镇的云山、本寨、雷屯等。

近年来安顺已取得了巨大的成就，成为黔中城市群重要中心城市，境内实现了县县通高速、乡乡通油路；贵昆铁路穿越全境，市区的黄果树机场已开通至北京、上海、重庆等 10 余条航线。同时，安顺也是国家重要能源基地和"西电东送"工程的主要电源点之一；拥有铅锌矿、铝土矿、重晶石、大理石等矿产资源。近年来安顺九大重点工业快速发展，大数据电子信息产业、装备制造业等产值突破极大。如今，38 家 500 强企业落户安顺，一体匹配新的技术构成、新的融资渠道、新的运营模式。近年来，安顺成功获批国家首批新型城镇化综合试点城市、国家首批全域旅游示范区创建单位、全国首个农村金融信用市、全国唯一的"省部共建"石漠化片区水利精准扶贫示范区。安顺作为贵州首批中国旅游城市，境内有两个 AAAAA 级景区，黄果树瀑布和安顺龙宫。

国家文物保护单位安顺文庙（刘炳麟　摄）

毕节：乌蒙之巅，"比跻"转音得名

毕节市位于贵州西北部，贵州、云南、四川省三省交会处。国土面积26853平方千米，常住人口684万人。现辖七星关区、黔西市、大方县、金沙县、织金县、纳雍县、威宁彝族回族苗族自治县、赫章县8个县市。居住着汉、彝、苗、回等46个民族。毕节，由"比跻"转音而来，元朝初年，平迟安德长官司修建驿馆。开馆之日适逢除夕，这是一年里最后一个节日，因古称"比跻"故转音取名毕节驿。此后，毕节成为专称。

秦朝时，毕节为蜀郡属地。两汉时期，属益州牂牁、犍为两郡所辖。一直到晋才有所改变，晋时属益州、朱提郡。隋唐时在今毕节置牂牁、乌撒两部。宋代以罗氏鬼国辖乌撒部。元代为了加强对毕节地区的管辖设"亦溪不薛"（蒙古语，意为水西之地）宣慰司、乌撒乌蒙宣慰司。到明朝时属水西宣慰司、乌撒军民府、永宁宣抚司和乌撒卫，设立毕节卫。清康熙五年（1666）置大定（今大方）府、黔西府、平远（今织金）府、威宁府，康熙二十六年（1687）改大定府为州隶属威宁府，雍正七年（1729）升大定州为府，领黔西、平远、威宁三州和毕节县、水城厅。民国废府置县，解放前夕为贵州省第四行政督察专员公署，辖毕节、大定、黔西、金沙、织金、纳雍、水城、威宁、赫章9县。1936年，中国工农红军二、六军团长征进入毕节，在区内建立中华苏维埃人民共和国川滇黔省革命委员会，领导创建黔西北革命根据地。新中国成立初期，成立贵州省人民政府毕节区行政督察专员公署，辖毕节、大方、黔西、金沙、织金、纳雍、水城、威宁、赫章9个县。1993年，撤毕节县，建毕节市。[1]

---

[1] 柴兴仪:《中华人民共和国地名词典·贵州省》，商务印书馆1994年7月版。

　　毕节市拥有丰富的历史文化遗产。毕节七星关遗址是其一张文化名片，七星关是贵州省的名关之一，其遗址位于距市区45千米的公冲河。相传蜀汉时期诸葛亮南征亲擒孟获时，在七星关祭天，后来此地成为著名的旅游景点——毕节七星关遗址。此外，在七星关还有一个国家级文物保护单位，大屯土司庄园。大屯土司庄园在明朝时为扯勒部彝族家族宗社所在地。大屯土司庄园，修建于清朝乾隆时期，距今已经有200多年的历史。这座庄园坐东向西，依山势而建，四周砖砌围墙，沿围墙设有6座土筑碉堡。整个建筑分左中右三路主体构筑，设回廊相互贯通。庄园以中国传统建筑样式，加入彝族的民族文化，独具特色，古朴而典雅，充满了人文气息。庄园内的六大碉堡，是土司制度的特殊产物，碉堡之间不是完全独立的，相互之间能策应。大屯土司庄园是目前贵州保存最完整的土司庄园之一，具有独特的民族风格和特色。

　　毕节是贵州著名的革命老区，中国工农红军第六军团政治部旧址就位于此。1936年2月，红二、六军团长征到达毕节，创建了黔大毕革命根据地，开展了一系列革命实践活动。红六军团政治部就设于毕节城区中山路12号原安息会会址内。红军在毕节期间，带领广大穷苦人民开展了打土豪分田地的工作。红军把当地土豪的姓名、占有土地和财产、压迫剥削群众的罪行等公之于众，帮助解除土豪武装、打开粮仓，将粮食、衣物、腊肉等分给穷苦民众，深得人民的拥护。红军在毕节播下了革命的火种，这时期，被许多红军将领称为长征时期的"黄金时代"。1985年，为纪念红二、六军团长征胜利50周年，红六军团政治部旧址进行了一次大的维修。萧克将军亲自为其题名"中国工农红军第六军团政治部旧址"。现为毕节地区博物馆历史文物陈列室。1987年，经贵州省人民政府批准成为省级文物保护单位。

　　毕节是一个物产丰富的大市，大宗农产品以粮油烤烟为主，还盛产天麻、杜仲等名贵中药材,产品在各地十分畅销。此外,毕节拥有丰富的矿产资源,已发现矿种61种,具有资源储量42种,具有开采价值25种,煤炭储量281亿吨,占贵州的51%,有"西南煤海"之誉。目前,已经实现县县通高速公路,杭瑞、厦蓉等高速公路和成贵、隆黄等铁路贯穿境内。截至2021年12月底,全市公路通车里程33994千米,高速公路通车里程1016千米,铁路通车里程538千米。航空形成2小时可融入成渝、滇中、黔中经济圈,是珠三角连接西南地区、长三角连接东盟地区的重要通道。毕节市民生不断改善,教育事业不断进步,医疗卫生事业取得显著成效,如今的毕节人生活幸福指数明显升高。毕节还是中共中央统战部和各民主党派中央、全国工商联联合打造的"毕节试验区"。

世界花园毕节百里杜鹃(王义 摄)

铜仁:武陵郡首,源于铜人出水

铜仁市位于贵州省的东北部,是全区的政治、经济中心,自古就有"黔东重镇""黔东门户"之称。地处武陵山脉主峰梵净山和湘西台地之间。国土总面积18023平方千米,常住人口328万人。现辖铜仁市、江口县、松桃苗族自治县、万山区、思南县、玉屏侗族自治县、石阡县、德江县 10 个县市区。有汉、苗、侗、土家、仡佬等 29 个民族。铜仁之名，源自"铜人出水"的传说，元朝时期，一渔翁在锦江江流交汇处巨岩捡到孔子、老子、释迦牟尼的铜像。因此，在铜人大小江处设蛮夷军民长官司。[1]明朝时期改"人"为"仁"，铜仁之名由此而来。

　　铜仁历史悠久，经相关的出土文物推测，其历史可以追溯到新石器时期。1980 年，在松桃县发现了磨光石斧、夹砂红陶片等。1981 年，在马岩乡岩董也发现类似的夹砂红陶，经相关的专家鉴定，以上出土的文物皆为新石器时期的遗址。春秋至秦，铜仁属黔中郡、巴郡及夜郎。两汉时，铜仁隶属于武陵郡。直到唐朝时，正式设万安县，后改常丰县，属于思州、锦州管辖。元朝设思州、思南宣慰司。明初此地设"铜仁大小江蛮夷军民长官司"，属思南宣慰司。明朝永乐十一年撤思州、思南宣慰司，于今境地设铜仁、思南、石阡、乌罗 4 府，属贵州布政使司。明正统三年（1438）废乌罗府，其大部并入铜仁府，改铜人为铜仁。民国元年，撤铜仁县并入铜仁府；民国二年，改铜仁府为铜仁县（治所今铜仁市）。1950 年 1 月铜仁全境解放，设铜仁专区，专员公署驻铜仁县。1979 年 1 月撤销铜仁地区革命委员会，正式设立铜仁地区行政公署（简称行署），作为贵州省人民政府行政派出机构。2011 年 10 月 22 日，国务院下发文件，批复同意撤销铜仁地区设立地级铜仁市。

　　铜仁市历史悠久，文化底蕴深厚。其中梵净山是全国五大佛教名山，也是世界自然遗产，全国 AAAAA 级景区。铜仁市内的中南门古城，位于两江汇流处，因水而生；其地理位置十分险要，三面环水，北面靠山。明朝景泰二年，以土城为基础开始修建古城，以东、西、南、北四门为主，修建城楼。到明嘉靖三十五年，因城墙受洪水冲击，毁坏严重，当时巡抚冯奕垣集多方投资重修古城。这时期所修的城墙规模最大且雄

---

[1]　张桂江：《铜仁源于铜人出水》，《当代贵州》200５ 年第 ５ 期。

伟壮观，基本上奠定了古城的格局。清朝时，对其进行过几次维修和改建工作，但都没有继续扩大规模。解放后初期，铜仁城古城墙大部分保存得比较完整。但"后随着城市的发展，城墙逐步拆除，现仅江宗门至中南门一带城墙尚存（无城垛，现砌有类似城垛的栏），江宗门的城门洞尚称完好。1980年铜仁古城（局部）被列为县级文物保护单位"[1]。如今的中南门古城遗址是铜仁市仅存的一片最完整的明清历史文化街区。坐落于锦江沿岸，南北古巷迂回婉转，曲折多变。通过古老城墙，能感受铜仁的历史兴衰。遗留下的古城，承载着黔东地区珍贵的历史遗迹和浓厚的人文底蕴。

贵州花生的生产大营之一就在铜仁市，铜仁花生的营养极为丰富，美味可口，远销国外。除此以外，铜仁还是著名的矿产生产区，以汞、钾最为丰富。铜仁有"黔东明珠"之称。此外，2018年年底铜玉高铁建成通车，沪昆、杭瑞、思剑等高速公路的开通，实现县县通高速，自铜仁凤凰机场国际航站楼建成以来，其旅客吞吐量每年都保持在100万人次左右，载重500吨的航船可经乌江入长江达东海，铜仁初步实现高效便捷的海陆空交通网络。如今铜仁以主城区为中心，以玉铜松城市带、乌江沿岸绿色城镇为重要支点，以特色乡镇特色村落为网点的新型城镇体系日益完善，城乡面貌显著改善。近年来，铜仁以产业数字化、数字产业化为主线，全市数字经济发展增长迅速。"4+2+X"数字经济发展总体布局确立，以大数据战略为核心的数字经济越来越成为其经济发展的重要方式。随着经济的发展，2021年，全市完成地区生产总值1462.65亿元。铜仁人民的生活水平显著提升，越来越多的企业落户铜仁，为其经济发展注入了新鲜的血液。

---

[1] 刘新华，杨滨莲:《铜仁古城话沧桑》,《贵州文史丛刊》2002年第3期。

世界文化遗产铜仁梵净山（王义　摄）

六盘水：避暑之都，各取三县组合

六盘水市位于贵州西部，是贵州第二个成立的省辖地级市。国土面积9914平方千米，常住人口301.7万人。现辖钟山区、水城区、盘州市、六枝特区。六盘水市由彝族、苗族、布依族、白族、回族、仡佬族、水族、汉族等45个民族组成。六盘水最高海拔为2845.7米，最低海拔为586米，属于喀斯特地貌。为亚热带湿润气候区，冬暖夏凉，气温差异较小，降水充足，年平均气温13℃～14℃，在气温最高的7月，平均气温19.8℃，被国内气象学家称为"中国凉都"。

六盘水在春秋时期就开始建置，当时为牂牁古国的属地。战国时期，为古国夜郎的属地。秦始皇统一中原后，设为巴郡汉阳县属地。两汉时期，朝廷派使者到今六盘水之地，以加强对此地的统治，于是在其地设置郡县，分属于夜郎县、宛温县、平夷县。郡县设立后，开始在这里推行驻军屯田政策，大量的汉人迁入，促进了六盘水的政治经济文化的发展。三国时分属南中的牂牁郡平夷县、兴古郡宛温县地。魏仍分属平夷县、宛温县。晋朝时为平蛮县、宛温县地。隋时未入职方。唐朝时期在贵州推行羁縻州政策，市境内以南为盘州，北为汤望州，二者都为羁縻州。宋朝时，由边疆部族建立三大政权，分别是南部矢部地（自杞国）、北为罗氏鬼国、东北为罗甸国。明分属普安府、西堡长官司、贵州（水西）宣慰司。清置水城厅、普安州、郎岱厅。民国时期置水城县、盘县、郎岱县。解放初期后其设置也未改动。1964年，国家计委和煤炭工业部经过调查比较，以西部六枝、盘县、水城三县为基础建立贵州煤炭基地，六盘水这个组合性的专名由此而得。1967年10月，六盘水地区革命委员会筹备小组成立，六盘水开始成为一个政区，下辖三个特区。1978年12月，国务院批准成立六盘水市，下辖六枝、盘县、水城三个区，成为全国著名的"三线"建设城市。

六盘水历史文化悠久，民族文化丰富多彩。考古学者在六盘水的盘州发现了贵州最早智人的"盘县大洞人"，盘县古人类文化遗址，在今盘州市竹海城镇十里坪村。"遗址所在洞穴原称大洞，由关牛洞、水洞、阴河洞、主洞厅和消洞组成。大洞的第四纪堆积丰富而且保存完好，为建立华南第四纪洞穴堆积标准剖面提供了理想条件，被国内外专家认为是我国洞穴古人类遗址的重大发现，这在世界古人类早期遗址中也属罕见，是能进行多学科综合研究并具重大科研价值的重要场所，其规模、文化堆积物年代及考古材料的品种数量，可以与北京周口店媲美。1996年被国家文物局列为全国重点文物保护单位。"[1] 此外，六盘水市为夜郎国地，留下了许多神秘的古夜郎文化。红军长征期间红二、六军团在盘县九间楼召开了"盘县会议"，留下了宝贵的长征文化。六盘水盘州的彝族山歌、水城南开苗族芦笙技巧、彝族火把节、苗族跳花节等丰富多样的节庆文化，展现了六盘水多彩的民族文化。

六盘水市是以新兴工业建立起的城市，是西南至华南地区重要的能源原材料工业基地，有煤、铁、锰、锌、玄武岩等矿产资源30余种，其

---

[1] 韦应学编著：《走读贵州》，宁夏人民出版社2019年版。

中煤炭资源远景储量 844 亿吨，是全国"14 个亿吨级大型煤炭基地"之"云贵基地"的重要组成部分，是长江以南最大的主焦煤基地，被称为"江南煤都"。六盘水作为国务院确定的全国 31 个成长型资源城市之一，现已形成以煤炭、电力、冶金、建材和新型煤化工为支柱的现代工业体系。近年来，建成牂牁江湖滨旅游度假区、乌蒙大草原旅游景区、梅花山旅游景区等 10 余个重点旅游景区，建成了玉舍滑雪场等 3 个低纬度滑雪场。在全省率先实现"县县通高铁""县县通高速"，全市"三横一纵一环"高速公路主骨架全面形成，与周边市州全部实现高速公路连接。六盘水月照机场开通了直达北京、广州、杭州、成都、上海、西安等 10 多个城市的航线，打通了连接"北上广"的"空中走廊"，架起了西南腹地与沿海发达地区的便捷通道。

六盘水市三线建设博物馆（胡丽　摄）

黔南：生态之州，贵州的南大门

黔南布依族苗族自治州位于贵州省中南部，东与黔东南州相连，南与广西壮族自治区毗邻。面积 26197 平方千米，常住人口 349 万人。全州辖都匀市、福泉市、荔波县、贵定县、瓮安县、独山县、平塘县、罗甸县、长顺县、龙里县、惠水县、三都水族自治县 12 县市，有汉、布依、苗、水、壮、侗、毛南、仡佬等 43 个民族。黔南平均海拔为 997 米，年平均气温为 16.4℃，冬无严寒，夏季湿润，凉爽舒适，是典型的亚热带湿润季风气候区；境内大小河流 117 条，万水争流、山峦起伏、层林环抱，负氧离子浓度高，造就了黔南神秘的大氧吧、大空调。正是因为良好的气候和生态环境，黔南州被誉为"生态之州"。黔南具有"东经湘赣通沪浙，南下两广接港澳，西过云南连东盟，北上川渝进西北"的独特区位优势，曾是南方出海丝绸之路的重要通道，也是黔中通往川桂湘滇的故道，商贾云集、物流通达，自古以来黔南就有贵州的南大门之称。

黔南州历史悠久，自古就是边疆部族居住之地。据相关的资料记载，先秦时期，黔南境内就有多个部族在此活动，当时黔南州分属牂牁、夜郎等两国管辖。到秦汉时期，黔南分属于且兰、毋敛县等。唐朝在西南地区推行羁縻州政策，以加强对其统治，在境内设立了羁縻府、州、县、峒、卫、所进行管理。直到元朝时，其分属地都未有所变动。元代，黔南分属八番顺元等处宣慰都元帅府、都云定云安抚司、新添葛蛮安抚司、播州宣慰司和庆云南丹安抚司。明朝时期，黔南被设立为卫所军事机构，属贵州卫、龙里卫、平越卫、都云卫、新添卫、定番州、广顺卫等。弘治年间，贵州境内开始推行"改土归流"，在原土司统治地区设府县，为都匀府。清朝时期，政府在黔南境内大力进行"改土归流"，同时废除了土司世袭的安抚司、长官司，设置流官，撤销卫所，黔南地区属于贵州府、都匀府、独山府和平越府。1914 年，民国政府将清朝时设的府、州、厅、县一律改称县，1935 年，黔南州分属于第一、第七和第十一行政督察区。黔南布依族苗族自治州成立于 1956 年 8 月 8 日，首府所在地为都匀市。目前，黔南州辖 2 个县级市、9 个县、1 个自治县。

黔南州也是贵州红色圣地。红军长征在贵州时曾六过黔南，到州境七个县市，在瓮安县猴场修整期间召开了猴场会议，猴场会议的召开具有重大的历史意义，周恩来总理将其称为"伟大转折的前夜"。中央红军强渡的乌江，位于瓮安江界河，从而打下了红军长征第一次大胜仗。邓恩铭，是中国共产党早期创始人之一，也是唯一的少数民族（水族）代表，他的家乡就在今黔南荔波县。黔南州为了更好地传承红色基因和红色文化，做了许多的准备工作，目前已建立了多个红色教育基地。

黔南不仅是贵州的红色革命基地，同时也是一个人文荟萃之地。西汉著名辞赋家盛览、著名经学家尹珍在学成后回到黔南故里，两人回乡后都纷纷设坛教学，开启了贵州学校教育的先河。明朝时期王阳明弟子张翀、邹元标被贬谪都匀，在都匀传播阳明之学，使之成为王学名镇。在黔南这片土地上，先后诞生了贵州第一部诗歌总集《黔风录》，第一部戏曲剧本《鸳鸯镜》，第一部编年史《黔史》，第一部私家方志《桑梓述闻》等。

如今，黔南已探明的矿产资源有磷、铝、煤等 50 余种，其中，磷矿储量 18.06 亿吨以上，罗甸玉石矿带面积 118 平方千米，素有亚洲"磷都"、中华"玉邑"之美誉。水能资源理论蕴藏量 420.8 万千瓦，技术可开发量 180.5 万千瓦，已开发 130 万千瓦。黔南是中国十大名茶"都匀毛尖茶"的原产地。黔南更是凭借着自身的实力和全州人民的不懈努力，建成融公路、铁路、水运、航空为一体的现代化综合交通运输体系，成为全省乃至全国 30 个民族自治州条件最好的地区之一。随着世界最大 500 米口径球面大射电望远镜建成运行，"中国天眼"已成为黔南又一张亮丽的名片。

世界自然遗产黔南州荔波小七孔（王义　摄）

黔东南：百节之州，文化旅游示范区

黔东南苗族侗族自治州位于贵州省东南部，总面积30337平方千米，常住人口374万人。境内居住着苗、侗、汉、布依、水、瑶、壮、土家等47个民族。黔东南州辖凯里市、榕江、从江、雷山、麻江、丹寨、黄平、施秉、三穗、镇远、岑巩、天柱、锦屏、剑河、台江、黎平16个县市。黔东南自治州，是我国30个自治州中，少数民族人口最多的，47个民族居住在州境内，构成了一个多彩的民族大家园。据相关数据资料，黔东南州一年民族节日有200多个，其中比较有特色且隆重的节日如苗年节、芦笙节、吃新节、三月三、六月六、斗牛节等，这些节日各具特色，丰富多彩，带有浓厚的民族文化和民族风情，黔东南因其众多的民族节日而获"百节之州"的称谓。黔东南侗族大歌，被评为世界非物质文化遗产，施秉云台山被评为世界自然遗产。

　　黔东南苗族侗族自治州，春秋前期，被称为"南蛮"或"荆蛮"之地，属牂牁国和楚国的黔中地，后分属夜郎国。秦时属黔中郡，汉时改秦黔中郡为武陵郡。隋代属牂牁郡、沅陵郡和始安郡，唐代改郡为"道"后，属黔中道。元代分属四川播州宣慰司、湖广思州宣慰司和新添葛蛮安抚司；明代废思州宣慰司，分置镇远府、黎平府和新化府等，隶属贵州布政司；清代区划基本袭明代。民国初分属黔东道和黔中道。1935年后分属全省第一、八、十行政督察区。1949年11月设镇远督察区专员公署。黔东南苗族侗族自治州于1956年7月23日正式成立。

　　黔东南州文化底蕴深厚。民族文化有以凯里、台江、雷山为代表的苗族风情文化；以黎平、从江、榕江为代表的侗族风情和独特的建筑艺术；特别是黎平侗族独柱鼓楼、榕江车江八宝寨鼓楼等世界之最已列入吉尼斯纪录，堂安侗寨和隆里古城为中挪国际合作项目生态博物馆。黔东南的"百节之乡""歌舞海洋"，每年超万人规模节日活动100多个，内容丰富多彩。文化遗产丰富，有人类非物质文化遗产代表作1项（侗族大歌），国家级非物质文化遗产代表性项目56项78处。文物保护单位1085处，其中全国重点文物保护单位20处。此外，黔东南州还拥有辉煌的革命文化历史，红军长征时期的中共中央政治局黎平会议会址、榕江红七军军部旧址、革命先驱龙大道故居和周达文故居位于此。

　　黔东南州矿产资源较丰富，分布广泛、种类较全、矿种众多，部分矿种具有优势的格局。截至目前，全州境内已发现矿种61种（含亚矿种），占全省已知137种的44.5%。其中重晶石资源量居全国同类矿产资源储量之首，玻璃用石英砂岩、锑矿列全省同类矿产资源储量的前三位。黔东南州不仅水资源蕴藏丰富，也是一个森林资源宝库。黔东南州境内水系发达，河网稠密，有983条河流，平均年径流量192.1亿立方米。以清水江、潕阳河、都柳江为主干，长江流域面积 21535 平方千米，珠江流域面积 8802 平方千米，是长江、珠江上游地区的重要生态屏障。黔东南州地处云贵高原向湘桂丘陵盆地过渡地带，境内气候温和、雨热同季，森林茂盛、物种繁多，森林覆盖率达 67.98%，是"两江"上游的重要生态屏障。2021 年全州地区生产总值 1255.03 亿元，全州城镇居民人均可支配收入 37425 元。如今，黔东南以经济建设为中心，实施"工业强州、城镇带州、旅游活州"战略，"加速发展、加快转型、奋力赶超、推动跨越"。黔东南正在以其民族特色，带领各民族走出自己的发展道路。

世界自然遗产黔东南州施秉云台山（刘艳　供稿）

黔西南：中国金州，西南屏障滇黔要冲

黔西南布依族苗族自治州位于贵州中部偏西北、乌江中游鸭池河北岸，素有"西南屏障""滇黔锁钥"之称。全州辖 8 县（市），即兴义市、兴仁市、安龙县、贞丰县、普安县、晴隆县、册亨县、望谟县。现共居有布依族、苗族、彝族、回族、黎族、仡佬族、壮族、瑶族、满族等 30 多个少数民族，常住人口 300 万人。

殷周时，始有部族活动，为鬼方国。春秋、战国至秦、汉、两晋为夜郎国、牂牁郡、夜郎县、夜郎郡、兴古郡，且属辖地域数次变更。唐代，在州境推行羁縻制度。南宋时期，州境分属罗殿、自杞等国。元代，在州境推行土司制度，加强对地方土著势力的控制。明洪武十四年（1381）九月，黔西南纳入明王朝统治，在州境实行屯田，对土司制度进行整治，设置卫、所、屯、堡，实行"土流并治，军政分设"。清顺治九年（1652）二月，改安隆所为安龙府（今安龙县）；十五年，改安龙府为安笼所；嘉庆二年（1797），改南笼府为兴义府。民国三年（1914），撤销兴义府，境内隶贵西道；民国二十四年（1935），州境属贵州省第三行政督察区。1982年5月1日，正式建立黔西南州，州府驻兴义县城。1987年11月6日，经国务院批准，撤销兴义县，建立兴义市。

黔西南拥有丰富的水资源、生物资源、矿产资源。境内有河长10千米以上、流域面积大于20平方千米的河流102条，南盘江、北盘江、红水河是州内三条较大的江河。由于境内河流落差大，全州可供开发的水能资源丰富，水能理论蕴藏量为312.5万千瓦，是全国三大水电基地之一的红水河水电基地的重要组成部分。年发电量达到128亿千瓦时，是"西电东送"的重要电源基地、电力枢纽和通道。黔西南州境内已发现矿藏41种，占全省发现矿种的一半，正式提交储委批准有开发价值的21种。其中煤炭资源是"西南煤海"的重要组成部分，同时被中国黄金协会命名为"中国金州"。如今，建设旅游项目456个，新增AAAAA级景区9个、AAA级景区36个，建成体育运动基地12个。实现旅游总收入2907亿元。荣获"中国四季康养之都""世界春城"称号。基础设施不断完善。全州高速公路通车里程达616千米，公路通车里程达2.26万千米，水运通航里程达1017千米，万峰林机场新航站楼建成投用，"五位一体"综合交通体系初步形成。城镇面貌焕然一新。

黔西南不仅自然资源丰富，也是文化荟萃之地。全州现有文物藏品5000余件，其中国家一级文物45件，约占全省国家一级文物的一半。在兴义市万屯汉墓和兴仁市交乐汉墓出土的东汉时期的抚琴俑、铜车马、连枝灯、摇钱树、巴郡守丞印、陶质水塘稻田模型，在安龙等地发现的铜釜、铜洗（盆）、编钟、羊角钮钟，均为文物精品。州境内还有多处摩崖石刻，文字有汉文、彝文、阿拉伯文、满文，字体正、草、隶、篆兼备，内容既有官方文告，也有民间乡规民约、名人题记、历史事件记述等，涉及政治、军事、经济、文化、社会等各个方面，是刻在石头上的"史书"。

黔西南州兴义万峰林（王义　摄）

第二章　县域篇

县域篇包括贵州省息烽县、开阳县、桐梓县、习水县、普定县、镇宁县、雷山县、麻江县、安龙县、大方县、织金县、思南县、江口县、松桃县等61个县（自治县）。

修文：王学圣地，取自偃武修文

修文县位于贵阳市北部，其占地面积 1071 平方千米，常住人口 29.51 万人。有 12 个乡镇（街道）级行政区，共 108 个行政村、18 个社区。修文境内有汉、苗、彝、布依等 22 个民族。修文被人们所熟知的大部分是因为王阳明，明朝时期王阳明被贬到修文，当时修文地区环境十分恶劣，有"连峰际天兮，飞鸟不通"之说，但王阳明并没有被其吓退，在简陋恶劣的山洞中研究学问，创立了著名的"阳明心学"。因为王阳明的原因，自此修文也成为王学圣地。据《修文县志》记载：崇祯"三年三月，安位乞降，乃献水外六目地。六目者，今修文、扎佐、息烽、六广、九庄、安底是也"。这是修文县名最早的出处，取自《尚书·武成》中的"偃武修文"，其寓意为发扬光大王阳明所倡导的文教事业。

先秦时期，修文县归牂牁管辖。秦汉时期，先后属象郡、牂牁郡、蛮州、罗氏鬼国管辖。唐朝时期，在贵州设置羁縻州，修文为功州地。两宋时，依唐制不变为功州地，功州以北和清州以南之地，属于绍庆府管辖。元朝实行行省制度，县级行政机构开始设立。元世祖至元二十年，四川行省讨平九溪十八洞后，设顺元各军安抚司，设总管，属顺元路宣慰司。安抚司，领贵州长官司 24 个，置于修文县与息烽县的有 4 个蛮夷长官司，归属四川行省。至元二十九年改属湖广行省。明清时期，改置青山长官司、底寨长官司，属四川行省。洪武十七年，奢香在龙场设九驿，其中著名的龙场九驿和六广驿就位于今县境内。永乐十一年，设贵州行省，县内各长官司属贵州行省。崇祯三年，在贵州置于襄、修文、息烽、濯灵等千户所。清康熙二十六年，四所改为修文县，属贵阳。1949 年 11 月 17 日，修文县解放，同年 11 月 24 日，建立县人民政府，属于安顺管辖。1992 年经决定改隶贵阳市。

修文县因王阳明而被人们熟知。王阳明是明朝兵部主事，因其反对宦官刘瑾，被贬谪到修文当龙场驿丞。当时此地的环境十分恶劣，在此情况下，王阳明没有被吓退，居住环境恶劣的山洞中将所有的精力用来研究《易经》，撰写了《五经臆说》，并创设龙岗书院，开启了贵州教育的先河。1509 年应贵州提学副使席书之请，王阳明到贵阳文明书院阐述其"龙场悟道"，讲授"知行合一"的学说。王阳明声名远播，受到国内外人士的赞誉。清代光绪年间，日本学者三岛毅曾题诗："忆昔阳明讲学堂，震天动地活机藏。龙岗山上一轮月，仰见良知千古光。"[1]

修文县阳明洞为贵州重要文化名洞之一，王阳明的悟道之地。王阳明先生曾在此洞居住 3 年，其洞旁还有他亲手培植的两株巨柏，洞内有百态千姿的石钟乳。洞旁现存多座清代时期的建筑和大量石刻。民国时期，爱国将领张学良也曾在这里被困囚了 3 年。如今阳明洞已成为贵州省著名省级文物保护单位，贵州文化的一张名片。修文县保存了部分文物，有明朝贵州宣慰使奢香领建的狮柱纹栏的蜈蚣桥，现为省级保护文物等。

近年来，修文打造全国旅游县，旅游业实现了巨大的蜕变，旅游业实现"井喷式"发展。因其位于贵州内陆开放型经济试验区的核心区，如今已构建以修文经济开发区为主体的中关村贵阳科技园修文产业园。500 强企业 10 余家、高新技术企业 5 家入住修文；到 2022 年累计新增产业项目 85 个，建成大数据与实体经济融合示范项目 24 个，规模工业企业总数达 108 家。此外，修文区位优越，交通便利，从县城到贵阳城区仅半小时，经贵毕、贵遵及东北绕城高速公路到达贵阳龙洞堡机场 48 千米。210 国道、渝黔铁路、贵毕高等级公路穿县境而过，其物流运送具有极大的交通优势。

---

[1] 刘刚：《修文得名"偃武修文"》，《当代贵州》2005 年第九期。

王学圣地修文县（刘炳麟　摄）

开阳：开州之城，取自开阳明之学

开阳县位于贵州省中部，隶属于贵阳市。全县总面积2026平方千米，常住人口34.3万人，下辖3个街道、7个乡镇、8个乡。全县有汉、苗、布依等22个民族。开阳原名并非开阳，而是称开州，关于开阳县名的由来，据《开阳县志》记载，清嘉庆十五年（1810）所建之开阳书院，时人解释为"开阳者，盖欲开阳明之学也"。

先秦时期，开阳县为雍州、梁州边鄙，战国时属夜郎国。秦朝开始推行郡县制，开阳属于象郡管辖。南北朝时期，在牂牁，唐时属蛮州，宋时属绍庆府。元皇庆元年（1312）隶乖西军民府。元至元三十年设万寿、且兰、平渠3县，开阳则隶属于万寿西北地，后又将万寿划归晋乐县，归晋乐县管辖。隋朝时，开阳属牂牁；直到贞观四年，以开阳县双流区同知衙为蛮州，隶属于黔州都督府，辖开阳大部、修文等。两宋时，将原唐朝时的蛮州分为矩州、功州；开阳隶属于蛮州，属绍庆府。元朝贵州设八番顺元等处宣慰司都元帅府，于皇庆元年在今开阳县城东置乖西军民府，辖地今龙里、开阳、贵定等部分属地。明朝，水东宋氏辖地陈湖十二马头，其大部分属地在今开阳县境，崇祯四年，改陈湖十二马头为开州，治所为杨黄寨，领乘西蛮夷长官司，隶属贵阳军民府。清朝康熙二十六年，依然称之为开州，属于贵阳府。民国时，开州与四川的开阳县有重名的可能，所以就以境内的紫江为县名取名紫江县，属黔中道，于民国十九年改为开阳县。1949年，成立开阳县人民政府，隶贵阳专区。1952年，贵阳专区改为贵定专区。1956年，划归安顺专区；1958年，属贵阳市郊区县，1963年，改属遵义专区；1965年，复归安顺专区。1970年，改称安顺地区。1996年，改属贵阳市。

　　开阳县马头寨古建筑群在贵阳市东北58千米的禾丰布依族苗族乡。在唐宋时期，属于蛮州宋氏的辖地，距今已有700多年的历史。寨子对面是底窝大田坝，北面是百花山，清河、深水河环绕寨北和寨东。其建筑大都为干栏式四合院、三合院，是穿斗与抬梁混合结构，一正两厢加对厅（或照壁）。大部分门窗都雕有精致的木雕。此外他们在正房大门外加建腰门，左厢前部多建有朝门。多以龙凤、"万"字格等图案雕于门上，寓意吉祥。因为布依族对一些雕饰图案有他们自己独特的解释，在他们看来"万"字格象征水车花或螃蟹花，都与水有关，充分反映了布依族自古顺水而居形成的水文化传统。当地的布依族人因地制宜建房，他们把民居建于山腰上，依山傍水，展现出了其民族特色。马头寨曾经是抗元领袖宋隆济的故乡，又是元代底窝紫江等处总管府、靖江路总管府和明代底窝马头驻地，总管府遗址至今犹存。马头寨古建筑群作为元代至清代的古建筑，2006年被国务院列入第六批全国重点文物保护单位。

　　开阳县除了马头寨古建筑群文物遗址以外，还有响水洞等重要的景观。响水洞曾是明代水西安邦彦屯兵之所，刻有"人来迷处是山居，客到此间无俗气"的对联，吸引着众多的游客前来。

　　如今，开阳依旧是贵州省的重要产矿之地，是我国大型磷矿石生产基地之一。新能源产业成为国际发展的大趋势，面对这个发展机遇，开阳县抢占先机，充分发挥本地矿产资源、基础设施，主打产品磷酸铁锂在电池储能领域安全性高、寿命长、成本低等优势，加快资源优势转化为发展优势，打造千亿级产业集团，"中国·储能之都"。2022 年以来，开阳社会经济发展步入高质量发展的快车道，社会经济开始转型。特别是在县委、县政府的带领下，全县人民打赢了一个又一个的硬仗，改写了一个又一个的传说。工业、农业等强势迈进；农村"五治"、一圈两场三改、文明城市建设成绩喜人；生态文明、乡村振兴、百姓生活欣欣向荣，各项事业稳步推进。交通网络基础设施网络规模不断扩大，遇山开路，逢水架桥，建成了一张张便捷的公路网，县域公路不断完善，内河航运航程不断扩大。

开阳县十里画廊（刘大泯 摄）

息烽：黔中要冲，取自战火平息

息烽县位贵州省中部，乌江南岸，是贵阳的北大门。土地面积 1036

平方千米，常住人口 22 万人。息烽县下辖 1 个街道，9 个镇和 1 个乡。息烽县之名的由来，始于崇祯年间水西土司东侵，平定土司安氏后，经崇祯御批取自"平息烽火"之意，设立息烽千户所，息烽开始作为地名。

息烽县历史悠久，在考古出土的相关文物中，史前时代在息烽就有人类开始在这片土地上活动。夏朝时其地在梁州南徼；西周则位于当时古国越国北境。春秋战国时，息烽先后属且兰、牂牁两古国管辖。秦朝开始在地方设郡县，息烽属象郡且兰县。西汉武帝时，改象郡设牂牁郡，息烽归属牂牁郡。蜀汉建兴三年，当时昆明的首领火济占领了今黔北、黔西北大片土地，今息烽县纳入其统治范围内。东晋时，在黔中等地设有晋乐县，辖贵阳、息烽、开阳等地。隋朝设州郡二级制，牂牁州辖息烽等地。随后因行政区的改革，州又恢复郡（牂牁郡），息烽的归属不变。唐时在贵州设置了大量的羁縻州，息烽属当时的蛮州，治所在今开阳县；后又改为矩州。宋时，罗甸国首领贵定内附，被任命为贵州刺史，管辖今天贵阳中、南、西等地，息烽也包括在内。开宝八年，属水东土司宋氏管辖。元朝，隶属于四川顺元等处宣慰司。万历时，水西土司安氏反叛，息烽则归水西安氏水外六目。崇祯三年，平定水西安氏，在今县境内置千户所，因平定安氏成功，皇帝亲自御批取"平息烽火"之意，设息烽、于襄两个千户所。清顺治十五年，撤所建卫，息烽、于襄两所属敷勇卫治理。康熙二十六年，裁卫置修文县，息烽、于襄守御千户所入修文县，隶属贵阳府。1914 年开始建立息烽县。1949 年，息烽解放，建立息烽县人民政府，隶属贵阳专区管辖。解放后息烽曾属贵定专区、安顺专区、遵义专区管辖。1965 年复归安顺专区管辖。1996 年划归贵阳市管辖。

息烽集中营革命历史纪念馆是著名的爱国教育基地之一。息烽集中营是抗战时期国民党设立的监狱中规模最大、等级最高的一所秘密监狱。

对外挂牌"国民政府军事委员会息烽行辕"，是抗日战争时期国民党在息烽阳朗坝建立的一座关押所，主要用来关押被捕的共产党员和爱国人士。作为国民党建立的三大集中营之首，对内以"大学"称呼。与重庆白公馆、渣滓洞集中营，江西上饶集中营合称抗战期间国民党设立的三大集中营。[1]集中营位于息烽县城南大概 6 千米的位置，坐落在崇山峻岭中，山林中有湖泊、洞口，其位置十分隐蔽。当时被关押在狱中的共产党员、爱国人士在狱中仍然坚持反抗，展现出他们坚强的意志和信念。纪念馆在原址的基础上进行修缮，尽量保存了其原貌。

息烽县还有众多胜古迹，县城往西的西望山，多次出现在志书中，不少名人还有摩崖石刻存于山上。1940 年，冯玉祥将军在登此山时，在凤池寺左侧书刻"圣贤气节，民族精神"八字。县城往东南方向有义玄天洞，曾是贵州道家发祥地之一，也有许多的摩崖题字刻于洞口悬崖，抗日将领杨虎城将军曾被国民党长期囚禁于此。如今，已经设为省级文物保护单位。

近年来，息烽县坚持把发展实体经济，工业经济作为主攻方向，提升传统产业、培育新兴产业。目前，息烽县正按照"1+3"产业发展思路，着力抓好三大潜力产业发展，奋力推动工业大突破。此外息烽致力于大扶贫、大数据、大生态"三大战略"，充分利用自身交通区位优势，以决战经济社会发展全局，加快经济发展步伐。助推"红色、温泉、乡村、森林"资源开发，息烽集中营革命历史纪念馆升格为 AAAA 级旅游景区，温泉疗养院改造提升竣工营业，美丽南山田园综合体建成。

---

[1] 贵州省政协文史资料研究委员会，贵州省息烽县史志办公室：《贵州文史资料选辑第18 辑·息烽集中营》，贵州人民出版社 1984 年版。

息烽集中营旧址（刘大泯 摄）

桐梓：黔渝之喉，源于驿站之名

桐梓县位于贵州省东北部大娄山脉中，属遵义市管辖，是贵州通往四川、重庆的要道，为黔北重镇，素有"川黔锁钥、黔渝之喉、黔北门户"之称。桐梓县占地面积 3207 平方千米，常住人口 53 万人。桐梓县辖 25 个乡镇（街道）：娄山关街道、海校街道、高桥镇、水坝塘镇、大河镇、夜郎镇、木瓜镇、小水乡等。境内居住的少数民族以苗族人口为最多。桐梓小西湖景区，是贵州出名的风景区，抗战时期，著名的爱国将领张学良曾长期被软禁在桐梓小西湖。

桐梓县是古人类发祥地之一，在"桐梓人"遗址考古发现了距今 20 万年前人类开始在这一地区活动。唐朝以前，桐梓先后隶属鳖县和蜀、犍为诸郡。唐贞观十六年，桐梓开始设州、县。今蒙山以南隶属于播州带水县，蒙山、松坎以南则属于珍州夜郎郡，其他地方归属于当时的溱州，夜郎县与珍州都归属于夜郎郡管辖。元和二年，废珍州、夜郎等县改归溱州，其他地方的归属不变。大中十三年，南造攻占播州，失地收复后不久又失陷，播州杨氏等人率领乡八族收复失地，从此播州则成为杨氏的统治范围。唐天祐四年，后梁灭唐后，今桐梓县被纳入前蜀的统治之内，其境内的建置不变。前蜀政权被推翻以后，桐梓县归后蜀政权。宋朝时，地方建置发生改变，分大行政区为路、中级为府、三级为县。于乾德三年，在田景内附后，赐珍州名夜郎郡。咸淳九年，珍州改乐源、绥阳两县于播州。元朝时，元军占领重庆，播、思等州降元，于次年设播州安抚使司，属湖广行省。元至正二十二年，明玉珍在蜀地称帝，思州、播州等地被其占据。明朝前期，播州安抚使司归附明朝，置播州宣慰司属四川行省，桐梓属播州宣慰使司。明万历时，平定土司杨庆龙后，改土归流，废宣慰使司，置平越、遵义两军民府，开始设桐梓县，隶属于四川行省。清康熙十六年，设驿道，废夜郎、桐梓、松坎等驿。雍正时，桐梓县正式随遵义改属贵州行省。清咸丰时，改桐梓为兴州，后按重庆提督之意恢复原县名。民国二年废府州建置，桐梓县隶于黔中道。新中国成立解放桐梓县城，桐梓县人民政府成立。隶于西南行政区（1954年6月19日撤销）贵州省人民政府遵义专员公署（1967年1月改称遵义地区革命委员会，1979年1月改称遵义行政公署，1998年改称遵义市）。

大娄山在桐梓县境有支脉叫蒙山，南北两坡是从四川入黔的古驿道，现有川黔公路、铁路连接四川，为"川黔锁钥"。古驿道，是贵州与巴蜀乃至中原文化交融必经之路。古驿道沿途有大量的文物古迹、风景名胜，如"滴泪山坡""石牛栏""楚米铺"等。夜郎渡即今蒙渡大桥"留一洞"的传说，脍炙人口，非常出名，贵州著名学者黎庶昌为其题写"蒙渡"二字。川黔公路上的凉风堌"七十二弯"，"十步一移，百步一弯"等更是让人称绝。

娄山关红军战斗遗址位于贵州省遵义市汇川区板桥镇北10千米与桐梓县交界处，距遵义市区约50千米。娄山关，又名太平关，亦称娄关，关口处于大娄山山脉主峰。1935年1月初，红一方面军（中央红军）长征占领遵义后，一部继续北进，攻克娄山关，确保遵义会议的顺利召开。遵义会议后，中央红军准备北渡长江与红四方面军会合，但因军情突变，二渡赤水，回师遵义，于2月24日攻占桐梓县城。25日再战娄山关。娄山关之战是红军长征以来取得的第一次重大胜利，也揭开了遵义战役的序幕。毛泽东还曾写下《忆秦娥·娄山关》词一首。娄山关红军战斗遗址为全国重点文物保护单位、全国爱国主义教育示范基地、贵州省国防教育基地。[1]

桐梓县作为贵州的"北大门"，遵义融入渝的桥头堡，以其优越的地理区位取得巨大的成就。特别是"十三五"以来，桐梓经济保持高速增长，做好遵义"火车头"的带头作用。桐梓工业园和娄山关经开区为主战场，以煤电化循环产业基地、"西南钛都"打造百亿园区。2022年桐梓县脱贫攻坚圆满完成，彻底撕掉了绝对贫困的标签。如今桐梓交通基础设施网络体系越来越完善，实现"乡乡等级路、村村通油路、组组硬化路"的目标，全县行政村通硬化路、村村通客运率达100%。

桐梓小西湖景区（刘炳麟　摄）

---

[1]《汇川区、桐梓县娄山关景区——娄山关红军战斗遗址》，《党史文苑》2020年第2期。

习水：鳛国之都，因水而得名

习水县位于贵州省西北部，遵义市西部地区。今习水地区是古国鳛国的故地，为"南夷军君长国"之一。习水县占地面积 3128 平方千米，常住人口 58 万人。其下辖 26 个乡镇（街道），包括九龙、马临、醒民、隆兴、习酒、双龙、坭坝等。有汉族、苗族、回族、水族、白族、土家族、布依族等 29 个民族。其境内有一条河流，称之为高洞河，河中盛产名鱼鳛鱼，因此高洞河又称鳛水，即今习水河。今天习水县名便以此习水河取之。习水河有两个源头，一是四川綦江，一是贵州仁怀，与赤水河汇合后流入长江。

西周到战国时，是古国鳛国故地。秦朝在全国设郡县，属巴郡、蜀郡。西汉属犍为郡符县管辖，东汉为江阳郡符县管辖。东晋仍然归江阳郡管辖。南北朝时，属泸州郡合江县。隋朝改隶泸江郡江河县。唐朝，习水地部分属于泸州合江县，部分属于溱州，赤水一段则属于南道泸州。宋朝时，建滋州领仁怀、承流二县，习水县则属仁怀复兴镇。后撤仁怀、承流二县，开始在原来的地区设立仁怀堡，辖仁怀、承流二县地，也包括今习水全境。元代，设仁怀、古慈两处，习水境属这两处，归播州军民安抚司管辖。元朝末年，将仁怀、古慈改为怀阳县。明朝时期于马口崖（今儒维堡子头）设永宁长官司，后又升为永宁宣抚司，把赤水河以东地段归当地袁氏土司领辖。洪武五年"改古滋城（今土城）千户之所，设唐朝坝（今同民镇）长官司"，属永宁宣抚司，隶四川行省，领辖今赤水市和习水县大部地域。清雍正六年，习水地与仁怀随遵义划给贵州，隶属贵州行省。乾隆二十年，在仁怀厅东北境置温水汛，属遵义府，一直延续到民国三年，才将温水汛扩置为温水分县，隶属仁怀县。民国五年，改温水分县为鳛水县，治温水场。民国六年县治迁官渡。1951 年，又迁温水场。1952 年，再迁东皇殿，即今县城所在地。1959 年，改为習水县。后因汉字改革，由繁变简，"習"简化为"习"，始称习水县。民国时属遵义行政督察专员公署，解放后属遵义地区，1997 年隶遵义市。[1]

习水土城是一座著名的千年古城，也是一座红色古镇。土城建于春秋时期，当时是古鳛国的领地，今天已经有 7000 多年的历史了，2005 年土城被评为"中国历史文化名镇"。土城为习水人民留下了许多宝贵的文化与遗址，如十八帮文化、航运文化、盐运文化及秦汉遗址、春阳岗酒窖遗址、四大军事屯堡等 40 余处重要遗址遗迹。土城修有大量的博物馆，是博物馆数量最多的小镇之一，目前已建成的各类博物馆有 18 个。土城之所以被称为红色基地是因为这里曾是"四渡赤水"发轫地，红军长征期间"四渡赤水"战役，是红军战争史中的重要一役。其中有三渡在今习水境内，浑溪口和猿猴（今元厚）河段（一渡），太平渡—二郎滩、九溪口—淋滩河段（二渡、四渡）。现今习水已成为中国工农红军长征主要革命纪念地。

习水地壳活动十分频繁，导致地质各系间的复合与叠加，构成了如今复杂的地貌。其构造从震旦系到第四纪均有，是典型的"侏罗纪公园"。习水境内山岩特征为紫红色泥岩和砂岩，裸露面积达 35%，遍布超深绝谷和崩塌悬崖的特殊地貌，深度达 500～800 米，是开展旅游之绝佳境地。现已开发出长嵌沟、天鹅池、大白塘、三岔河、飞鸽等省级景区，多数以上为原始森林。1997 年被国务院批准为"习水中亚热带长绿阔叶林国家级自然保护区"。特别的地形和亚热带气候，使境内生态系统特殊，各种珍稀动植物达 50 多种，其中就有"中国杉王"，树龄 800 年，枝繁叶茂。

[1] 王丫勺：《习水因水而名》，《当代贵州》2004 年第 7 期。

习水县在过去的十年中，积极融入"一带一路"和西部陆海交通建设，培育内陆开放新优势，构建全方位的开放格局。推动习赤公路、江习古公路、习正高速等全面贯通，与川渝地区实现互联互通，打造黔川渝发展的大"动脉"。2020年省、市进一步明确习水"十四五""融入成渝经济圈，迈向中国百强"的发展方向。目前，习水县已经全面融入了成渝经济圈，和"巨人"牵手，基础设施、信息资源、要素平台、产业发展四个互通。

习水土城古镇（刘炳麟　摄）

绥阳：中国诗乡，取自绥山之阳

绥阳县位于贵州省的北部，遵义最早的四县之一，其历史约1400年，是贵州重要历史名县。有汉族、苗族、布依族、土家族等民族在此生活。在其北面29千米处，有绥阳山，因此以山名为县名取绥阳县。

夏商周时期前，绥阳并没有明确的建置。夏朝，县境属于当时梁州。殷商时归属于楚国。春秋战国时期，先后属牂牁、夜郎。秦朝时将其划归给巴蜀。西汉一直到东晋都归牂牁郡鳖县。隋朝大业七年，置县划归明阳郡。唐朝改郡为州，将原阳明郡改为夷州，管辖12县，绥阳为其管辖县之一。贞观元年，将绥阳划归属智州，不久后又归属夷州。唐玄宗开元二十一年，夷、播二州改属黔中道。乾元元年，义泉郡复称夷州，州治绥阳县。宋朝时期，将绥阳县改属播州乐源郡。元朝播州置安抚司，不设县名。明万历二十九年平定播州后，以原地重置县，随遵义军民府隶四川布政司。清雍正后随遵义改隶贵州。民国二年，绥阳县属黔中道辖县之一。民国七年废黔中道，直隶贵州省。民国二十四年，隶遵义第五行政督察区。1949 年，属遵义专区。1970 年属遵义地区，1997 年起属遵义至今未变。

　　绥阳县被誉为中国诗乡，其诗歌文化历史悠久，人才辈出，是全国有名的诗乡。绥阳历史上，涌现出廖公弦、李发模等一批享誉中外文化的著名诗人。绥阳的诗歌文化开始于东汉时期，当时西南地区的大儒尹珍在绥阳旺草设馆讲学时，孕育了诗乡文化，诗歌的种子在这片土地上萌芽。唐朝在遵义地区建播州，这是绥阳诗乡文化的发展时期，绥阳人仰慕诗人李白、白居易、柳宗元等，为其建书院、祠、庙等，唐诗影响的遗迹至今尚存。唐宋时期虽然见于史料的诗词不多，但是当时绥阳出现了一批名士，他们推动了诗乡文化的传播和继承。到明清时，在绥阳历史上产生影响和留存诗文的诗人有 100 多位，在史料的记载中有 13 部诗文集传世。绥阳诗乡文化正式形成、发展于当代，其诗人、诗歌作品远远胜过从前，形成了贵州的文化特色。1977 年贵州人民出版社为绥阳县出版了诗集《喷泉集》，诗歌期刊也纷纷出版，绥阳县是贵州第一个以为诗歌为文化的诗乡。

　　绥阳双河溶洞，离遵义大约 94 千米，在今绥阳温泉镇双河村（又名铜鼓村）。双河溶洞之所以被人所熟知是因为在 20 世纪时，贵州著名摄影家金德明为其拍摄了一组风光照片，其景色美丽而又壮观。还吸引了来自国内外的许多洞穴专家学者考察组来双河溶洞进行了精心的考察、研究，经过相关的考察后得知其溶洞总长已达 70 余千米，是一座非常罕见的集观光、旅游、洞穴探险、科研、避暑消夏于一体的理想洞穴。

　　绥阳县有两种特殊的农副产品使其声名远扬：一种是辣椒，辣椒作为绥阳的主要农产品之一，每年绥阳的干辣椒产量有 1000 多吨，其中用辣椒制作的产品达 60 多个，远销国内外。绥阳辣椒品种以"朝天椒"最有名，位列全国七大名椒，还有大椒、小椒、皱椒、灯笼椒等一些辣椒产品。另一种是手工银丝盐水面条，习称"绥阳面"，因其历史悠久而闻名于世，清代时期曾是清代皇家贡品，如今绥阳面也十分出名，既有历史特色，又为不同人的喜好提供不同的口味。

　　绥阳在过去的十年中经济取得巨大的发展成就，城乡建设日新月异，人民的幸福生活指数得到极大的提升。绥阳坚持以习近平新时代中国特色社会主义思想为指导，以脱贫攻坚统揽社会经济的发展，围绕"四新"和"四化"谱写新的篇章，推动全县经济的发展。绥阳的交通得到极大的改善，县境内建成了多条高速公路，村民硬化路全面覆盖，建成县城与村镇"1 小时出行圈"。如今，在绥阳的街头随处可见大型的连锁品牌线下实体店，商铺鳞次栉比，体现了绥阳人高质量的生活。近年来绥阳依靠产业振兴农村经济，打造了 600 多个产业经济基地，获得"中国辣椒之乡""中国金银花之乡"等称号。

正安：世界吉他之城，源于真安州名

正安县，地处贵州省的北部地区、遵义北端，位于大娄山北麓。是贵州与重庆的前沿，是黔渝之间的交会地带，是川渝南下和云贵北上的要塞，素有"黔北门户"之称。其常住人口约 39.7 万人，面积有 2559 平方千米。下辖 16 个镇 2 个乡 2 个街道和 1 个省级经济开发区，154 个村（社区）。民族有汉族、苗族、仡佬族等 27 个。正安物产丰富，是中国的野木瓜之乡、中国油桐之乡。

正安县在春秋时期，是夜郎鳖国的辖地。秦朝在地方设县以后，正安北部属巴郡，南部则属鳖县管辖。两汉时期，北部属于涪陵县和枳县，南部属鳖县。魏晋南北朝时期，正安归属当时的平夷（蛮）郡鳖县。隋朝大业年间属信安县。唐朝前属义州信宁县，继属智州、牢州、夷州。贞观时改属珍州，而珍州于开宝年改为夜郎郡。宋朝初期，依唐制，属珍州的乐源县。元朝属于珍州，为遵义总管府播南路。元至正二十三年（1363）明玉珍据蜀称帝，改珍州之"珍"为"真"，称真州思宁等处长官司（等于今县地）。明朝洪武时，将其改为真州长官司，隶属当时播州管辖。万历二十九年，在当时贵州地区实行"改土归流"，于是将真州长官司改为真安州，属遵义军民府管辖。清朝雍正帝，将其县名由真安州改为正安州，四年后将其随遵义隶属贵州布政使司，正安开始纳入贵州的版图。清康熙十三年复迁古凤，遂定。民国三年，废州改县。民国前期贵州政府，将正安县的一部划出设道真县。将其作为正安县治所在，先为思宁州（今道真县旧城），后相继迁三江里毋敛坝（今新州）、古凤山麓（今县城）、德溪里土坪。后来正安属遵义行政督察专员公署，1949 年后属遵义地区，1997 年隶遵义市。

正安历史悠久，是文化荟萃之地。正安著名的寺庙建筑龙塘寺，也叫林溪龙塘寺，在正安县土坪镇境内，被列为遵义市文物保护单位。康熙十年，龙塘寺正式建成，其地理位置优越，坐北向南。占地面积4000多平方米，建筑面积2400平方米。现如今，殿内存由乾隆二十年铸铁钟1口；建于道光十七年时的僧人墓塔，塔刹已损毁。龙塘寺庙是正安县内最大的庙宇，园内有300多棵古树。正安县的另一著名景观是石笋峰，位于正安县凤仪镇，距县城西2.5千米地方。石笋峰是由一块完整的巨石形成，且其外形酷似一根破土而出正努力向上生长的石笋。在这根巨大无比的石笋上，从山脚到山巅有10余座庙宇楼阁层层相叠，远远望去，寺庙建筑与石峰相得益彰，缺一不可。庙内塑观音、药王、山神等神像。在峰底遥望高峰，其道狭险峻，当你登上峰顶时，放眼远望，到处是青山翠柏，犹如人间仙境。

正安县是被称为"首开南中之学"的贵州文化先驱尹珍的故里，贵州文化的摇篮。尹珍在贵州地区传播中原文化，开南疆文教之先河，其被誉为贵州文化第一人及西南文化大师。据《后汉书》记载："桓帝时，郡人尹珍……从汝南许慎、应奉受经书、图纬。学成还乡里教授，于是南域始有学焉。"而书中所说的"南域"之地，就包括今天贵州北部、四川及更远地区。明清直到现当代，尹珍一直是人们研究贵州的重要人物，新编《正安县志》有专章叙述；而纪念地则遍及黔中。尹珍曾千里求学，学成归故里，献身教育、传播先进文化，著书立说，推动了贵州的文化发展，也成为如今贵州学者们的楷模。如今，正安县与周边地区以尹珍文化为基础，打造了黔北一支独特的文化支系。

2021年以来，横琴粤澳深度合作区和遵义正安签订《东西部协作框架协议》，正式帮扶正安县发展。对口帮扶以来，为正安引进了一个个增收项目，大量的人才走进正安，一拨拨的帮扶资金入驻正安，为正安县的脱贫攻坚，实现乡村振兴注入了源源不断的动力。

十年来正安的吉他产业发展迅速，形成了大规模的产业集群，100多家吉他配套产业入驻正安·国际吉他产业园，几乎每年产吉他600万把，远销国内外40多个国家。吉他产业群的发展之路被国家发改委在全国推广，正安吉他荣获"中国吉他之都"的美誉。

正安县吉他文化广场（刘炳麟　摄）

道真：中国傩戏之城，取自先贤尹珍

道真仡佬族苗族自治县位于贵州省的北部，遵义境内，与四川、重庆接壤。在云贵高原与四川盆地接壤的斜坡地带，总面积2157平方千米。下辖11个镇3个乡1个街道91个村，常住人口约24.4万人。民族有汉族、苗族、仡佬族、土家族等，道真县的少数民族以仡佬族为主。

先秦时期，道真县没有具体的行政区设置。秦朝在地方推行郡县制，贵州地区设置部分郡县，今道真地区属于当时的巴郡。东汉时，将其划归当时巴东地区的涪陵县管辖。三国至南北朝时，蜀汉地区属于涪陵郡涪陵县；北周时，涪陵土著首领田思鹤以地内附，将其属地置奉州；建德年间又将奉州改为黔州。隋朝，设信安县，属于阳明郡。唐朝时，信安县改为信宁县，归义州管；贞观十一年，信宁县改归黔州，后又改归珍州；元和三年，废珍州以其县属溱州。宋朝宣和三年设乐源、绥阳二县，今道真地属乐源县，于咸淳末与珍州随隶播州。元代置珍州思宁等处长官司，仍隶播州，元顺帝时，将珍州思宁等处长官司改为真州。明朝洪武年间，又把真州为真州长官司，隶属于当时的播州宣慰司，万历年间，真州长官司改为真安州，属遵义军民府为四川布政使司管辖。清代雍正时，将原真安州改为正安州并随遵义府改隶贵州。民国三年，由州改为县设正安县，辖地就是今天的道真。道真成为县名较晚，民国三十年正安县东北地置道真县。新中国成立后，成立了道真县人民政府，隶属贵州省遵义专区。1958 年撤县并入正安县，随后又复置道真县。1987 年撤道真县改为道真仡佬族苗族自治县。

道真县是中国的傩戏之乡。傩戏是一种佩戴面具表演的宗教祭祀戏剧，同时也是古老的民族风俗文化活动。它以民间祭祀仪式为主，吸取了民间戏曲的表演形式，也称跳戏。表演者戴各种神鬼面具，手持刀、枪、木鱼、牛角等各种道具，其表演形式有舞蹈、对白等，一般有四种乐器奏乐。"道真县傩文化源于元代，在清代发展成形，到了民国时期发展兴盛。道真县傩文化作为一种古老宗教艺术文化，有着 700 余年发展历史，其强烈的宗教艺术特色和巫术性质，对当地民间社会有着深刻且长远的影响。同时，道真县傩文化作为一种非物质文化传承，傩戏在 2008 年被评选为国家级非物质文化遗产。"[1] 道真县因其特殊的历史、民族、宗教等多种因素，至今还保留了丰富多彩的傩戏文化。

道真县不仅是中国的傩戏之乡，也是个文化荟萃之地。道真县名就取自贵州早期著名学者、文学家、教育家和书法家尹珍。尹珍曾千里涉途至汝南（今河南）求学于京师洛阳，并拜"五经无双许叔重"著名儒

---

[1] 宗学良：《浅析道真自治县傩文化的传承与保护——以道真县傩舞为例》，《戏剧之家》2018 年第 10 期。

学大师、经学家许慎为师。尹珍不负众望，刻苦研习五经文字，并接受系统的儒家道德思想教育，在"孝悌""忠信"与"恭敬"等方面尤为出色。尹珍不仅精熟"五经"，也得到《说文解字》的真传，成为贵州最早的经师大儒。尹珍回到家乡，将其毕生所学都贡献给其家乡，开办学馆、讲学、传播文化，是夜郎地区文化的先驱，促进了中原与西南边陲的文化交流。

道真仡佬族苗族自治县有一"黔蜀门屏"碑立于杠村乡石笋桠，是清朝道光时期正安州事郎承谟所书，立碑之处正是正安出川的要道。道真县也是我国的银杉之乡，在李家嘴40平方千米之地就有1000多株银杉树，大部分的树龄近200年。县境内有大沙河银杉自然保护区、一线天、石笋屏、梅江宋墓群等众多的景观。

近些年来，道真县走强省之路，谱写富民之歌，不仅撕掉了千百年来的贫困标签，而且进一步助推全县经济的振兴。道真依靠临近重庆的优势区位，在黔北渝南互联互通、融合发展、开放合作等方面探索示范，推动工业规模化、集体化、品牌化等。此外，道真利用有利的文化资源、自然资源大力实施"旅游+"战略，打造其独特的文化旅游产业名片。如今，道真县县城面积增加15.7平方千米，常住人口提高49.92%；建成全村通沥青路，农村公路全部纳入管理护养。

道真县中国傩城（王义　摄）

湄潭：中国茶城，取自深潭弯如眉

湄潭县位于贵州省的北部，遵义市南部地区，大娄山南麓，乌江北岸。下辖新南镇、石莲镇、抄乐镇、天城镇等 12 个镇及湄江街道、鱼泉街道、黄家坝街道 3 个街道。县总面积 1864 平方千米，常住人口约 37.3万人。县境内有汉族、彝族、白族、壮族、苗族、布依族、阿昌族等民族。湄潭县名之来由，一是"张三丰一醉成三县"的美妙传说，再有一种就是得名于湄江河边的"大石坛"[1]。还有清康熙《湄潭县志》说："东有江水流转至县之主脉玉屏山北，经绕县城，转西至南，有湄水桥之水颠倒流合，汇为深渊，弯环如眉，故曰湄潭。"湄潭县因此而得名。

隋大业十二年，始有建置，设都上县，属明阳郡。唐武德四年置夷州（后贞观中另置有夷州，两州各一），以都上县为州治。贞观十一年州治移于绥阳县（今凤冈西北）。五代十国时期，黔州都督府所领的五县与楚蜀相争，夷州等领义泉等地，实行土官自治。宋为思州安夷县地。元置锡乐县、容山等处长官司，属播州安抚司。明万历二十九年以原播州外五司四牌地置湄潭县，治所在苦竹坝，是为湄潭正式设县，隶属平越军民府。次年在玉屏山沿湄水筑城，直至清中叶治所和城垣变化不大。清代属平越府、平越直隶州。咸丰末，城因兵毁。同治年间曾先后修筑城墙。民国二年，废府州建置后，湄潭县属贵州黔中道。民国九年，废道后直属于省。民国二十四年，属贵州省第六行政督察区，次年改属第五行政督察区。1949 年，属遵义专区。1997 年隶遵义市。

湄潭以茶、酒、傩、食等特色文化为主，最有名的是茶文化，因此湄潭也有"西南茶乡""中国茶城"之称。湄潭种茶、制茶、饮茶、研究茶，有 1000 多年的历史。中国茶圣唐代陆羽《茶经》中就提到过湄

---

[1] 遵义市民政局，遵义市历史文化研究会编：《遵义地名故事》，西南交通大学出版社 2010 年版。

潭茶叶，认为"其味甚佳"。湄潭茶叶的发展，也带动了湄潭茶文化的兴起。明末清初，以明遗臣钱邦芑（又称大错和尚）为代表的外来人士与当地的文人学子就经常聚会湄江两岸的琴洲等名胜地，品茶饮酒，留下了很多咏茶诗篇。20世纪30年代，湄潭已经是全国有名的茶叶生产基地，常年产量达千吨之上。解放后，湄潭茶叶生产、制作更具规模，已经拥有多个国家级、省级名茶称号，如"遵义毛峰""湄江翠片""龙泉剑茗""黔江银钩""湄江毛峰"等，此外红茶、绿茶、花茶、保健茶等系列产品也开始畅销全国，出口10多个国家和地区。

湄潭金桥宋墓是宋代古墓葬，其位于湄潭县鱼泉街道，是省级文物保护单位。金桥宋墓以双室合冢为主，其中有各种各样的雕像，如墓主、文官、武士等，除了相关的人物雕像以外还有大量的花草图像、青龙白虎雕刻等。金桥宋墓中的青龙、白虎雕像非常写实，青龙仿佛行于空中，白虎如奔走于山野间，与遵义赤水官渡宋墓群相比，又是一种不一样的格调。

湄潭也是抗战时期浙江大学西迁之地，浙大在此办学7年之久。这段时期是浙江大学最辉煌的历史阶段，英国科学家李约瑟称之为"东方的剑桥"。竺可桢、苏步青、陈建功、贝时璋、谈家桢、罗登义等一大批中国乃至世界教育史、科技史上赫赫有名的人物，当时都在湄潭生活、工作过，与湄潭一起度过了一段艰难又值得追忆的时光。如今湄潭浙江大学纪念馆已被列为国家级文物保护单位。

湄潭县如今已然成为黔渝经济带上的一颗明珠，2019年《渝黔合作先行示范区建设实施方案》对外公布，标志着黔渝合作进入新台阶。湄潭作为遵义的副中心，地位也日益重要。湄潭已经成功地打造出黔、渝、成1.3小时经济圈，距离遵义的车程只需要半小时，到重庆的车程只需1小时，同时渝遵进一步合作，加速与周边城市群经济联动发展。

中国茶乡湄潭（刘大泯　摄）

务川：仡佬族之发祥地，因陨石婺星而改名

务川仡佬族苗族自治县位于贵州北部，遵义市西北地区，与重庆市接壤。总面积约 2776 平方千米，是典型的山区农业县。下辖丹砂街道、大坪街道、镇南镇、柏村镇、红丝乡、石朝乡等 3 个街道 11 个镇 2 个乡。务川常住人口约 30.9 万人，有汉族、仡佬族、苗族等 17 个民族。务川是我国少数民族仡佬族的发祥地。"仡佬族创世传说中，最初宇宙一片混沌，天地不分。其先祖无限神吞食浊气而亡后，由所存之气聚之化为二祖奈神。奈神聚灵气为柱，使得天地得以分离并将天分为九重天，创九天天主，天主造了世间万物，后因怪兽作祟，天主化为金刀，屠怪兽，解救世间众人。从中可得知，分别有不同的神，创造了天地、万物和众生。位于务川龙潭的'九天母石'，自古以来就是仡佬族人祭天朝祖的对象，这与《濮祖经》中记载的仡佬族创世传说有着千丝万缕的联系。"[1]

先秦以前，务川没有具体的建置。秦朝时，务川属于当时的巴郡；

---

[1]　申雄宇：《务川仡佬族历史文化资源保护与产业化研究》，硕士学位论文，山东大学，2019年。

汉朝时期，属于涪陵郡。隋开皇十九年，以黔阳县地置务川县。唐朝前期，置务川郡领务川、涪川、扶阳等县。贞观四年，改务川为思州；贞观二十年，析黔州盈隆县地置都濡县，属黔州。宋朝时期，移思州治所务川县于都濡地，始为"务川"县名的最早出现。元至元十八年，当时有陨石名"婺星"降落在务川地，其地改"务川"为"婺川"。明朝洪武时，婺川改镇远州；后属思州安抚司、思南宣慰司、遵义府。清朝顺治时，婺川县归附清朝，属于思南府统领。民国二年，废思南府，婺川改属黔中道。1950年，婺川属于遵义行政督察专员公署。1986年，撤销务川县，成立务川仡佬族苗族自治县，1997年隶属遵义市。

务川县作为我国少数民族仡佬族的发祥地，仡佬族人民在务川县经历千百年的洗礼和沉淀，形成了自己独特的民族风情。仡佬族人民利用得天独厚的优势，淘沙炼汞，成就了中国红。据相关的考古发现，他们在旧石器时期，就已经发现和运用了朱砂，商代太戊为王时就炼出了水银。仡佬族人以丹为业，在务川这片土地上创造了令人惊叹的丹砂文化。务川仡佬族先辈们，在长期的生活中创造和传承了许多宝贵的精神文化财富，如仡佬的高台舞狮、仡佬傩戏、仡佬水龙、仡佬吃新、仡佬推屎耙、打篾鸡蛋等具有非常宝贵的价值。

务川龙潭古镇与重庆千年古镇龙潭古镇同名，但务川古镇是一个古色古香的仡佬族古镇，位于务川县龙潭镇龙潭村，已有700多年的历史，素有"中国历史文化名村"的称号。古镇既是仡佬族人的发源地之一，又是仡佬族保存完好的民族村寨。古镇建于清朝咸丰时期，房屋大都是木质结构，房屋的门窗上雕有仡佬族人的吉祥图案。古镇前的寨子是用来祭祀表演的场地。

务川县素有"黔北多佳景，风物在思州"的美誉，其境内多崇山峻岭，溪流纵横，银瀑飞溅，林木幽深，景色旖旎，其称谓也是对务川的最佳描述。务川县多草地、林地，其中 1000 亩以上的成片草场 24 片。栗园草场是黔北最大的高山草场，其总面积为 13 万亩，雨量充沛，牧草茂盛，既可以发展畜牧业，同时也是开发"高山草原"旅游地的最佳选择。

务川人民不断打破思想藩篱、寻找利益突破。过去五年是务川县发展过程中，速度最快、质效最优、活力最强的五年。务川始终坚持放大改革效应，刀刃向内完成了 270 余项改革任务，把昔日的"黔北边城"变成了如今"美丽的务川"。务正、务德高速务川段建成通车，乡镇二级公路通过率达到 95%，全县公路通车里程达到 4268 千米，路面硬化达到 95%。以能源、矿产、建材、食品"四大产业"为主导的县域工业体系初步形成，规模以上工业企业 12 家，规划建设工业园区面积达 19.37 平方千米。建成 AAAA 级景区 1 个、AAA 级景区 2 个、乡村旅游甲级村寨 2 个，"仡佬之源·乐活务川"民族旅游名片逐步打响。

务川仡佬龙潭古寨（刘大泯　摄）

余庆：大乌江景区穿过县域，名取自边塞

余庆县位于贵州省的东北部，遵义市西南地区，与铜仁市接壤。其总面积约为 1623 平方千米，常住人口 22.34 万人。下辖龙溪镇、大乌江

镇、敖溪镇、龙家镇、松烟镇、花山苗族乡等9个镇、1个街道和1个民族乡。县境内有汉、苗、土家等21个民族。贵州第一大河——乌江自西向东穿境中部而过。余庆县名使用较早，正式使用其作为县名始自唐朝时期。唐朝时期，播州有白泥、余庆为土官长校尉。万历时合并两县，当时巡抚郭子章以安邦治黔之由，将余庆长官司（现敖溪镇）、白泥长官司合并后，命名为余泥县，后经过提请神宗批示为余庆县。

　　春秋战国时，余庆为巴国的辖地。秦汉时贵州设郡，属于巴郡涪陵县辖地。三国至南北朝时期，属于蜀汉涪陵属国万宁县。唐朝时，余庆归牂州管辖。后至白泥、余庆两地校尉，称土官司属牂柯县管辖。宋为绍庆府属羁縻小州。元朝，将两地升为白泥州、余庆州。明朝洪武时期，改为白泥、余庆长官司，为播州宣慰司管辖，隶属于四川布政司。明洪武十七年改余庆州为余庆长官司，属播州宣慰司；万历二十九年，白泥、余庆两县合并为余庆县，隶贵州平越军民府。清康熙二十七年，裁兴隆军田附近划归余庆，名新归里，县域面积增至850平方千米。清嘉庆三年，改隶平越直隶州。清光绪三十一年，将黄平县上坪古、燕子窝、上坝、屯上、龙溪场、田坝王、岑黄驿、凉风哨、回龙场、昌家屯、小腮塘、林坪、响水、魁龙等插花地划归余庆，将施秉县金鸡屯、上瓦厂、紫翠屯、抄纸屯、船溪屯、任家屯、大岭、土地塘、阎家屯、莆家湾、六郎屯、大塘铺等地划归余庆，县域面积增至1300平方千米。民国时期属镇远行政督察专员公署。解放初属镇远地区，1956年改属遵义地区。1997年隶遵义市。

　　余庆敖溪镇古称余庆长官司，土司在敖溪统治了将近1000年的历史，因此敖溪镇被称为"黔北花灯之乡，余庆文化之源"。敖溪镇保留了许多重要的土司遗址，如土司衙署遗址、集瑞古石桥、千年古银杏、敖溪古八景等丰富的土司文化历史遗迹。土司衙署遗址在今敖溪镇胜利社区东风组，由于土司衙署在明朝万历年间被土司杨应龙焚毁，保留的相关土司遗迹较少。余庆县委、县政府及敖溪镇政府高度重视土司文化的发掘与保护，在省文物考古研究所各位专家的大力支持下，敖溪土司遗址发掘工作取得了良好的进展。如今，余庆敖溪镇以土司文化为基地，利用丰厚的土司文化打造现实版的"千年土司文化旅游古镇"。

余庆松烟镇蒲村，是一个风景优美的宝地。此村被熟知不是因为它的景色，而是山高 500 余米的"他山"。明朝以前此山只是一座无名之山。明永历八年，任职于南明小朝廷的浙江人钱邦芑，弃官归隐多年后，从当时的湄潭经绥阳来到余庆，认为此山颇有不同之处，将其命名为"他山"，并题字于山岩上，而其居住的草庐则名曰"大错庵"，故后人也就称钱邦芑为"大错和尚"。钱邦芑归隐，觅得一地以过舒适清淡的生活，可以彻底地感悟他所处的时代，也为后人留下一段值得品味和凭吊的历史。如今蒲村已然成为余庆县的游览亮点，此外余庆还有古朴的古寨，碧绿的湖泊，静雅的古庙，神奇的溶洞等，其景色是纵横曲折、细腻超然、壮美婉约、高亢低吟，有一种说不出的美感。

余庆作为"中国小叶苦丁茶之乡"，依靠其获国家原产地域产品保护的小叶苦丁茶享有"绿色金子"的美誉。余庆县委、县政府充分利用地处贵州东线绿色旅游经济圈和贵州西线红色旅游经济圈中心地带和接合部的优势，打造"游贵州第一大湖、观亚洲第一高坝、看世界第一长龙"的飞龙湖国家级旅游度假区，塑造"全景余庆·全域旅游"的余庆名片。党的十八大以来，余庆县紧跟黔中、立足遵义，努力打造全国城乡融合样板县，全国乡村振兴先行示范区和全国民宿旅游知名县，全县综合实力得到极大的提升。其交通格局发生了巨大的变化，累计投资150亿元，建成"一纵三横六联线"骨干公路，通车里程达到 2413 千米。东出湖南、南下"两广"、西连贵阳、北上重庆的"水陆空"立体交通格局已逐渐形成。如今，余庆县城区面积从 7 平方千米增长到 10.90 平方千米，全县城镇人口增加到 6.45 万人，城镇化率提升到 47.34%

余庆县大乌江镇渡口（刘大泯 摄）

凤冈：茶海之心，名由龙泉而来

凤冈县位于贵州省东北部，遵义市东南地区，大娄山之南麓，乌江北岸。全县总面积约 1883 平方千米，常住人口有 30.4 万人。下辖 10 个镇 4 个街道 87 个村。有汉族、苗族、土家族、布依族、仡佬族等 28 个民族聚居于此。凤冈县年平均气温 15℃，冬暖夏凉，因此被称为生命的起源、养生的天堂。凤冈县原名龙泉县，属于石阡府管辖，民国时期改为凤泉县，后改为凤冈县。

凤冈在先秦时期是楚国的属地。秦朝时期，属于黔中郡。两汉时，属于蜀国。三国两晋时期，属夜郎郡管辖。隋朝在贵州设有阳明郡，凤冈县则并入其管辖内。唐朝时，曾先后属当时的唐属义州、夷州、思州管辖。唐朝末年，政局混乱，陷为"蛮地"。宋朝在贵州设置羁縻州，属羁縻思州安夷县。元置大保龙泉长官司，其治所在今天的凤冈县。明朝初期，属于当时的西南宣慰司，后改为石阡府；明永乐时改龙泉长官司；

万历二十九年废龙泉长官司建县，命名"龙泉"，属石阡府。民国二年，改龙泉为凤泉。民国十九年，将县名正式改为凤冈。民国二十四年，在贵州设行政督察区，凤冈县属第六行政督察区，专员公署设置在思南。后划入第五行政督察区，专员公署设于遵义，一直到民国三十八年其归属都未曾变更。1949年，凤冈县人民政府成立，隶属贵州省遵义地区行政公署。1958年，撤凤冈县建制并入湄潭县。1961年，恢复凤冈县制，隶属遵义地区行政公署。1961年至今，隶遵义市（地区）人民政府（行政公署）。[1]

今遵义留存的古代军事城堡有两个：一是海龙囤要塞，二是玛瑙山洞堡。玛瑙山洞堡坐落在玛瑙山上，是一座大型古代军事堡垒，在今县城23千米外，其占地总面积约300亩，这座大型的军事堡垒是凤冈县最具有悠久历史文化的代表。玛瑙山上到处都是怪石，地形险峻，山上是由巨型岩石砌成的城墙，长达万余米，起伏跌宕、蜿蜒相连，建筑在七座山头上，城墙高约20米，其中建有48道石门，仿如万里长城，故又称之为"万米长城"。堡垒又被称为"洞堡"，七座山头坐落着七座营盘，相互连接，中间由高大的石墙连通，整个洞堡看起来坚固无比。金盘山是洞堡的中心主营，在山中有一大溶洞，洞内空间非常大，里面可以驻千军万马，所以将其称为"洞"。洞与营盘是相互连通的，形成进退自如、能守难攻的复杂防卫工事，敌人难以进入，即使进入其中也难以获取优势。因为玛瑙山洞堡建于险峻之中，而洞墙之间又连通，所以官兵久攻三月也难以攻下。清代后期，号军起义，当地扩建并加固玛瑙山洞堡加强了团练，以抗号军。时至今日，硝烟散尽，玛瑙山洞堡依旧如故。

凤冈文化底蕴深厚，被称为"黔中乐土"。凤冈县除了玛瑙山洞堡历史遗迹以外，还有许多著名的景观，有玉皇阁、文峰塔、长碛牌楼等，

---

[1]《历史沿革》，凤冈县人民政府网，2016年8月。

都具有一定的文化底蕴，将秀山奇水和历史人文融为一体，具有独特的风格，成为黔北的名胜；有集儒、释、道学文化为一体的"太极洞"和汉书"凤"字摩崖，有花灯、茶灯、丝弦灯、推推灯、唢呐吹打等民俗民间文化，现今凤冈县还是贵州"锌硒茶乡"。

近年来，凤冈县抓住历史机遇，贯彻新发展理念，建设新型工业化、城镇化、农业现代化取得了满意的成绩，为经济高质量发展交了一份满意的答卷。新时代凤冈将全面贯彻党的二十大精神，围绕"四新"主攻"四化"，聚焦"四区一高地"，坚持以高质量发展统揽全局，守牢发展和生态两条底线，大力实施"双有机"、乡村振兴、一二三产业融合发展"三大战略"，围绕"四新"目标全力推动农业现代化、新型工业化、旅游产业化、新型城镇化"四个轮子"一起转，做好长茶、壮牛、扩蚕桑、兴水暖、强康旅"五大支撑"，着力打造"康养天堂·锌硒凤冈"，加快建设生态美、产业优、百姓富的社会主义现代化新凤冈。

凤冈县玛瑙山营盘遗址（胡丽 摄）

普定：夜郎故地，取于安定之意

普定县位于贵州省中部贵阳市西部地区，安顺西北部，素有"黔之腹，滇之喉"之称。其建县较晚，但拥有悠久的历史。普定县占地面积1091 平方千米，常住人口约为 37.6 万人，其居住着汉、苗、布依、仡佬等十几个民族。属亚热带季风湿润气候区，年平均气温 15.1 ℃，日照充足，是一个旅游度假的绝佳之地。普定县是夜郎的故地，县名取自"普里底定之义也"，普里为部落名。普定喀斯特地貌占全县总面积的84.27%，岩溶发育较强。为此，国家于 1975 年 12 月，将其列为全国三个岩溶科研会战试点县之一，现设有岩溶研究综合实验站，建有全国第一幢岩溶模拟实验大楼，是目前世界最大的野外岩溶试验场。

　　普定之名在历史上出现较早。春秋战国时期，普定是古国牂牁夜郎故地。秦代在贵州设郡县，普定则属象郡。两汉随秦制，汉代属夜郎县。唐朝时期设州县，贞观四年置琰州，设始安县（在今普定马场），是普定建立的第一个县治。唐朝中后期，普定为罗甸国普里部所辖。五代时期，属于始安县，部分划归望江县管辖。宋为绍庆府所领羁縻州瓯脱地。元至正十一年，置习安州，属普定路所辖，同年，建普定县，为普定路附郭县，治今安顺杨武。普定二字早年用彝语记汉字，在县、卫设置之后，则完全是汉字汉意，意为普天之下一片安定。含义尚无史料可考。明洪武十四年筑普定北城，即今普定县城。万历三十年，安顺升安顺军民府，普定县属于其内。崇祯三年，在现今普定县城所在地置定南守御千户所，属镇西卫。清朝康熙十年，改普定卫为普定县，裁定南所入普定县；康熙二十六年，安顺军民府改为安顺府，裁定南所入普定县。民国元年，撤普定县改归安顺府。民国二年，恢复普定县，改安顺府为安顺县，普定县治所在今普定城。民国三年，将其移治定南，按照原来普定县部分属地为根本，把它们划给安顺、镇宁、郎岱、织金、平坝等县相邻地组成新的普定县，县名沿用至今。民国属安顺行政督察专员公署，解放后属安顺地区，2000 年隶属安顺市。

普定县穿洞古文化遗址考古发现得知，早在 16000 年前，普定穿洞一带就已经有人类生活，他们的生存活动拉开了普定历史的序幕。其古文化遗址距今最早约 16600 年前，最晚 8500 年前，延续时间约为 8000年，所处地质年代是更新世晚期，文化分期属旧石器时代晚期。在穿洞出土了大量骨器，是目前国内同时代遗址中出土最多之一，其在国际上也是首屈一指的，由此摘掉了我国旧石器文化中贫骨器的帽子。此外，在穿洞周围的其他洞穴也出土了石器、骨器、角器，发现旧石器时代洞穴遗址以群体形式集中出现的现象，这种情况相对来说是非常少见的，对于人们了解研究古人类对居住条件的选择和古人类与居住条件的关系提供了实例。穿洞古文化遗址自发现以来，直到 1988 年被列为全国重点文物保护单位。

普定县化处镇曾是"贡茶之乡"，马官镇是中国花灯之乡。化处如今拥有万亩茶园、万亩油菜花，是贵州重要的旅游重镇。化处产于朵贝地区的朵贝贡茶，明朝时期曾奉为贡品，化处也因此被称为"贡茶之乡"。在化处有一棵古茶树，经中国茶科所鉴定有千年历史，被称为中国茶树之王。马官境内有多种花灯，形式各异，种类繁多，每一种花灯的制作工艺高超。马官镇的花灯在贵州境内是非常出名的手工艺品，得到业内多数人的认可。其丰富多彩的花灯文化，使之成为又一中国花灯之乡。

近年来，普定县借助自然资源、丰富的民族文化资源，大力发展文化旅游业、民风、遗迹与家园建设相得益彰，为普定县的城镇化建设注入了新鲜的活力。普定县积极深入开展国家新型城镇化综合试点工作，走"全域普定、产业互动、景城一体"的城镇化道路，形成了以城带乡、城乡一体的新型城镇发展格局，以实现城镇融合发展。接下来普定县将贯彻落实党的二十大精神，谱写高质量发展新篇章。全县坚持以习近平新时代中国特色社会主义思想为指导，按照市委"1558"发展思路和县委"153"工作思路，坚持以高质量发展统揽全局，围绕"四新"主攻"四化"，统筹好发展和安全，努力建设中国式现代化普定。

普定穿洞古人类文化遗址（王义　摄）

镇宁：中国瀑都，取自古时镇宁之州

镇宁布依族苗族自治县位于贵州省西南部，安顺中部地区，苗岭山脉之中，镇宁县曾属夜郎领地。镇宁全县总面积 1717.29 平方千米，常住人口约 30 万人。下辖 5 个街道、8 个镇、3 个乡，有汉族、苗族、布依族、仡佬族等 29 个民族。镇宁是贵阳城市经济圈中唯一的民族自治县，被称为"黔之腹、滇之喉"要塞，是观赏世界名瀑的最佳宝地。镇宁县县名取自宋元时期，元至正年间设镇宁州，镇宁县名由此开始，但是关于其为何设镇宁，还有待考证。镇宁县作为中国六马桐油之乡，六马桐油不仅畅销国内，也是镇宁出口创汇的国际名牌产品，远销美国、法国、日本。

商周时期，镇宁是当时荆州西南地区的一域。春秋时属当时的古国牂牁。蜀汉时期，为卤氏大宗（普里大宗）所有。宋以前为当时的土族首领所据，而中央王朝所建的郡县，大多为政治、军事据点。宋朝时期为和武州。元朝初年将和武州改和宏州；元朝开始在县境内建中层行政结构，元至正十一年改和宏州为镇宁州，属云南布政司之普定路，后普定府废而改隶四川布政司。明清时期，行政机构大都继承元制，不同之处在于实行屯军，增设卫所，形成府州县与卫所、土司三种建制。明朝洪武十五年，从镇宁、永宁二州划出部分地方设置纳吉堡于今镇宁县城。明朝洪武二十三年，于纳吉堡置安庄卫，隶贵州都司。嘉靖十一年，镇宁州署迁驻安庄卫城（今镇宁县城），隶贵州都司。清康熙十年，裁安庄卫兵入镇宁州，雍正十年（1732）将镇宁州地划属归化厅（今紫云县）和镇宁州分治。民国二年（1913）改州为县。1949年镇宁解放，隶安顺专署。1956年，将其划给黔南自治州管辖。1958年，关岭、镇宁两县合并为镇宁县，归安顺行署管辖。1963年，成立镇宁布依族苗族自治县至今。

镇宁历史悠久，保留了许多的文物遗迹。镇宁城墙于明洪武十六年建成，其周长3700米，距今约600年。城墙材石选料十分讲究，修建技术也很高超，是镇宁历史遗址中最具有代表性的建筑。因此，被称为"安顺的碑坊，镇宁的城墙"。其城墙遗址也是如今研究镇宁建城史坐标位置不可或缺的实物资料。镇宁拥有一座修建于明朝时期的寺庙建筑——念佛寺，位于镇宁县环翠山上。念佛寺原属真武庙，始建于明嘉靖年间，清朝时期曾对此寺院进行多次重修。近代以来，于民国二十年对殿宇做了一次大规模重修。后来念佛寺先后修建天王殿、大雄宝殿，同时重塑佛像及修建了一条通往山头的公路，极大地方便了上山拜佛和游览的人们。寺庙内有珍藏经书《地藏经》《金刚经》《华严经》等。

黄果树瀑布位于镇宁县，是我国最大的瀑布群，目前也是世界上著名的大瀑布之一。18个地面瀑布和地下瀑布组成了巨大的黄果树瀑布群，其又被称为"岩溶瀑布博物馆"。黄果树瀑布高74米，宽81米。一到夏季洪峰时，流量达2000立方米/秒，在几千米外都可以听见雷鸣般的响声。水流下时，河水仍然铺展在整个岩壁上，其"阔而大"的气势依旧让人震撼。我国著名的地理学家徐霞客考察西南山经镇宁时，感叹于黄果树瀑布的气势，在其游记中写道："……一溪悬捣，万练飞空……捣珠崩玉，飞沫反涌，如烟雾腾空，势甚雄厉。所谓'珠帘钩不卷，匹练挂遥峰'，俱不足以拟其壮也，盖余所见瀑布，高峻数倍者有之，而从无此阔而大者。"对黄果树瀑布之景进行了生动的描述。瀑布后是"水帘洞"，其洞长134米，高出潭面40余米，透过水帘人们可以看见洞外的各种景物。瀑布下的犀牛潭，白色的瀑水跌入潭底冲撞回升，在阳光折射下，彩虹升起，有"雪映川霞"的称誉。

如今从镇宁到贵阳龙洞堡机场70分钟，到安顺黄果树机场24分钟。镇宁3小时经济圈正式建成，建成通往广州、长沙、南宁、昆明、重庆、成都的铁路、高速公路、水路、航空协调发展的立体交通运输网络，沪昆、贵广高铁，沪昆、惠兴、都香三条高速公路横贯东西南北。近年来在省委省政府、市委市政府的坚强领导下，镇宁先后荣获"平安中国建设示范县""国家级电子商务进农村示范县""国家卫生县城""中

国县域旅游发展潜力百强县""全省文明城市""省级卫生县城"等称号，2020年贵州省金融生态环境测评县区排名第一，打响了石材、精细化工、特色轻工、精品水果等多张产业名片。

中国最大的瀑布——镇宁黄果树瀑布（王义 摄）

关岭：滇黔锁钥，取自三国名将关索岭

关岭布依族苗族自治县位于贵州省西南部，安顺西南地区。古时，关岭曾为滇黔古道上的咽喉之地，具有"一夫当关，万夫莫开"之险峻，清帝康熙曾题字"滇黔锁钥"置于关索岭古城楼上。关岭全县总面积 1464 平方千米，常住人口 28.3 万人。下辖关索街道、百合街道、坡贡镇、断桥镇、新铺镇、普利乡等 4 个街道、9 个镇、1 个乡。县境内居住有汉族、苗族、彝族、布依族、仡佬族等 35 个民族。关岭之名源于关索岭，关索岭之名与三国蜀国丞相诸葛亮南征有关。建兴三年，诸葛亮曾与部将关索在这里安营扎寨，关索将军十分体恤民众，深得人心，于是就将其岭命名为"关索岭"，关岭县以岭命名。

关岭县在元朝以前没有具体建置，元代于今县境置达安州，治所在今镇宁县六马才丁罕，后改称永宁州；至正二十八年废永宁州。明朝时，置关索岭、鸡公背二堡，后来将鸡公背划归关岭所。明朝嘉靖时，永宁州治所由普定卫城迁至关索岭守御千户所。天启年间，移永宁州治所于查城（今永宁镇）。清朝时，撤销关岭守御千户所将其并永宁州。民国二年废州置县，永宁州改为永宁县，隶属贵西道，治所在查城驿（今永宁镇）。民国三年改为关岭县。民国五年，治所迁至募役（今花江镇）。1950 年，县人民政府驻地迁至关索镇。1958 年与镇宁合并，1961 年恢复关岭县。1981 年，设立关岭布依族苗族自治县。至 2000 年 6 月隶属安顺市。

关岭县历史悠久，人文荟萃，留下了许多宝贵的历史文物和文物藏品。有神秘的"红崖天书"、花江铁索桥及石刻群以及顶云司城垣、双泉寺、关索古驿道、御书楼、培凤阁等。红崖天书，原叫红崖碑，号称"南中第一奇迹"，至今无人能够破译，在今关岭县城东约 15 千米的晒甲

山半山上,是深藏在贵州安顺的一处神秘的历史文化景观。红崖天书似画如字,仅有数十字,经学者考订,各有所说。自红崖天书被发现以来,学者们得出了五类四十说之多的说法:文字类、图谱类、天然岩石花纹类、符类、神秘天书类,主要集中在文字类。红崖天书,数百年来经过历代学者的探索,那些古怪的符号,蕴藏着无穷怪异,使人们无时不想去深究其中的奥秘。

关岭布依族苗族自治县民族众多,拥有多彩的民族文化。关岭布依族蜡染,图案有几何纹样、自然纹样,也有铜鼓纹样。布依族蜡染多是自织自染布。蜡染的图案,其布局大都对称而又多变,构图大多夸张而又得体,线条十分流畅而又自然,充满了浓郁的生活气息,显示出人们的丰富想象和独具匠心,又寄寓着人们的美好愿望。苗族的刺绣,不仅美观优雅,还具有传承历史文化的作用,主要体现在其图案上。苗族的刺绣每一个图案纹样都有一个来历或传说,深含苗族的文化,是苗族情感的表达,是苗族历史与生活的展示。苗族刺绣是其历史悠长的见证,重要的手工艺术,更是苗族服饰主要的装饰手段,是刺绣文化的代表。除此以外,关岭县各民族拥有丰富多彩的民族节日,如三月三、二月二等,其节日的氛围都非常隆重。三月初三在我国西南地区的一些少数民族地区,是一个隆重而盛大的节日。关岭布依族在农历三月初三举办大型活动,以祈盼风调雨顺、缅怀祖宗先辈、感恩山水自然。这一天人们会制作五色糯米饭,是为吉祥如意、五谷丰登之意。

党的十八大以来,关岭全县上下一心,跟党走、听党话,全体一起干大事,经济得到巨大的发展,社会事业全面提升,脱贫攻坚取得全面的胜利,人们的生活水平得到大幅度提升。十年间,关岭 2.4 万户成功脱贫,88 个村全部出列,这是关岭人奋斗的结果。城乡布局同步发展,县城面积扩大了 13 平方千米,县内 6 条主干道高速公路纵横交错,公路里程约 5400 千米，同村通组路网实现全面覆盖。关岭以工业、农业、旅游业为主牌，实现工业转型升级，打造以水、风、光洁能源为主导的新型工业。如今，关岭依靠自身的努力，创建了 AAA 级景区 10 个，美丽的自然风光和深厚的文化底蕴相呼应，成为其一颗璀璨的明珠。

关岭县盘江上的"史迪威桥"（王义　摄）

紫云：苗疆圣地，取自城西紫云洞

紫云苗族布依族自治县，位于贵州省西南地区，隶属安顺市。是贵州以及西南部分地区连接广西的咽喉要道和重要的出海通道。全县面积 2284 平方千米，常住人口 28.97 万人。下辖 13 个乡镇（街道）、162 个行政村、12 个社区。有汉族、苗族、回族、瑶族、水族、满族、布依族、仡佬族等民族分布在其境内。紫云县历史悠久，迄今已有 1400 年的历史。紫云县名来源于紫云县城西的"紫云洞"。紫云县境内的苗族是贵州苗族支系中较复杂的一支，苗语中的三大方言均被当地苗族使用，民族学界将其称为苗族三大文化集成地。这里也是贵州省的油桐基地县和木姜油主产县之一，同时县内拥有大牲畜生产基地。

商周时期，紫云属于当时的鬼方。春秋时期，为牂牁国属地；战国时期属夜郎国属地。秦朝时期在贵州设有夜郎郡，紫云县属于夜郎郡管辖。两汉到唐以前属谈指县。唐代在今县境置琰州降昆县，宋置和武州。元时置和弘州，后改镇宁州，属普定路。明洪武十九年（1386）置康佐长官司。正统三年（1438）以康佐长官司属镇宁州，直隶贵州布政司，嘉靖年间徙镇宁州治于安庄卫（今镇宁县城）。清雍正五年（1727）废康佐长官司，七年（1729）置威远营，八年（1730）置归化厅。民国二年（1913）改厅为县，因与福建之归化县重名，遂以城西历史悠久声名远播的"紫云洞"为县名即紫云县。1949年12月5日，紫云和平解放。1958年12月，撤销紫云县，并入长顺、望谟两县。1961年8月，恢复紫云县。1966年2月11日，建立紫云苗族布依族自治县至今。民国时属安顺行政督察专员公署，解放后属安顺地区，2000年隶属于安顺市。

紫云洞，紫云县名之由来。紫云洞位于高30多米的孤立石山腰部，由山石裂开的巨大槽缝形成，有"洞绕紫云"之誉，故名紫云。洞门前右侧有镌刻了石庭栋于清光绪八年（1882）写的五言古风的石壁，高3米多。原紫云洞门上建有三层楼阁，柱子以黑色为主，加上红壁和青瓦，飞檐凌空，花镂窗户，十分典雅。在楼阁的第二殿有一尊4米多高的镀金大佛，三层为玉皇殿，壁上有记述县宰政绩的碑刻文字。

在紫云县麻山地区发现了苗族英雄史诗《亚鲁王》，这部史诗没有任何文字记载，全部由歌师凭记忆用苗语唱诵。这部苗族英雄史诗有26000余行，描述了30余个古战场。它广泛流传并在麻山苗族丧葬仪式中运用，是对亡灵返回亚鲁王国时代历史的神圣唱诵。"史诗"采用了苗族优美的语言，采用多种形式，其中有叙事朗读吟唱，有道白形式问答，诗歌采用反复重叠和比兴的表现手法，诗以散文诗为主，歌唱的曲调低沉悲凉。此诗篇目宏大，极具创世意味，结构流畅大气，拥有浓烈的远古气息，其中还有大量有待破解的文化信号，更显示出它的神秘和价值。

格凸河穿洞是紫云县著名的名胜风景区，格凸河穿洞在苗语中为"圣地"之意。其洞是由多处独立景点组成，如及妖岩景区、大穿洞景区、小穿洞景区、大河景区等。格凸河穿洞是典型的喀斯特地貌，由溶洞、山、石、水组成，景观独特。格凸河穿洞不仅景观类型多样、景观特色鲜明，还富有深厚的文化内涵，形成了以喀斯特地貌为基础，穿洞群景观为代表，集峡谷河流、原生植被、苗族文化及风土人情于一体的景观。景区内有神秘的风景溶洞，神奇的地下河系，独特的喀斯特风景峡谷，巨大的原始森林，陡岩飞瀑，奇峰林立，翠竹掩舍，碧水中流，轻舟渔歌，是脱离世俗的风景宝地。格凸河穿洞风景区也是世界为数不多的喀斯特自然公园。

在过去的几年里，紫云交通建设快速发展，基础设施不断完善，住房、教育、医疗等有了保障，现代化农业发展，新兴产业不断崛起，人们的收入水平提高，生活幸福指数不断提升。全县92个贫困村全部出列，彻底撕掉了长期贫困的标签，历史性地解决了绝对贫困问题。如今，紫云利用优越的交通区位，建成贵阳和安顺1小时经济圈，随着黄桶至百色铁路开工建设，紫云将成为安顺市连通北部湾经济区距离最近的县区，打开畅通产业和发展要素的入海通道，建设区域中心城市和宜居宜业宜游的慢生活精致小城市，成为打造安顺联动湾区经济"桥头堡"和区域中心城市物流节点。

紫云县城郊的紫云洞

（胡丽　摄）

大方：奢香故里，源于将官姓氏

大方县是贵州西北部县城之一，位于毕节市中部地区，乌江支流六冲河北岸，大娄山西端。总面积约 3505 平方千米，常住人口约 85 万人。居住有汉、彝、苗、仡佬等 23 个民族。下辖羊场镇、对江镇、六龙镇、长石镇、绿塘乡、小屯乡、果瓦乡、凤山彝族蒙古族乡等 37 个乡（镇、街道），389 个村（社区）。县境大部分海拔在 1400~1900 米之间。大方县分布着大面积的碳酸盐岩溶，喀斯特地形地貌明显，形成了形态类型特殊的岩溶生态环境，也是世界岩溶发育最典型的地区之一，因此大方也被称为"喀斯特王国"。

夏商时期，大方在夏朝为梁州南部的荒地；商朝时属于鬼方古国。秦朝时期将其纳入汉阳县，后于西汉元鼎六年划归平夷县。在南梁时期，当时的昆明蛮夷中一支向东部扩展，占据今贵州西部和西北地区，号卢鹿部。唐朝时期在贵州设羁縻州，在其地置犍州、郝州（今大方县南）等羁縻州，加强对贵州西北部地区的统治。两宋时期，属于"罗氏鬼国"的统治范围。明洪武时，贵州土司霭翠归附，封为贵州宣慰使，"位各宣慰之上"。明崇祯八年，方国安副将奉命在贵州大方一带屯军城堡，城堡建成后，便以其姓氏取名为大方，大方县名由此而来。清康熙三年，水西宣慰使安坤反清，后来被平西王吴三桂平定。叛乱平定后，吴三桂上奏在此地实行"改土归流"，设大定府于大方城。康熙二十六年，改大定府为大定州，雍正后复升为大定府。民国三年，废除大定府设大定县，属贵州黔西道。1949 年大定县城解放，12 月 5 日大定县人民政府成立，隶毕节专员公署。1958 年国务院批准大定县改名大方县，随后其行政区设置不断完善。

大方县是奢香夫人的故乡，其作为贵州历史上的一位伟人，为贵州的发展做出了重要的贡献。大方也是水西彝族土司的政治中心，贵州彝族人口最多的县。自明洪武年间水西土司霭翠内附后，水西地区成为中原王朝的统治范围，霭翠病逝，其妻奢香代袭贵州宣慰使。奢香代职后，当时贵州都指挥使马晔见其为女流不服，便派人诬陷并裸打奢香，欲刺激其族人反抗以便铲除土司，代以流官。奢香深明大义，看穿其奸计，极力劝说众部忍耐，她亲自与宣慰同知水东刘淑贞一起赴京城向洪武帝申诉，洪武帝下令惩戒马晔。奢香的所作所为，深受当时人们的敬佩，也维护了国家统一和民族团结。奢香回到贵州后，开始带领族人致力于发展建设自己的家乡，以施秉为中心开通北达湄潭、西通云南昭通的驿道，立修文至毕节"龙场九驿"。奢香还在家乡发展教育事业，开办学堂，派人到南京学习先进的儒家文化。奢香于38岁去世，她的一生为民族和睦团结、维护国家统一和边疆建设立下不朽功勋。

大方不仅物产丰富，也是文化繁茂之地。不仅有国家级文物保护单位奢香墓，还有国家级森林公园百里杜鹃。百里杜鹃在大方县和黔西两县交会处，在两县之间有一大片的杜鹃横贯在其中，其面积有100余平方千米，所以被誉为"百里杜鹃"，是迄今为止中国面积最大的原生杜鹃林。百里杜鹃有马缨、鹅黄、百合青莲、紫玉等4属，23个品种。每年的4月、5月是其盛开时节，山间各色杜鹃花花团锦簇、千姿百态、色彩鲜艳，每一处都给人不同的观感。百里杜鹃每年都会在此举行一次"中国贵州杜鹃花节"，是有关部门认定的全国生态旅游37个主要节庆之一。

大方县物产丰富，拥有丰富的矿产资源。其矿产最盛产的是优质无烟煤和硫黄。大方的生漆产量是贵州省最多的，大方漆器曾在美国旧金山万国博览会上获金奖。大方有名的风味豆腐制品更是远销东南亚。大方与上海金山、陕西鄠邑被称为全国农民画三大画派。近年来大方县以高质量发展为全局，结合时代要求和自身实际稳步发展，一项项重大的项目稳步推进，取得了一个个实实在在的成就。几年来，地区总值在增长，城乡居民人均收入也不断增长，彻底撕掉了绝对贫困的标签。五年来，大方坚定不移地实施工业强县的战略，推进新型工业化和经开区的高质量发展，奋力实现工业突破目标，在工业产业规模、产业结构调整、就业扶贫等方面取得新成效，为全县经济社会高质量发展奠定了坚实基础。

大方县宣慰司遗址（刘炳麟　摄）

金沙：打鼓新场，取自金宝沙溪

金沙县位于贵州省中部偏西，毕节市北部，与贵阳、遵义接壤。地处乌蒙山脉与大娄山脉过渡地带。全县总面积 2528 平方千米，下辖 5 个街道、21 个乡（镇），有 1 个省级经济开发区和 2 个副县级管理区。金沙县常住人口有 53.74 万人，境内居住有汉族、苗族、彝族等 35 个民族。金沙曾是中国贡茶之乡，清池茶在汉代被列为宫廷贡品。金沙山川秀丽，属北亚热带湿润季风气候，无霜期长，年均气温 15℃～18℃，是休闲度假胜地和养生避暑天堂。

金沙县原名打鼓新场，是黔北四大名镇之首，金沙之名则取自县内金宝屯、沙溪坝两地首字而成。金沙在夏朝时期属梁州南境外荒裔之地。到了殷商时期，与大方县一样都属于鬼方古国。春秋战国时期，先是蜀国的属地，后又为大夜郎国的鳖国属地。秦朝，实行郡县制，将原来的鳖国改为鳖县。汉朝时，在今遵义东部地区建犍为郡，今金沙境属于其管辖。到建安二十年的时候，废掉了犍为郡，鳖县、平夷等隶益州牂牁郡。三国至南北朝时期，彝族首领火济受蜀汉封罗甸王，今县境属其辖地，仍属鳖县。西晋泰始七年，牂牁郡领鳖县、平夷等 8 县。隋唐时期，将牂牁郡、平蛮郡合并为牂州。唐武德时，在今县境置义州，改信安县为信宁县，隶义州。贞观四年，信宁县移置播州以东，隶夷州。宋朝时期，今县境中、东部属于遵义，西南、西部地区属罗氏鬼国，宋朝末期的时候县全境属于罗氏鬼国。元朝时属于沙溪等处蛮夷长官司，明清时期在西南地区实行"改土归流"后，金沙县分隶大定、遵义两府。[1]民国三年分隶黔西、遵义两县。民国三十年，拟议设县，但因境内有新民里，故呈报为新民县。但是在全国县名中已有同名县，需要重新设县名，故改县城打鼓新场的金宝屯、沙溪坝二地名合为金沙县。兼寓古语"政治修明，黄金与沙土同价"之意，亦寓高仲武《中兴间气集》中"披沙沥金"之句。民国三十年从黔西、遵义各划一部分地域建立金沙县，隶属毕节行政督察专员公署。1949 年新中国成立后属毕节地区至今。

金沙县历史底蕴深厚，保留了许多文物古遗址，这些遗址也是毕节市风景名胜区。历史悠久的文物有江西会馆、茶马古道、义盛隆商号；红色文化资源有钱壮飞烈士陵园、红军南渡乌江三大渡口；古墓遗址有敖家古墓石刻、敖家古墓群，其中敖家古墓群是金沙县古墓文化中最典

---

[1]　张桂江：《金沙：金宝沙溪合其名》，《当代贵州》2005 年第 4 期。

型的，遗址有南北两个，南墓群建于清光绪三十一年，北墓群建于清光绪二十四年。敖家古墓群计墓碑7座，侧、后照壁5面，共嵌石碑、石匾28块，全墓群共有书刻、绘画版面1000余幅，书法有楷、行、草、篆，绘画版面中还有杨佐清撰文，唐再廷雕刻。此外金沙县景色秀丽，风景宜人，有冷水河国家级森林公园、三丈水省级森林公园、岩孔万亩玉簪花海、白云山。著名的冷水河国家森林公园景观独特，资源丰富，有溶洞、云海、古迹、森林等多种旅游资源，众多的景观使游人流连忘返，成为毕节市出名的旅游之地。

近年来，金沙县围绕"在新时代西部大开发上闯新路、在乡村振兴上开新局、在实施数字经济战略上抢新机、在生态文明建设上出新绩"的目标，推进绿色发展、体制机制创新。加大力度建设新型工业化、新型城镇化、农业现代化、旅游产业化，加强基础设施建设工程、教育培优工程、文化惠民工程、民生保障改善工程、平安金沙建设工程的建设，巩固拓展脱贫攻坚成果同乡村振兴有效衔接，推进县域共同富裕，推动实现经济能级、城乡品级、发展层级大提升。这期间金沙县高速公路通车里程达64千米，改扩建国省道112千米，实施县乡路面提升工程143千米。智慧金沙项目投入运行，搭建普惠金融、智慧农业、应急指挥等数字化运行平台。县城建成区面积扩展到23.25平方千米，常住人口城镇化率提升到50.39%。特色小城镇和乡村振兴示范点建设有力推进，金沙获评"国家卫生县城"。

金沙县冷水河景区及冷水河国家森林公园

（刘大泯 摄）

织金：平远府州，源于古彝语

织金县地处贵州中部偏西，毕节地区南部，地处乌江上游支流六冲河与三岔河交会处的三角地带。总面积约2868平方千米，有汉族、苗族、布依族、仡佬族等23个民族，常住人口80.58万人。下辖33个街道、乡镇：金凤街道、绮陌街道、惠民街道、化起镇、龙场镇、以那镇、三塘镇、马场镇、黑土镇、自强苗族乡、上坪寨乡、纳雍乡等。是"黔中经济区"的重要组成部分和"毕水兴能源资源富集区"的规划区域，同时也被称为"宝桢故里、洞天织金"。织金之名是古彝语名，曾先后译作直溪、直金、只鸡等，元代起称织金。

商周时期，织金属于当时的古国鬼方国。到了春秋时，归入牂牁的管辖之内，战国时期则属于夜郎国。秦朝在这里置郡县，属巴郡汉阳县管辖。汉朝时织金属益州牂牁郡。唐朝时属罗甸国管辖。元代起称织金，有织金城、织金箐、织金河、织金关等。明代织金城改名比喇城，元明均为水西宣慰司属地。清康熙四年，平西王吴三桂诛杀水西宣慰使安坤，在此地实行"改土归流"，设平远府于比喇城。清康熙五年，正式设立建平远府，后又降为平远州，曾隶大定府（府衙设在今大方县）。二十六年降大定府为州，与平远、黔西3州同隶属威宁府。雍正七年，复隶属大定府。民国二年，平远州改为平远县，隶属贵西道。三年，平远县改为织金县。民国时期先后隶属贵州省第二行政督察专员公署安顺、第四行政督察专员公署毕节。1949年新中国成立后隶属毕节地区专员行政公署。1970年毕节专区改为毕节地区，织金县归属其管辖。

织金县有著名的溶洞景观——织金洞，被名列"中国最美六大旅游洞穴"之首，"中国十大奇洞"之首。织金洞位于织金县官寨苗族乡，距离省城贵阳120千米左右。织金洞长6.6千米，最宽处175米，全洞容积达 500 万立方米,空间宽阔,有上、中、下三层,洞中遍布石笋、石柱、石芽等 40 多种堆积物,形成千姿百态的岩溶景观。洞道纵横交错,石峰四布,流水、间歇水塘、地下湖错置其间,被誉为"岩溶瑰宝""溶洞奇观"。织金洞规模宏大,形态万千,色彩纷呈,是织金洞景观的显著特色。据专家考察比较,织金洞规模体量、形态类别、景观效果都比誉冠全球的法国和南斯拉夫的溶洞更为宏大、齐全、美观。瑰丽多姿的喀斯特地貌风光,把织金洞映衬得气势恢宏。在织金洞地表周围约 5 平方千米范围内分布有典型的罗圈盆、天生桥、天窗谷、伏流及峡谷等,具有较高的观赏价值和科研价值,被国际知名的地貌学家威廉姆称为"世界第一流的喀斯特景观"。

织金历史上出过许多著名的历史人物,如丁宝桢就是从织金走出去的清代大政治家、大改革家。同治至光绪年间,丁宝桢任山东巡抚时,遇黄河决口,导致多县被淹没。他亲自率河臣工匠治河,在水势平缓处筑坝断流。花了一年的时间,河水归流,创治黄史上一大奇迹。光绪年间任四川总督时,丁宝桢修复了毁坏严重的中国名堰都江堰。丁宝桢也是贵州著名的诗人,他曾写下许多著名诗作,如"奔涛直走三千里,浩气全吞十二州""一木竟能支大厦,中流长此挽狂澜",生动再现了一代名臣的风采。

近年来,织金县以习近平新时代中国特色社会主义思想为指导,深入学习贯彻党的二十大精神和习近平总书记在贵州省代表团重要讲话、习近平总书记对毕节试验区工作的重要指示,认真贯彻落实中央、省、市各项重大决策部署,以脱贫攻坚统揽经济社会发展全局,围绕主基调主战略,着力稳增长、促改革、调结构、惠民生、防风险,全县经济社会呈现稳中有进、进中向好的良好态势。

纳雍：乌蒙之城，取自纳民雍熙

纳雍县位于贵州省西北部，毕节市东南部，乌蒙山脉东南麓。纳雍县总面积 2448 平方千米，常住人口 71.1 万人。下辖 6 个街道、13 个镇、10 个民族乡：居仁街道、乐治镇、张家湾镇、勺窝镇、董地苗族彝族乡、化作苗族彝族乡等。有汉族、苗族、彝族、白族、布依族、回族、侗族、壮族等 23 个民族。因县城大兔场临剌雍河，遂取古句"纳民雍熙"之意，定名纳雍县，县城大兔场改名雍熙街道。纳雍县拥有丰富的矿产资源，其中无烟煤蕴藏量大且质量优质，是织纳煤田主体组成部分之一。晶墨玉大理石不仅高产而且储量巨大，为建筑装饰及工艺品提供了优质的原材料。玉米、水稻、油菜、烤烟等是纳雍县主要的农产品，此外纳雍还产中药材杜仲、黄柏等。

春秋以前商周时期，纳雍县与大方等县都属鬼方。春秋时，牂牁的势力范围扩大，纳雍县成为牂牁的属地。战国时期，古夜郎国崛起，贵州的大部分都被其占据，今纳雍县也在其中。秦始皇二十六年，在贵州地区设郡县，将原来夜郎地设夜郎、汉阳两县，纳雍县纳入象郡汉阳县。

汉朝时期，改当时的象郡为犍为郡，辖汉阳、平夷、朱提等诸县，纳雍县属于平夷县属地。南北朝时，宁州为爨氏（史称乌蛮）所据，郡县俱废。唐朝时，矩州刺史谢法成招抚比楼等七千内附，以比楼地置禄州、汤望州，今纳雍部分在唐时为汤望州和郝州属地，分别隶黔州都督府和戎州都督府。在五代十国时，其建置依唐制。宋朝末年，中央废除了当时所设的州，唯称罗氏鬼国，今纳雍属其领地。明朝洪武时期改顺元为贵州，置贵州宣慰司，后崇祯时改贵州宣慰司为水西宣慰司，但仅统水西之地。归宗、构坐、总机、以支、以个等土目均在今纳雍。清朝康熙时，在原水西地区设大定、平远、黔西及威宁四府，纳雍之地在大定府的范围之内。民国三十年，成立纳雍县设治筹备处，因县南纳雍河，即以纳雍为县名。7月，成立纳雍县政府，县政府驻雍熙镇。1949年新中国成立后，贵州第四行政督察区改为毕节专员公署。1970年更名为毕节地区行政公署，2011年改为毕节市，纳雍县一直为其所属县。

纳雍县历史悠久，在千百年的历史长河中留下了许多的文物古迹，其中有代表性的遗址是位于纳雍县城东北面乐治镇杨家湾村的宣慰府遗址。遗址坐落在蚕箐梁子中段芦花百坡山下，是红楼碧瓦、雕栏玉砌的彝家古建筑，可以说是水西文化的象征。宣慰府因明弘治年间的水西宣慰使安贵荣而得名，其建筑坐北朝南，布局为五重堂，四个院落，左右通道，占地约1万平方米，院宇四周由石墙围绕。宣慰府被吴三桂烧毁后，只剩下荒台废基，但现存遗址上的瓦当、石级，雕痕钻凿，设计布局等，仍然记录着水西文化，闪烁着彝族风情，谱写着历史的变迁。这里有着古老的水西彝族文化，有着真实而宝贵的历史遗痕。曾经是一番繁荣景象，也有过硝烟弥漫、战火纷飞的战争年月，更多的则是纳雍彝族的历史沧桑。

纳雍县是一个少数民族聚居的县，拥有丰富多彩的民族文化。其中彝族的"搓子舞"、布依族的"六月六"、苗族的"跳花坡"和"打嘎"等节日及文化活动，充满浓郁的地方色彩。纳雍苗族芦笙舞"滚山珠"，其舞姿古朴、矫健，曾多次出国演出获得好评。纳雍小花苗服饰、苗族飞歌、"划筷祭祖"、苗族蜡染、纳雍傩戏被评为省级非物质文化遗产。此外，纳雍人爱诗词，其民间诗词文化发达，曾被相关部门授予"中国民间文化艺术之乡"称号。

纳雍总溪河景区（王义　摄）

威宁：草海之城，源自乌龙箐

威宁彝族回族苗族自治县地处贵州西部，毕节市的西部地区，与云南、四川接壤，是贵州的大西门，乌蒙山贯穿整个县城。居住着汉族、彝族、回族、苗族、布依族等 37 个民族。下辖 41 个乡镇、街道：龙场镇、牛棚镇、迤那镇、中水镇、猴场镇、海拉镇、秀水镇、石门乡、云贵乡、兔街镇、大街乡、六桥街道、开华街道等。总面积 6298 平方千米，常住人口有 126.99 万人，平均海拔 2200 米。威宁有多种矿产资源，煤、铅、锌储量最为丰富。其土特产有火腿、黄梨、荞酥远销国内外。省级重点文物保护单位有中水汉墓群、彝族"向天坟"墓群、凤山寺、玉皇阁等。

威宁城，古城曾称乌龙箐，是贵州彝族先民世居之地。早在原始时期，威宁地区就有人类活动，经过考古工作者发现在县城附近草海西南的王家院北边，发掘出数十件打制石器。夏朝时期，为当时的梁州管，商朝时属鬼方国，西周为"卢夷国"之西部边地。秦朝在贵州设郡县，在此地设有象郡夜郎、汉阳等两县，威宁属于汉阳县。唐朝时，威宁等地被当时的南诏国所统领。北宋时期，属于当时的绍庆府，到了南宋中原王朝日渐衰微，乌撒部为大理国所统治。元设乌撒乌蒙宣慰司。明设乌撒土知府。威宁原先并不是此名，今县名始于清朝时期。清康熙三年，藩王吴三桂得水西安坤之助占据云南后，唯恐"战乱平而兵权解"，遂诬陷安坤等"谋反"，骗得康熙大帝恩准，于是重开西南战端以武力剿灭水西安坤和乌撒安重圣等。康熙五年，将乌撒改称为威宁，意为"威镇而后安宁"。雍正八年，将原来的威宁府降为威宁州，属于大定府管。民国三年，在贵州地区废除府、州，置县，改威宁州为威宁县，隶属于毕节管辖。民国三十一年，贵州省政府做出决定，析柯保（今可乐）、财神堂、野马川、赫章等四个区置赫章二等县，至此威、赫互不相辖，直隶贵州省政府。解放后属毕节地区。1954年，经过国务院批准成立威宁彝族回族苗族自治区，第二年改名威宁彝族回族苗族自治县。

威宁草海是国家级自然保护区，同时也是贵州最大的高原淡水湖，素有"鸟的王国"之称，以水草繁茂而得名。草海四面青山环抱，林木茂密，水天一色，翠峰鹄立。草海西部有一孤岛叫"阳关山"，岛上竹篱茅舍，鸡犬相闻；湖中白帆点点，波光粼粼，如世外桃源一般；东南水面有六洞桥及望海楼，桥周围烟柳长堤，垂柳依依。湖中有鱼虾、蒲草等水生动物，栖息有100多种珍奇水鸟，中国特有的高原候鸟黑颈鹤，每年都要在这里越冬。是人与动物共生、和谐相处的十大候鸟活动场地之一，冬春之际人们可以到此观鸟，夏秋则是避暑宝地。威宁地处乌蒙之巅，但呈现的却是百里平阳和碧绿草海之景。彝族著名诗人余昭见此景后感慨作诗："一峰突出群峰表，群峰罗列儿孙少。我来登此最高峰，白云冉冉人渺渺。挥袖直上千寻巅，白云转在峰际裊。天风鼓荡云涌涛，霎时陵谷混颠倒。红尘烟没落何处，一气乾坤合钮铸。只留半段郁葱葱，不知可是飞仙路。"

不同的民族构成了威宁多彩的民族风情。"彝村、回屯、苗寨星罗棋布。每年都可以享受热烈奔放的彝族火把节、庄严肃穆的回族古尔邦节、欢快明朗的苗族花山节；可以自由地欣赏摔跤、赛马、射弩、扭扁担、荡秋千等民族竞技活动；可以忘情地倾听彝族民歌的多情，苗族民歌的清脆，醉倒在彝家酿制的美酒中。"[1]威宁各族人民的生活习俗、婚丧礼仪、图腾崇拜、服饰装扮以及他们的挑花剪纸、蜡染编织、刺绣竹编等民族工艺，都是人间绝技，不仅技艺高超，还精美壮观，充满了神秘的光彩。

近年来，围绕"四新"主攻"四化"主战略和"四区一高地"主定位，市委第三次党代会明确了"一区三高地、五个新毕节"战略，加快推进其发展。如今，一个机场、三条铁路、六条高速公路的立体交通体系正在加速构建，威宁将成为黔滇接合部重要区域性支点城市。在省委省政府、市委市政府的坚强领导下，在社会各界的大力支持下，威宁脱贫攻坚取得完全的胜利，彻底撕掉了绝对贫困的标签。2021年地区生产总值308.99亿元，同比增长5.9%；城乡面貌发生历史性巨变，生态文明取得历史性成就，民生福祉实现历史性改善。

---

[1] 叶启伟：《威宁：谱写民族文化新篇章》，《理论与当代》2012年第3期。

国家自然保护区咸宁草海（刘大泯　摄）

赫章：贵州之巅，源于墨特川

赫章县位于贵州省西北部，毕节市西部地区，地处乌江北源六冲河及南源三岔河上游。有汉族、苗族、彝族、白族、布依族等21个民族居住在此。全县总面积约3250平方千米，下辖5个街道、15个乡、10个镇：白果街道、汉阳街道、罗州镇、德卓镇、朱明镇、古基镇、平山镇、辅处彝族苗族乡、河镇彝族苗族乡、古达苗族彝族乡等。赫章县拥有丰富的矿产资源，其中铁矿、铅锌矿储量为贵州之首。此外赫章盛产生漆、核桃、樱桃、可乐猪等，一度被称为"中国核桃之乡""中国樱桃之乡"。赫章县有国家级重点文物保护地区——可乐。彝文"可乐"为"中央大城"之意，在可乐地区以及周边各地发掘出了大批战国至秦汉时期的古墓、古遗址和出土文物。

赫章县名取自其县境内的墨特川，墨特川在县城的北部地区。明洪武十四年，在赫章筑城，取名黑张，为彝语墨特川另名译音。

赫章在原始社会时期，新石器时期属于赤水部落。夏朝时，县境为梁州之南荒服地；商朝是鬼方古国的属地之一，与纳雍等同属；周朝时，属地不变。春秋为牂牁国西北徼外，战国时属夜郎国。秦时在贵州一片设立郡、县，贵州西北地区设有象郡，象郡分汉阳、夜郎等县，赫章属于汉阳县。汉朝时期，汉阳被废后于建元六年复置，属于犍为郡。蜀汉改犍为朱提郡，汉阳属于其管辖。晋至南齐，隶南宁州朱提郡。梁太清二年，地方豪族爨瓒占据宁州，所属郡县俱废，汉阳县行政建制解体。唐朝在西南地区置羁縻州，今县境属宝州。唐天宝时，附南诏。宋属乌撒部。元至元十年，乌撒部附。元顺帝至元元年，改隶四川行省。明代，今县境一直为乌撒所辖。洪武十六年，设黑张递运所。赫章县名取自其县境内的墨特川，墨特川在县城的北部地区。明洪武十四年，在赫章筑城，取名黑张，为彝语墨特川另名译音。清康熙五年，建威宁府（后改州、县），县境均隶之。民国七年，改名赫章分县，改"黑"为"赫"。民国三十一年，从威宁县析出，置赫章县，隶属毕节行政督察专员公署。解放后属毕节地区。

赫章曾是我国西南彝族古代发展中的中央皇国腹地，它的都城可乐被赞誉为夜郎青铜文化的"殷墟"。彝族先民用他们的聪明才智，在赫章这块土地上创造了许多的成果。彝族第三十一世曾在西南大部分地区获得封地，其中包括滇、夜郎、巴、蜀、黑、白六大侯国。六大侯国也在自己的势力范围内分封了许多的君长列国。古时彝族各先民多战争，因此在护送阵亡将士时，为了抒发悲痛之情，在途中跳一种战状舞。这种舞蹈渐渐地演变为祭祀告别的舞蹈，这就是今天的赫章彝族铃铛舞。"铃铛舞无音乐伴奏，主要靠舞者摇响手中的马铃声和鼓点节奏来统一动作。在彝族铃铛舞活动中，舞者以腰部为轴心腰旋腹挺前后左右来回旋动，双手在左右上下转腕摇铃：时而抬着后仰，时而弓步前倾，时而又下蹲转体变位做两人相互靠背就地翻滚，动作变化万千，内容丰富多彩。铃铛舞在赫章保留着完整形式，尤其是在珠市乡韭菜坪最典型。"[1]赫章彝

---

[1] 容敏：《贵州省赫章县彝族铃铛舞文化研究》，硕士学位论文，贵州师范大学，2021年。

族铃铛舞作为一种传统祭祀舞蹈，经过彝族人民的不断加工提炼成功地走上舞台，赫章彝族铃铛舞先后获得第七届中国民族民间文艺"山花奖"等多种奖项，并多次参加国内各种大型演出，展现了彝族独特的文化内涵。如今，这不仅成为赫章县的一张民族名片，也是贵州省的文化代表。

自"十三五"以来，赫章县牢牢抓住发展和生态两条线，深入实施"五大战略"，全力打好"三大攻坚战"，经济发展保持平稳较快增长。赫章实现了历史性的跨越，全面建成小康社会。赫章脱贫取得极大的胜利，全县有 5 万余人搬出大山，其教育、医疗等基础设施水平不断提升。县城区域到 2021 年，其面积增加到 15.23 平方千米，城市化步伐不断加快。赫镇、赫纳高速公路建成通车，全县 30 户以上的村庄硬化路全覆盖，行政公路通车更是达到 100%，县境通车里程达到 5920 千米。在此期间，赫章大力发展新型集体经济作为重要的突破，成立了 456 个村集体股份经济合作社。赫章深化与粤港澳大湾区、成渝滇等地区及周边市县交流合作，积极融入 2 至 5 小时经济圈，城市开放程度进一步提高。精准开展产业大招商，累计引进省外到位资金 720.1 亿元，外贸进出口额实现零的突破。

贵州最高峰赫章韭菜坪（刘大泯　摄）

江口：梵净山麓，取自大江之口

江口县位于贵州省东部，铜仁市东南地区，地处武陵山脉主峰梵净山东南麓。总面积 1869 平方千米，第七次人口普查中其常住人口约为18.5 万人。有汉族、苗族、侗族、羌族、土家族等 19 个民族，全县下辖2 个街道 6 个镇 2 个乡：凯德街道、太平镇、坝盘镇、德旺乡和官和乡等。国家自然保护区、佛教名胜梵净山在其境内，有"鱼米之乡"之称。江口县名源自其进境内的大江，江口县境位于闵孝河与太平河合流之处，县城在大江之口，故取县名江口。

江口县县域形成较早，早在春秋时期就形成，属于当时的楚国黔中地区。战国时，属于黔中郡义阳县管辖。汉高祖时，将贵州当时的黔中郡改为武陵郡，属武陵郡无阳县，归属荆州地。王莽新政时改建平郡，东汉复置武陵郡，将无阳县并入辰阳县，江口县属于辰阳管辖。南北朝时，江口在刘宋时属辰阳县；梁朝废除辰阳改为建昌县，属于南阳郡；陈朝废建昌县，江口改属南阳郡。隋朝开皇年间，废南阳郡，改置寿州管辖此地。开皇十八年，将原来的寿州改为充州，后又废充州，并其地入辰州改为沅陵郡，废静人县入辰溪县，江口属沅陵郡辰溪县。唐中后期，对江口进行重新改制，江口属辰水县，隶充州，后属蜀黔州。宋朝时，分荆湖路为荆湖南北两路，北路领沅州、清州，江口属沅州麻阳县。元朝时，江口县改隶铜仁府。明朝时，江口县改属铜仁府直到清朝时期。清雍正时，在今双江街道设省溪吏目一员。光绪六年，铜仁县治迁至大江口，江口县治开始形成。民国二年，铜仁府改为铜仁县，遂把原铜仁县改为江口县，属黔东道。民国十二年时，贵州各地废除了道的行政单位，各县直接隶属省。后属铜仁行政督察专员公署。1949 年，江口县解放，于 1950 年成立江口县人民政府，1958 年江口、玉屏并入铜仁县，第三年后 3 县分立，江口县区依旧。

梵净山位于铜仁市，为江口、印江、松桃 3 县共有的千古名山。是贵州著名的国家级自然保护区，是全国佛教名山之一。梵净山全境风景美丽，山势雄伟，飞瀑悬泻；古老地质形成的特殊地质结构，塑造了它千姿百态、峥嵘奇伟的山岳地貌景观，其中梵净山上的"蘑菇石"更是一道著名的景观，山上完全找不到人工雕琢的痕迹。因此这里也成为文人墨客笔下之常物，明代诗人喻政题诗《登梵净山》云："回溯昆仑是本根，辟支复起小昆仑。但看上界三垣近，肯信中华五岳尊。古殿灯燃长白昼，危楼钟动欲黄昏。到来却悟无生肯，贝叶何须细讨论。"除了梵净山等著名的景观以外，江口县还有其他著名的文化景地，如红色文化遗址红号军三角庄根据地，被列为省级文物保护单位；风景名胜黄鹄山峰丛、省溪司峡谷、屏帘洞等。

江口县是一个多民族的县，除了汉族以外，还生活着苗族、侗族、土家族、仡佬族等少数民族。各民族不同的民族风俗和民族文化造就了江口民族的多样性和丰富多彩的民族风情。其中民族村落有寨沙侗寨、漆树坪羌寨、梭家苗寨、云舍土家民俗文化村等；江口傩堂戏、江口金钱杆等民族文化活动及侗家姜茶、瓦寨锣鼓、打背节、江口"祭大神"等民族习俗。最具江口民族特色的要数云舍土家，其被称为"中国土家第一村"，云舍是中国土家族民居经典的古寨，保留了许多明清时期的民舍、祠堂，历史悠久，宅舍依山傍水，高低错落，历史、民族、自然风光交融，别有一番景色。

党的十八大以来，江口县委、县政府以习近平新时代中国特色社会主义思想为指引，坚持以人民为中心的发展思想，牢牢守好发展和生态两条底线，分步以脱贫攻坚、高质量发展统揽经济社会发展全局，努力战贫困、抓巩固、促振兴，切实围绕"四新"主攻"四化"，认真贯彻

"一区五地"部署要求，大力推进"一地三区"奋斗目标，全县经济社会发展取得历史性成就，城乡面貌发生天翻地覆的变化，民风社风持续向好，群众收入不断增加，人民幸福感、安全感、满意度全面提升，为江口开启社会主义现代化新征程奠定了坚实基础。

江口县云舍土家寨（刘炳麟　摄）

松桃：黔东北门户，源自松桃河

松桃苗族自治县位于贵州省东北部渝湘黔交界处，位于铜仁市东北，地处梵净山东麓。总面积3409平方千米，常住人口48.7万人。有苗族、侗族、汉族、仡佬族、土家族等民族。下辖5个街道、17个镇、6个乡：大兴街道、九江街道、盘信镇、普觉镇、乌罗镇、迓驾镇、大路镇、黄板镇、妙隘乡、石梁乡、沙坝河乡等。松桃县一度被认为是"黔东北门户"，素有一脚跨三省之称。梵净山在松桃县的西部，位于松桃、江口、印江三县交会处，是中国佛教名山之一。其省级文物保护单位有虎渡口新石器时代文化遗址、云落屯西晋悬棺葬等，都是著名的风景名胜。松桃土特产有花生、油桐等。

春秋战国时期，松涛属黔中郡管辖。秦朝统一后，为了加强中央集权，在全国各地设置郡县，松桃属于黔中郡。西汉至三国时，松桃划归武陵郡。南北朝时期属郢州南阳郡。隋朝将其划归源陵郡。唐朝时于贞观年间，在贵州东部设有思州，在今县境内东部设有平土洞，西部设乌罗洞。唐朝中期，将辰州麻阳县等地设锦州，管辖此地东部地区。天宝年间，将锦州改为卢阳郡，东部依然归其管辖。乾元元年，卢阳又恢复其名为锦州，属地为洛浦、渭阳、卢阳、招谕、常丰5县，今松桃地属常丰县。宋太宗年间，现今西部属思州管辖，东部仍归锦州管辖。元至元二十四年，设思州宣慰司，归属湖广行省。后改为乌罗长官司，属思州军民安抚司。明永乐十一年（1413）置乌罗府，正统三年（1438），裁乌罗府，仍留长官司。清雍正八年（1730）置松桃厅，因邻松桃河而命名。嘉庆二年（1797），升为松桃直隶厅。民国二年（1913）松桃直隶厅改松桃县，初属黔东道。后属铜仁行政督察专员公署。解放后隶铜仁地区。1956年，建松桃苗族自治县，隶属不变。

苗王城位于松桃苗族治自县正大镇境内，始建于明洪武初年，已有600多年历史。松桃苗王城也是苗歌之乡、民间绝技之乡。苗王城经苗王石各野、龙达哥、吴不尔、龙西波、吴黑苗等长期经营，逐步成为腊尔山区南长城外围的"王者之城"。核心景区10平方千米，集山、水、洞、泉、瀑、峡谷、森林、古树、原始村寨、军事巷道、苗族风情为一体，是旅游、休闲、度假、探险的胜地，被誉为"千里苗疆第一寨"。近几年来，松桃苗族自治县正大镇新寨——苗王城，引起国内诸多学者潜心关注。

杨芳（1770—1846），松桃厅城关人。他曾担任过7省提督。官加荣禄大夫、建威将军、太子太傅等爵衔。从乾隆六十年（1795）到道光二十三年（1843），到处征战将近50年，战功赫赫，为贵州一代名将，更是胆识过人，有勇有谋。嘉庆十一年（1806）固原提督任上，宁陕兵变。他知武力难以取胜，乃单骑前往叛军兵营，讲述朝廷恩威和私谊大义。声泪俱下，终使叛军归顺。但嘉庆帝却以他宽容骄纵部属导致兵变，撤去职务，充军伊犁，次年释放还乡。嘉庆十五年（1810）复职。嘉庆二十年（1815）至道光五年（1825）先后任甘肃、直隶、湖南、固原提督，平息各省战事，屡建奇功。道光六年（1826）他奉调带兵进新疆参加平息张格尔分裂祖国的叛乱。他以强攻、分进、追袭等策略，使全疆重归于和平和睦。他还在边疆开展屯田，减免商税，革除陋习，重修城堡，巩固边防。道光二十年（1840）他赴广东抵御敌军失利，仍被革职留任。

2021 年，松桃苗族自治县以高质量发展统揽全局，围绕"四新"主攻"四化"，坚持稳中求进工作总基调，在发挥资源优势强工业、区位优势强城市、特色优势强农业、生态优势强旅游、政策优势强活力等方面成效显著。松桃自治县城乡面貌发生天翻地覆的变化，城区建成面积达 19.7 平方千米，城镇化率提升到 51.44%。在"十四五"开局之年，松桃也就城市化发展制定了更高的目标：结合"一核三心四带一区"新型城镇发展布局，坚持"产城一体、旅城一体"，衔接乡村振兴，走特色工业小镇、生态农业小镇、文化旅游小镇、黔边商贸小镇、绝技绝艺小镇建设之路。

松桃县苗王城（胡丽　摄）

思南：乌江航运城，取自思州之南

思南县位于贵州省东北部，遵义与铜仁接壤处。总面积 2230.5 平方千米，常住人口 45.7 万人。少数民族有土家族、彝族、白族等。下辖 28 个乡镇（街道），其中建制镇 17 个、街道 3 个、少数民族乡 8 个。因得益于乌江航道之便，自古以来就商贾云集，是贵州开发最早的县之一，是乌江中下游区域性经济文化中心。被誉为"黔中首郡·乌江明珠"。思南作为乌江航道的重要商埠，在明代时期即设厂造船。思南矿产丰富，以煤、雄黄、硫铁、重晶石、高岭土为主。土特产主要有甜酱瓜、思南黄牛、思南藤器、松花皮蛋，其中思南的松花皮蛋在贵州非常有名。荆竹园白号军营盘被列为省级文物保护单位。圣岭、中和山、白鹭洲、长坝石林，是思南主要风景名胜区。

思南之名，源于思州。元至元十四年（1277），在今务川置思州安抚司。后迁至龙泉坪（今德江小谷庄），再迁清江（今岑巩城关）。遂将小谷庄改名思南，即原思州之南之意。春秋战国时期，思南属于当时的巴国南境，后属楚巫黔中地。秦朝时期在贵州设有黔中郡，思南属于其管辖。汉朝改属涪陵县管辖，后又将涪陵之地分出一部分设永宁县，治今思南之地。蜀汉改万宁县，为南中属地。北周武帝宣政八年，以万宁县地置费州，亦名涪川郡。隋初，废费州，开皇五年于费州地置涪川县（今思南）。唐初，属思州。贞观四年，分思州的涪川、扶阳 2 县置费州。宋大观元年，田祐恭归顺，又置思州，宣和三年废，绍兴二年，复置思州和务川、邛水、安夷 3 县，为羁縻州，州治务川，属黔州。务川县辖今思南县地。今思南县，元为水特江长官司，明改水德江长官司。明洪武二十二年思南宣慰司迁至水德江（今思南县城）。明永乐十一年因思南与思州两宣慰司争斗不息，明王朝派兵镇压，废两司，设思南府、思州府，隶贵州布政司。民国三年改思南府为思南县，先属黔东道，后属铜仁行政督察专员公署。解放后隶属铜仁地区。

此外，思南也是贵州革命老区，思南的革命先烈们为中国革命做出重大贡献。著名烈士旷继勋（1895—1933），1926年加入中国共产党，先后担任红六军军长、红四军军长、红十三师师长、红二十五军军长等职，屡立战功。1931年张国焘进入鄂豫皖根据地后，对其进行迫害，1933年6月张国焘制造借口，将旷继勋杀害。1937年毛泽东亲自给予平反。肖次瞻（1905—1940），1926年入党后，曾同恽代英一起工作。任中华全国邮务总工会筹委会常委。1930年回思南开展党的工作。回到思南后，于1938年组建中共思南县委并得到省工委批准，同时在思南广泛开展抗日救亡活动，扩大党组织。由于省工委组织隐蔽和疏散，为加强其工作，1940年4月，调肖次瞻任省工委秘书长兼贵阳县委书记。7月思南党组织遭到破坏，肖次瞻在贵阳被抓捕，12月壮烈牺牲。被捕后在狱中写下《新正气歌》，勉励战友，其献身革命的精神，激励着更多的贵州青年献身革命。

思南石林通过调查发现是目前发育最好、生态保持最佳、保存最完整、出露面积最大的极具科普性和观赏性的连片喀斯特石林。石林的类型众多，空间上分布广泛，包含了石芽发育从幼年到青年到老年的各种形态，有针状石林、柱状石林、城堡状石林等多种样式。思南石林还形成了许多惟妙惟肖的象形景观，如老虎石、雄鹰对峙、鬼脸石、四大金刚、三仙迎客等，极具观赏性。长坝石林片区位于长坝镇内，距镇政府驻地1.5千米，地处乌江思林电站库区内，西与凤冈接壤，北与四野屯自然保护区相邻，整个石村绵延几个丘陵，分六大片区，面积约4.9平方千米，是贵州省最大的天然石林景观。

过去的五年里，思南县城乡面貌得到极大的改善，经济发展极大地提升，人民群众获得了实实在在的成就感。思南向全社会、全县人民交出一份满意的答卷。全县农村生产生活环境发生天翻地覆的变化，39431人搬进新房子，"3+1"保障全面落实，279个贫困村如期出列，15.87万贫困人口全部脱贫，成功撕掉千百年来绝对贫困的标签。五年来，全县完成交通投资 85.4 亿元，湄石高速建成通车，建成国省干道、县乡公路 393 千米，通村水泥路 6352 千米；城乡供水一体化"大水网"全面建成，农村集中供水率 98.8% 等。

思南县石林景区（王义　摄）

玉屏：中国箫笛之乡，源自玉屏山

玉屏侗族自治县位于贵州省东部，铜仁市南部地区，地处武陵山脉与苗岭山脉交会地带。其总面积有 523.78 平方千米，常住人口有 60.68 万人。玉屏县有汉族、侗族、苗族、回族等 18 个民族定居在此。下辖 1 个乡 3 个镇 4 个街道。被称为"黔东门户"，也是"中国箫笛之乡""中国油茶之乡""侗族文化艺术之乡"。玉屏之名，源于县城北面阳河北岸之玉屏山。山势屹立若屏，故以此山做县名。

春秋战国时期，玉屏属于当时的黔中郡管辖。秦朝设郡县，在此地区设黔中郡管玉屏；汉朝时为武陵郡无阳县。三国时期，蜀汉改当时汉朝的无阳县为舞阳县，玉屏划归其管辖。隋朝时期，属沅陵郡龙标县。唐朝时期属奖州渭溪县。宋朝时期置平溪峒隶沅州麻阳县。玉屏古名雄溪，宋改称平溪，设平溪硐。明洪武二十三年建平溪卫，清雍正五年，撤平溪卫，置玉屏县，以玉屏山为名。清顺治十五年，裁卫指挥设守备隶湖广都司辰沅靖道。雍正五年二月初五，改隶贵州省思州府。是年闰三月三十日，兵部复云贵总督鄂尔泰奏，改平溪卫为玉屏县。乾隆三十五年，改隶铜仁府。乾隆三十六年五月，复隶思州府。民国二年，隶黔东（镇远）道。民国十二年，直隶贵州省。民国二十四年，隶第九（铜仁）行政督察区。民国二十六年，隶第一（镇远）行政督察区。民国三十二年，改隶第六（铜仁）行政督察区，直至解放。1949 年玉屏解放，隶铜仁地区。1983 年 9 月 7 日，经国务院批复，撤销玉屏县，建立玉屏侗族自治县。1984 年，玉屏侗族自治县正式成立。

　　玉屏作为中国著名的箫笛之乡，500 年来共有传人十几代，在郑氏三代最具有浓郁的乡土气息和历史特点。郑维藩，平溪人，是玉屏箫的创始人。明万历年间，郑维藩辞去河南荥阳知县回到玉屏，创制玉屏箫（时称平箫）。但是他并没有将制箫发展为行业，仅仅是作为藏品、赠品、贡品，并将这门技艺传授给其子孙。郑芝山活动于清道光至光绪年间，为郑维藩十世孙。在他从军 18 年中，除了进行军事活动以外，其足迹遍布江南，观摩各地管乐工艺，返乡后开设作坊以制箫为业。除了制箫以外，还编写了《和声鸣盛》，图解吕律、五音等乐理。郑芝山的两个儿子都非常有才华，其长子步青善于造型开音，次子丹青善于书画雕刻。民国二年（1913）和民国四年（1915）先后在伦敦和旧金山获大奖，但奖章却被玉屏县知事吞没。在郑氏后辈制箫中有所作为的要数郑丹青次子郑辉蒸（1922—1986）。民国后期，郑辉蒸继承箫笛祖业，并积极扩大规模。1951 年联合 18 位艺人成立箫笛厂，但因经营不善解体。随后于 1955 年再次组织 9 位艺人的生产小组，后转为合作社。由"一箫一笛"增至"七箫十二笛"，后来合作社发展到百余人，生产扩大，技艺高超，成为出口精品。

玉屏北侗民族有自己丰富的文化特色，其民居、风情等有着自己的特点。朝阳、丙溪、大湾三个村寨，是较为典型的北侗民族村寨，村寨布局、民居建筑、环境等都有一定的特色。北侗民居建筑是较为标准的木质结构、小青瓦、吊脚楼，外环廊式，吊脚楼有的二层，有的三层，并有面积较大的院坝，在地形条件不允许建院坝时，他们就用挑梁争取用地，兴建院坝。其民族活动有赶坳、侗族民歌、侗族傩技，独具特色。玉屏侗族民俗文化风情体现出侗族人民的精神财富和悠久的民族历史。

玉屏产重晶石、锰、汞、大理石矿，其产量丰富。农作物以水稻为主，油茶是其重要的特产，其品质优良，故有"油茶之乡"的美誉，油茶产量居全省第三位。此外，玉屏箫笛拥有悠久的历史，创始于明代。一度获得国际认可，在 1915 年美国旧金山召开的庆祝巴拿马运河通航万国博览会上获金奖，成为出口名牌产品。修建于明代时期的城墙、钟鼓楼是玉屏重要的古文物，也是其历史的象征。紫气山、万卷书崖、金银洞泉、白水洞瀑布等是玉屏县的重要自然景观，吸引了众多的游人至此。

玉屏侗乡民族风景园（王义 摄）

石阡：中国温泉之城，取自元代石千

石阡县地处贵州省的东部，铜仁市西南地区，武陵山脉南支脉贯穿全境。全县总面积有 2173 平方千米，常住人口有 29.7 万人。下辖 19 乡镇（街道）、315 个行政村。有汉族、苗族、侗族、仡佬族、土家族等 13 个民族。石阡县被誉为"中国温泉之乡""中国矿泉水之乡""中国苔茶之乡"等。"石阡"最早见载于《元史·地理志》，名"石千"，"千"为仡、侗古民俗语，释为山崖岩洞。石阡矿产丰富，以煤、铁、重晶石、铅锌为主。其特产除了花生、木耳还有五倍子，在省内都非常出名。

秦朝时期，在县境的西部地区设夜郎县。西汉时期，属夜郎牂柯郡地。梁武帝天监年间，置建昌县，侯景叛乱后，置夜郎郡，隶武州。隋开皇元年，废南阳郡置寿州于石阡。开皇十八年，改寿州为充州。宋大观三年，复置都上县。元至元初年（1264—1270），置石阡等处军民长官司，为石阡县名之始。明永乐十一年（1413）置石阡府。康熙二年，废葛彰葛商长官司。乾隆七年三月，石阡府分设 7 里。民国三年（1914）废石阡府改设石阡县，隶黔东道。民国五年，公署知事将全县划分为 6 个区，石阡县分为 10 个区。民国十六年，国民政府下令改县公署为县政府，石阡县为二等县。民国二十四年，国民党改组贵州省政府，实行行政督察区，石阡划归铜仁行政督察区。中华人民共和国成立，石阡解放。1967 年"石阡县革命委员会"成立。1970 年起，属铜仁地区至今。

石阡县历史文化深厚，还是有名的温泉之乡。万寿宫被列为全国文物保护单位。此外，省级文物保护单位有中国工农红军红二、六军团总指挥部旧址等。石阡有温泉 12 处，17 个出水点。石阡温泉创修于明万历三十四年（1606），是贵州开发最早的温泉之一。石阡温泉非常出名，成为国内很多游客的打卡之地。佛顶山为梵净山姊妹峰。明洪武初年开发的太虚洞有"第一仙洞"之称。石阡五老山不仅展现了石阡自然特点,也反映了石阡人的淳朴性格。清乾隆知府罗文思有诗云:"五老峰头并,如屏列正东。平开千古画,高障半天风。黛染停云外,锦添落照中。对时宜薄暮,不羡鹤山崇。"

随着经济的快速发展,石阡取得了巨大的成就。其交通发展越来越便利,安江、思剑、石湄、德余、石玉5条高速公路相继建成通车,周边拥有贵阳、遵义、铜仁、黄平、黔北五个机场,建成环石阡2小时经济圈,石阡作为黔东立体交通枢纽的重要地位日益凸显。2022年,石阡县严格落实国家和省市稳经济系列政策措施,千方百计破解多重约束、解决多重难题,坚实筑牢"稳"的基础,坚定拓展"进"的空间,有力稳住经济基本盘。全县贫困人口的生活水平得到有效的提升,县境面貌改善。旅游业发展越来越成为其重要产业,依靠原生态的自然景观和石阡古温泉的名声,其逐渐成为贵州最重要的名片。随着县城周边地区的不断发展,城域面积增大,城镇的基础配套设施也不断完善,城市的品质显著提升。

石阡县古温泉(刘炳麟 摄)

沿河：乌江山峡名城，源于沿江河筑城

沿河土家族自治县位于贵州省北部，铜仁市北部地区，地处大娄山脉与武陵山脉交会处乌江下游。其面积有 2483.51 平方千米。辖和平街道、团结街道、祐溪街道、中界镇、甘溪镇、板场镇、新景镇、客田镇、晓景乡、后坪乡等 4 个街道 17 个镇 2 个乡。2022 年，沿河县总人口 69 万人，常住人口 450109 人，家庭户总共 207608 户。沿河有汉族、回族、侗族、蒙古族、土家族等 19 个民族居住在此。沿河县因沿乌江河岸筑城设治，故取名沿河。

春秋战国时期，沿河属于巴国南部的部分属地。秦以前为楚国属地，秦朝时期在贵州地区设黔中郡，沿河县与石阡、思南等地都归其管。西汉先属酉阳县，后属涪陵县，东汉分属涪陵县和永宁县。蜀汉在县地置汉复县，沿河县分属汉复县和万宁县。晋朝时将涪陵治所移到汉复所在地。隋朝开皇十九年，招慰蛮僚奉诏置务川县，治地在今沿河县城东岸。唐朝贞观四年，改务川为思州。天宝元年，改思州为宁夷郡，领务川、思王、思邛三县。宋初沿唐制，把不能派流官统治的经制州列为化外州，设置羁縻州委任土官管理。元至元年间设沿河溪长官司，民国三年改沿河县。民国三年于县北置后坪县，民国三十年，撤销后坪县，以金竹山以东并入沿河县，以西并入务川县。民国三十一年贵州省政府调整县域时，撤后坪县并入沿河县和务川县，形成今沿河县域。1949 年，沿河解放，成立了沿河县人民政府。1986 年成立沿河土家族自治县。

沿河不仅物产多样，其人文风景也有其特色。有煤、萤石、重晶石、铅、锌、大理石等矿产，其中煤储量居铜仁地区首位；土特产品丰富，有多个第一之称，油桐产量居全省第三位，为全国油桐基地县之一，乌柏产量居全省第一位，为全国黄牛基地县之一，大豆产量居全省第一；

自然景区乌江山峡为武陵山区三大著名景区之一；黔东特区革命委员会旧址、苏联空军金角罗夫墓、清代乌江洪峰石刻标志被列为省级文物保护单位，也是沿河县的一大文化特色。

沿河土家族自治县，有深厚的民族风情和民族特色。土家族人民拥有丰富多彩的民族节日和民俗活动。其民族舞蹈有摆手舞、肉莲花。肉莲花舞又叫"莲花十八响"，是沿河土家族自治县传统的男性体育舞蹈。起源于周朝，由巴人的巴渝舞改编，形成于清朝康熙年代。1970年，县文化馆王纯孙、杨胜华、谭培元等同志对"莲花十八响"进行调查时，根据沙子镇"莲花十八响"第十代传人侯年元、田仁兴等人口述："传'莲花十八响'源于清朝康熙年代，由沙子镇背子坨村民间艺人杨光尚创新改编，由光绪年间第九代传承人杨通朝所传。"沿河土家族的戏曲表演有跳"毛古斯"、傩戏等，跳"毛古斯"是土家族民间古老的集歌、舞、话为一体的"似剧似舞"的祭神戏剧。演剧者浑身用稻草、茅草、树叶包扎着，扮成祖孙三代一家人，动作粗狂滑稽，或碎步进退，屈膝抖身，或左右跳摆，浑身颤动，或摇头耸肩，且自始至终伴讲语词怪诞的土家话，唱土家语歌。

乌江流经沿河境内132千米，集雄、奇、险、秀为一体，形成山水自然风光，被称为"乌江百里画廊"，是国家风景名胜区、水利风景区。

2022年，是沿河发展进程中极不平凡的一年，在市委、市政府和县委的坚强领导下，在县人大、县政协的监督支持下，沿河始终以习近平新时代中国特色社会主义思想为指导，深入贯彻落实党的二十大精神和习近平总书记视察贵州重要讲话精神，坚持围绕"四新"主攻"四化"主战略和"四区一高地"主定位，高效统筹疫情防控和经济社会发展，突出"十个聚焦"，扎实做好"六稳""六保"工作，较好地完成了自治县九届人大一次会议确定的目标任务，迈出了高质量发展的坚实步伐。

沿河乌江画廊（胡丽　摄）

印江：书法之乡，源于思邛江

印江土家族苗族自治县位于贵州省东北部，武陵山脉主峰梵净山西麓。全县总面积有 1969 平方千米，常住人口有 29.4 万人。下辖 1 个乡、13 个镇 3 个街道。其境内有汉族、苗族、侗族、土家族、仡佬族等民族居住在此。被称为"中国名茶之乡""中国书法之乡""中国长寿之乡"。印江县属于亚热带温暖湿润季风气候，年平均气温在 16.8℃，雨量充沛、光能充足、气候温和、四季分明、无霜期长。印江产煤、重晶石、大理石等。特产有梵净绿茶、木黄糯米、灵芝酒等。梵净山位于县境东部，印江、江口、松桃三县交会处，是其重要的景点之一，也是国家级自然保护区。红二、六军团会师纪念馆、梵净山敕赐碑、印江文昌阁被列为贵州省省级文物保护单位。

在相关的考古资料中可知在春秋战国时期，印江地区就有人在此生产活动。汉朝时，印江县正式被纳入中原王朝的统治范围内，印江属于武陵郡管辖。晋代隶属涪陵郡永梁州，南北朝至隋末时期为蛮酋领地。在隋朝中期，随着社会人口的变迁，大量的汉族人民进入印江地区生活。印江，源于古思邛江。唐宋时期设思邛县、邛江县，后来邛化为印。元初设思印江长官司，明弘治七年，建印江县。清道光十年，废朗溪蛮夷长官司，并入印江县。民国二年，隶属贵州省黔东道。民国十四年，废黔东道，由省直管。民国二十四年，隶属贵州省第六行政区。民国三十六年，隶黔东南师管区。1949年，设立印江县。1950年成立印江县人民政府，隶属于铜仁行政公署。1986年建立印江土家族苗族自治县，隶属不变。

印江历史上出过很多书法家，其中最为有名的要数清末的严寅亮，其字碧岑、弼丞，号剩闇，别号阳坡山民、武陵居士，贵州省印江县城南十里坡人。严寅亮生于清咸丰四年（1854），他自幼聪慧好学，学识过人，善于书法。清同治十一年（1872），18岁的严寅亮考中了秀才。清光绪十五年（1889），任四川省的候补知县。清光绪十六年（1890），学习于国子监，不久后考中了清廷宗室官学教习，担任国子监南斋学长。清光绪十七年（1891），北京颐和园修建完工，于是"严寅亮受庆亲王的嘱托，为颐和园书写'颐和园'门额和楹联二十三副，大小匾额十八，用楷、行、草各体书写而成，慈禧看后大喜，召见严寅亮，赏赐有龙纹饰边'宸赏'玉章一枚，严寅亮因此而名震京师"。因多次赴京，严寅亮常去荣宝斋等店观摩历代名家书法，吸取汉魏唐宋名家精粹，取其所长，自成一体，功底日益深厚。他书写了许多名匾名联：除北京"颐和园"外，还有成都"杜甫草堂""望江楼公园"、广东"中山公园"、修文"阳明洞"等名匾数百件。严寅亮曾主讲正本书院、依仁书院、铜江书院，并创办正基初级小学；民国二年（1913），严寅亮到贵阳，先后到贵州"国学讲学所""贵州师范学校""贵阳女子师范学校""贵阳第一中学"等任教职，此后在贵阳从教20余载，其立志教育终生不渝的精神成为贵阳教育界的美谈。

印江文昌阁修建于明朝崇祯时期，其原名叫"澄清楼"，清朝时将其改为"文昌阁"。文昌阁在康熙时曾遭到毁坏，后经过印江县官员的大力支持，重修文昌阁，保留至今。文昌阁的台基高1.5米。石库门，高2.5米，宽2.2米。门额石匾阴刻行书"江城砥柱"4字。一层有正四边形藻井，楼面护以万字格木栏；二层建回廊；三层正面竖排行书阴刻"文昌阁"3个大字。各层皆有联、额，均为清代名书法家印江人魏祖镛撰书。1985年被列为贵州省文物保护单位。

印江县文昌阁（刘大泯　摄）

德江：中国天麻之乡，取自水德江

德江县位于贵州省北部，铜仁市西部地区，地处武陵山脉与娄山山脉交会地带。是黔中经济圈、成渝地区双城经济圈。被誉为"天麻之乡、傩戏之乡、奇石之乡"等。县总面积有2072平方千米，常住人口有23万人。辖11镇8乡3街道344个行政村和1个省级经济开发区，2022年全县总人口556220人。有汉族、苗族、土家族、仡佬族等28个民族居住在此。德江盛产煤、铁、萤石、大理石等矿产。生漆、黔北猪是德江有名的土特产品。德江县天麻是德江特产，种植历史悠久，产品个大、肥厚、质坚实，清朝时期德江天麻产量极高，如今德江利用现代科学技术，其产量大大增加，远销省内外，德江县是名副其实的"中国天麻之乡"。德江被誉为"中国傩戏之乡"，傩戏又被称为傩堂戏，德江土家人叫"杠神"，历史悠久，保存十分原始和完整，被专家学者誉为"中国戏剧活化石"，其傩戏表演丰富多彩，又极具民族特色，对研究贵州的历史、民族都有重要的学术价值和意义。

德江县在夏朝时期属于荆梁二州南徼外地。商朝时位于巴国南部，归属其管辖。秦始皇时期，在全国设郡县，铜仁地区属巴郡，德江县属巴郡管辖。汉朝时，德江属巴郡之涪陵县，县治今重庆彭水。后将涪陵县地置巴东属国，治涪陵县，辖涪陵、丹兴、汉葭、永宁4县，德江属永宁县。蜀汉改巴东属国为涪陵郡，郡治丹兴县，改永宁县为万宁县，德江属万宁县。晋至南北朝时期，德江仍属涪陵郡的万宁县。隋统一中国后，开皇五年，以原费州地置涪川县，属黔州。后又改黔州为黔安郡。涪川县在今德江、思南之间，德江东南部属涪川县。唐朝时德江仍和隋代相同，分属涪川县和扶阳县。宋朝在西南地区设羁縻州制度，在原土司之地置思州，领务川、邛水、安夷3县，德江属务川县。德江之名，源于明初设于思南的水德江长官司。元明德江地属思南宣慰司、思南府。清光绪八年，思南府属安化县，迁至大堡（今德江县城），称安化县。民国二年，因原有水德江之名，将安化县改名德江县，为县名之始。民国初属黔东道。后属铜仁行政督察专员公署。1949年新中国成立后，隶属铜仁地区。

德江历史悠久，文化底蕴深厚。德江县保留了隋唐时期的古城遗址——扶阳古县城遗址。这是迄今为止贵州省发现的保存最完整、规模最大的隋唐时期县级建制所在地，具有非常高的文物价值。古城千年的历史，是德江最好的历史见证，展现了其悠久的历史文化内涵。德江文庙又称"清代安化县文庙"，位于县城光明路中段东侧。清光绪八年，安化县衙从思南迁至大堡（今德江县城）占庙为"武官衙署"。文庙坐东向西，占地面积 2180 平方米，建筑面积 876 平方米。是中原汉文化、儒家文化在黔东北山区的重要历史见证，是研究具有悠久历史的傩文化和德江土家族民风民俗的重要基地，也是研究德江古、近代社会历史和民族关系的实物资料。1981 年，被列为县级重点文物保护单位。1995 年以来，县文化局在上级文物部门和县政府的支持下，修复了大成殿、金桂台、两廊、配殿。现大成殿、配殿已辟为"德江县傩文化陈列馆"。2006 年被列为省级文物保护单位。此外，德江拥有中共中央湘鄂西分局枫香溪会议会址、黄号军起义遗址等文物保护单位；花桥镇、神仙洞、长春洞著名的风景区。

田秋，贵州著名的书法家，其书法笔力雄浑，曾于潮砥滩巨石上题刻"黔中砥柱"四字，激励后生奋进。他在诗歌方面也有造诣，其诗不仅反映了德江的文化底蕴，也反映出其高尚的品德与抱负。其中《万胜州》写道："青崖斗绝竞崔嵬，曾为邦人捍大灾。今日承平皆陇亩，千家东面看楼台。"在当时产生了重大的影响。

近年来德江县经济发展步入快车道，其交通发展迎来了重要发展时刻。德江至余庆高速公路已建成，德江至印江、沿河经德江至务川两条高速公路通过规划评审；共和港口获准通航；黔北（德江）机场获批建设。郑州至贵阳高铁、昭通至黔江、涪陵至柳州铁路在德江交会，水陆空现代立体交通体系正逐步形成，德江将成为连接黔中、融入成渝、联络武陵、辐射周边的区域枢纽中心城市。"十三五"以来，德江解决了许多历史难题，顺利摘掉了贫困的标签。

德江县人民公园（刘炳麟 摄）

瓮安：亚洲磷矿之都，源自瓮水重安

瓮安县地处贵州中部，位于黔南布依族苗族自治州，乌江在境内穿过。总面积1974平方千米，常住人口39.4万人。县境有汉族、苗族、布依族、土家族等22个民族。下辖瓮水街道、雍阳街道、江界河镇、猴场镇、平定营镇、玉山镇、建中镇、岚关乡等10镇1乡2个街道。瓮安是黔中经济区重要节点城市，是成渝南下两广，滇中东进长三角地区最便捷的交通要道城市。瓮安县资源丰富，其矿产资源有煤、铁、磷、锌、铝等，其中磷矿藏量最多，埋藏在地表，极易开采，是贵州三大磷矿基地之一，探明的磷矿储量达36.5亿吨，占全国总量的五分之一，是名副其实的"亚洲磷矿之都"。

瓮安县在夏朝时期，就已经开拓了县境，据《尚书·禹贡》记载，夏朝时，瓮安属于当时梁州南部。商朝，瓮安县是当时且兰所在地。汉朝时，改原且兰为牂牁郡，瓮安县属于牂牁郡。至西晋，牂牁设在瓮安县境。唐朝时在贵州南部地区设郎州，后又改为播州，瓮安先后属之。宋朝时期瓮安仍属播州。元朝，在贵州地区实行土司制度，瓮安县属于播州土司统领，后其土司归附于中原王朝，设播州安抚司，属于湖广行省。明朝时仍在此地实行土司制度，后逐渐开始改土归流。洪武五年置播州宣慰司，隶属于四川省布政司。明洪武十七年，将其旧州草塘长官司改为草塘安抚司，另设置瓮水安抚司。到万历时，朝廷平息了"播州之乱"，次年裁撤瓮水、草塘安抚司，设置瓮安县，隶平越军民府。清代属平越直隶州。建县时除了瓮水、草塘两安抚司领地外，还有重安长官司领地，因此才有"瓮安"这个名称。民国初属黔中道，后为省政府直辖区，再又划归遵义行政督察专员公署。解放初属贵阳专区。1956 年 8 月改隶黔南布依族苗族自治州。

瓮安县作为贵州的红色文化地，保留了许多红色遗址。红军渡乌江遗址，位于乌江回龙渡口，其地势险峻，有乌江天堑之称。1935 年，中央红军从乌江南岸抢渡乌江，击溃了在北岸守候的国民党军队。顺利地在遵义召开了著名的遵义会议，揭开了中国革命史的新篇章。这个战斗遗址于 1982 年被列入省级文物保护单位，后来又被评为省级爱国教育基地。在瓮安县城东 17 千米的地方有一关口——垛丁关。垛丁关易守难攻，是一个重要的战略要地。刘亚楼将军在回忆录《飞夺垛丁关》中写道：中央红军左路军第四先遣师二营的指战员由黄平梭洞进入瓮安老坟嘴后，迅速逼近垛丁关，然后兵分两路，一路抄近路迂回到山后夺关，一路从正面占领关口对面制高点，用火力猛攻守关之敌，掩护关后红军夺关。经 1 个多小时的激战，红军夺下垛丁关，使大部队顺利通关，向瓮安县城进军。

瓮安县是中国工农红军战斗并取得辉煌战绩之地。"猴场会议""强渡江界河渡口"等具有重要的历史意义。中共中央在猴场（草塘）召开了政治局会议，决定渡江（乌江）北上建立新苏区的方针。红军在乌江江界河渡口战斗中表现勇猛顽强、机智果敢，其事迹被拍成电影《突破乌江》。

"十三五"以来，瓮安县在贵州省委省政府、黔南州政府的大力扶持之下取得了一系列重要的历史成就。首先，打赢脱贫攻坚战，农村发生了天翻地覆的变化。16630户62972人脱贫，农村群众的生产生活条件得到根本性改变，千百年来的绝对贫困问题历史性地画上了句号。其次，生态文明"六大专项行动"取得根本性胜利。瓮安通过采取一系列污染防治组合攻势，根本性地扭转了长期以来生态环保制约经济社会发展的被动局面，为高质量发展提供了重要支撑。坚持把国土空间规划作为打好污染防治攻坚战、擘画"四轮驱动"新发展的关键"底盘"，奠定高质量发展的坚实基础。最后，公路建设按下"快进键"。瓮安县自2021年来，其公路养护里程达到2403.667千米，新增普通国省道133千米、县道209千米、乡道276千米、村道429千米、组道1356.667千米、桥梁60座、隧道1座及附属设施。

瓮安县猴场会议会址（刘大泯　摄）

贵定：黔中名城，取自新贵定番

贵定县位于贵州省中部，黔南州北部地区，全县总面积1091平方千米。常住人口有25万人，有汉族、苗族、侗族、水族、布依族等26

个民族居住于此。下辖云雾镇、昌明镇、沿山镇、盘江镇、德新镇、新巴镇、宝山街道、金南街道等6镇2街道。在贵州历史上贵定县曾是湘黔通衢，有"黔中咽喉""贵阳门户"之称等。贵定县属于中亚热带湿润气候，年平均气温15℃。拥有甘溪国家森林公园、摆龙河国家湿地公园和"金海雪山"、阳宝山、云雾茶旅休闲观光等景区，是"全国森林旅游示范县""全国休闲农业和乡村旅游示范县"。

战国时期，贵定县为当时且兰县故地。隋唐时期，贵定原为宾化县，后于唐朝贞观年间改属多乐县。宋建隆二年筑土城，称麦新城。明洪武二十三年，设置有新添卫（卫所在今县城处）。万历三十六年，析新贵县的平伐司、定番州的丹平司、龙里卫的把平司及大平伐司等地设置新县，县名取新贵县的"贵"、定番州的"定"，合称贵定县，属贵阳府。县治在今贵定旧治。贵定县与新添卫并存，辖地各有所属。清康熙二十六年，裁新添卫，贵定县治移至卫城（今县城）。民国初年，贵定县属于黔中道。民国二十四年，属第一行政督察区。随后又改为省直辖县。1949年，贵定县解放，11月19日成立贵定县人民政府。1952年，贵阳专区改为贵定专区，专员公署移至贵定县城，直至1956年撤销贵定专区，贵定县划归安顺专区。1958年将龙里县划归贵定县，同年8月，改隶属黔南布依族苗族自治州。

贵定县历史文化深厚，保留了许多著名的文物遗迹。贵定县沿山镇，距离县城30千米左右，一马平川，商业发达。镇上流传说吴三桂曾在这里建有"皇都"，行军打仗、巡视各地途中在此休息、游乐，他的爱妾陈圆圆也曾在此住过。阳宝山，是西南地区有名的佛教圣地。山中的莲花寺、飞凤寺于明万历年间开始修建，已经有400多年的历史。寺中有关帝宫、真武殿、韦陀台、玉皇阁、云池殿、大佛殿等。明清两代，阳宝山香火旺盛，僧侣如林、香客云集，名人如徐霞客、林则徐等都慕名前往阳宝山一睹其盛况。今天的阳宝山，只剩下残垣断壁，辉煌已不在，但却为贵定县留下宝贵的历史文化印记。

贵定县自然风光优美，民族文化古朴典雅。贵定有国家级非物质文化遗产——苗族长衫龙舞蹈，这个舞蹈曾参加北京第六届国际旅游文化节，因其舞姿深沉古朴，翩若惊鸿，婉若游龙，而被誉为"东方探戈"；云雾苗族长鼓舞，独具特色，古朴典雅，被专家誉为"苗岭文化活化石"；同时贵定县也是"中国稻雕艺术之乡"。此外，贵定县是著名歌曲《桂花开放幸福来》的原创地，著名音乐人吕远先生还写下《贵定好》《云雾山上》等著名歌曲，来赞美贵定。苗族坐花场、布依族六月六歌会等民族节日风情浓郁、丰富多彩，苗族纺织、民族刺绣、稻草工艺品等民族手工艺品种类繁多、特色鲜明。贵定作为贵州省的旅游资源大县，其国家级风景区有斗篷山、省级名胜景地洛北河、云雾湖、穿心洞等。贵定县作为贵州矿产资源大省，主要有煤矿、铁矿、锌矿、水晶、重晶石等。截至2012年，煤矿储量1.8亿吨，地质远景储量2.5亿吨，年产原煤20万吨左右。煤矿主要为烟煤和无烟煤，尤以北部、中部较多，南部地区也有发现。

贵定县自十八大以来就抓准时机，坚定不移地走高质量崛起的发展之路，十年间贵定县取得了极大的成就。其县城建成区面积拓展到15.3平方千米，城镇化率提高到55.3%，完成昌明同城化干道等一批国、省干道改扩建，建成高铁大道、幼专大道等市政道路，全县交通路网更加完善，等级公路通车里程突破1800千米，建制村通达率、通客率均达100%，30户以上自然村寨100%通硬化路。未来五年，将是贵定发展的五年，到"十四五"末贵定县的农业、商业、旅游业等产业将步入一个新的台阶，为民众提供一个更好的生活环境。

贵定县音寨（刘大泯　摄）

龙里：省会东大门，名取龙架山

龙里县位于贵州省南部的黔南地区，在今贵阳市以东 30 余千米处。全县总面积有 1521 平方千米，位于黔中腹地，自古以来就是贵州的东大门。全县有汉族、苗族、布依族等 20 多个民族，下辖龙山镇、谷脚镇、醒狮镇、洗马镇、湾滩河镇、冠山街道等 5 个镇、1 个街道、81 个行政村。龙里著名的旅游景点较多。冠山，原名紫虚山，明永乐七年（1409）在山上建有紫虚观，有道徒在观内住持。冠山四周古树参天，怪石嶙峋，摩崖众多。县城南面，有猴子沟，集山、水、洞、瀑、泉、林、竹为一体，奇险、幽深。在猴子沟留存着许多造纸作坊遗址。由国家投资，在猴子沟旁建立高原台地，已建成万亩草原，既发展了畜牧业，又成为旅游景点，如今吸引大量的游客前来游玩休闲。

龙里县县城之名取自城东南龙架山的"龙"，乡里之"里"等。龙里最早的建置，出现在唐朝的记载中，贞观三年置庄州，领石牛、南阳、多乐、乐安、新安等县。新安县治所在今三元镇新安村，距县城东 16 千米。宋朝时，将新安县改为羁縻州。元朝时，将新安县改属于定远府；并废除巴江县，属顺元路。至元二十年置龙里州，治所在今县城。领龙里县，治所在县城南 50 里（六广镇境内）。大德元年，龙里州废，改置平伐等处长官司。龙里县亦废，改置龙里等寨长官所，均属管番民总管府。其间，又在境内置骨（谷）龙等处，垄耸古平等处，本当三寨等蛮夷长官司。这些蛮夷长官司，隶属关系各有所属，后又有废改。明洪武四年（1371）置龙里驿，二十三年（1390）置龙里卫。清康熙十年（1671）撤龙里卫置龙里县，隶贵阳府。民国二年，龙里属于黔中道，后废除道改由省府直属。民国二十四年，龙里县划属第一行政督察区。民国二十六年，龙里县改由省府直辖。1949年11月13日，龙里解放；22日成立龙里人民政府。1952年，专署迁治所于贵定，改称贵定专区，龙里县相应属贵定专区。1956年8月改隶属黔南布依族苗族自治州。

龙里县文化底蕴深厚、民族风情浓厚。历史名人王阳明、徐霞客、林则徐，地质学家万鹤仙等都曾到过龙里县。红军长征两次过龙里，中央红军和红二、红六军团转战龙里，留下了观音山、倪儿关、清水江、播箕桥等红军长征文化遗址。巫山古岩画群、冠山古建筑群、云台古寺、吊洞古人类活动遗址等闻名的人文景观，是龙里县宝贵的文化遗产资源。龙里县拥有丰富多彩的民族文化，民族服饰绚丽多彩，民族工艺品古朴精致，有着正月跳月、跳洞、四月八、六月六、“七夕”情歌节、端午游百病等丰富多彩的民族节日。龙头吐水位于贵州黔南龙里县，龙山镇坝上村夏蓉高速出入口，距离县城6千米左右，距离贵阳花溪23千米，夏天时龙头喷水，形成细雾随风迎面而来，非常凉爽，在冬季气温较低时，龙头喷水后会结成冰，形成冰瀑，景色非常美丽。

龙里县是贵州典型的卡斯特地区，境内拥有众多溶洞，观音洞是其最典型的溶洞之一，以其神秘而出名。清康熙年间，江苏人陈鼎在《黔游记》中说：“观音洞深五百余里，从洞中行，秉七日炬，可达都匀……”陈鼎还在洞中石壁上题字：“康熙十年江阴陈鼎亦于此煮泉。”有关观音洞的记载虽有，但是今天还没有人发现观音洞的洞口所在，成为一个不解之谜。

如今，龙里县以"打造黔南区域经济开放合作样板区，建成贵阳副中心城市"为定位，以贵龙城市经济带、黔中龙溪内陆开放型经济发展先导区两大经济板块为引领，统筹推进一、二、三产业协调融合发展，拥有省级农业园区3个，有规模工业企业共165户（居全州第一、全省第四），有全省最大的快递物流园区，全省最大的蔬菜批发市场，全省最大的水果批发市场。龙里作为贵州的东大门，其地理区位优越，交通便利。龙里境内已修建湘黔、黔桂、贵广、沪昆4条铁路（高铁）；210国道，厦蓉、贵新高速公路横贯东西，贵龙大道、龙溪大道、龙水路等快速通道与贵阳互通，与贵阳立体交通网形成交会。

龙里县龙吐水（刘炳麟　摄）

惠水：黔中第一大坝，源于惠水河

惠水县位于贵州省南部，黔南自治州。全县总面积有2470平方千米，下辖8个镇3个街道。境内居住着汉族、苗族、侗族、回族、壮族、水族、布依族等17个民族。惠水县是布依传世民歌《好花红》的发源地，被誉为"好花红故乡"。惠水县盛产的"惠水大米"在贵州一直有较高的声誉，其产品也十分畅销。惠水是贵阳粮食的重要供应地，昔日有"定番米三日不到，省城即成饥荒"之说。此外惠水产黑糯米（紫色稻）是一稀有稻种，主要出自摆金、雅水一带，色、香、味俱全，不仅是难得的美食，还具有一定的药用价值，因此又称为"药米"，曾被列为国家"星火计划"重点开发。惠水金钱橘，在清朝时期曾是贡品，其口感香甜，深得当地的人喜爱，如今已有300多年的种植历史。因此惠水也被称为"贵州粮仓""黑糯米之乡""金钱橘之乡"等。

唐朝时期，惠水属于黔中道庄州清兰县管辖。后晋高祖在楚设置南宁州，治所在今惠水县城15里卧龙地区。宋朝时期在贵州实行羁縻州制度，南宁州为羁縻州，属于夔州路绍庆府。元代设有8个安抚司，又称"八番"。明代土流并治，有程番府、定番州等，统领各个长官司。程番府于明隆庆二年迁往贵阳，改称贵阳府。定番州于万历十四年设立，管辖原程番府地域，隶属贵阳府。清代定番州仍管辖各长官司。民国三年，定番州改为定番县；民国九年，撤销黔中道，定番县直属于省；民国二十年，定番县称定番自治县；民国三十年，定番县改称惠水县。1949年，惠水县解放，后不久成立了惠水县人民政府。1952年成立惠水县彝族苗族自治区，1954年改为惠水县布依族苗族自治区，1956年8月改隶黔南布依族苗族自治州。惠水县之名取自其境内的惠水河，惠水河即是涟江，涟江大坝长30多千米，宽1～3千米，大坝中良田数万亩，村寨星罗棋布，稻田平展，是贵州有名的富庶之地。

惠水保留了许多重要的文物遗迹，其中如惠水孔庙、仙人桥洞葬、九龙寺、红军烈士墓等，是惠水重要的文化名片。其中惠水孔庙修建于清朝时期，如今已有300多年的历史。孔庙位于凤山脚下，1937年在方锡久先生的主持下重新修建，至今保存完好。孔庙为砖木结构，整个建筑气势古朴而雄伟，庙宇空跨三间，高约10米，长40米，宽20米。走廊上的10多根柱子都是经过精心挑选的百年杉木，庙顶飞檐翘角，雕梁画栋，原塑有雄狮一对，似仰天长啸。左右两侧各3间，为"启圣堂"，形成一个三合院，占地600平方米，门前原竖有一个高大石坊。孔庙是尊孔和祭孔的圣地，每年官方都要在孔庙举行祭祀庆典。也是文人学士经常聚会之地。

惠水县也是一个民风淳朴之地。多个民族聚居在此，布依族擅长歌舞，歌唱内容有情歌、酒歌、叙事歌、礼俗歌等，歌唱形式有独唱、对唱、齐唱等。"一个歌头，千个歌尾"，以歌引歌，随编随唱。《好花红》是其民歌中最为有名的一首，男女老少都能哼唱。此外，在苗族聚居区的地方，人们组成许多支芦笙队，每当有重大节日时，青年男女聚在一起跳着欢快的芦笙舞，其场面充满着欢快。

县城东南 70 多千米地方的羡塘，有个燕子洞，洞口高百米，宽几十米，洞内有阴河流出。每年春天之际，成千上万的燕子在洞口上方的天空翻舞，栖息于洞内悬崖峭壁之间。这样的景象非常壮观，吸引了大量的游客与攀岩爱好者的光临。

惠水县围绕主攻"四化"，建设省级经济开发区，90 余家大数据企业，形成了大数据、大健康、大教育"三业"联动发展新格局，大数据主营业务收入连续多年稳居全州第一。作为黔中腹地，惠水是黔中经济区规划的贵阳城市核心区，其有利的区位条件助力了惠水的发展。到 2022 年，全县地区生产总值上升巨大，财政收入增加迅速，人们的生活水平显著提高。

惠水涟江河（刘大泯　摄）

长顺：佛教名寺白云山，名取长寨广顺

长顺县位于贵州的中南部，黔南布依族苗族自治州东部地区。属黔中经济区，黔中核心城市群。全县总面积 1543 平方千米，常住人口 20.1 万人。有汉族、苗族、侗族、回族、壮族、土家族、仡佬族等 28 个民族居住于此。下辖长寨街道、广顺镇、白云山镇、摆所镇、鼓扬镇、代化镇、敦操乡。长顺县属于中亚热带湿润季风气候区，全年气候温和、降雨充足。水资源丰富，其县境内的麻线河属长江流域乌江水系，流域面积有 144.6 平方千米。此外长顺县拥有丰富的矿产资源，石灰石遍布全县各地，煤矿产量达到 600 万吨。

"长顺"这个名称，是由"长寨"和"广顺"两县合并而来。长顺历史上，较早就有人类活动，在贵州省博物馆的发掘中发现了旧石器时代的打制石器 20 余件、哺乳动物化石 10 余种，骨化石中并有少数骨铲与骨锥。夏、商、周时期，长顺县属于禹贡荆、梁二州之南境。春秋战国时期，属于当时的黔中郡，兼为夜郎、且兰诸国。秦朝时期在全国设郡县，在贵州重置黔中郡，今长顺县属于黔中郡。西汉时期，在黔中地区设两县，分别是夜郎县和且兰县，长顺属于夜郎县管辖。宋朝时期，在今长顺县设了两个羁縻州，一个是今州，一个是乡州。元代置有金竹府，明洪武年间先后改为金筑长官司、金筑安抚司，万历四十年改为广顺州，属贵阳府。清代贵州实行"改土归流"，长顺县是最早实行这个政策的地区之一。民国二年广顺州改为广顺县。长寨境内在清雍正五年置有长寨厅，光绪七年改为长寨州判，民国二年改为长寨县。民国三十年，长寨、广顺两县合并，取名长顺县。民国时期属安顺行政督察专员公署。1949 年，长顺县解放，属于安顺地区。1956 年 8 月改属黔南布依族苗族自治州。

长顺县境内的白云山，是贵州的名山。传说明代建文皇帝兵变城陷时，从南京逃往西南地区，辗转来到白云山隐迹，至今民间还留下许多建文帝的传说。白云山因此拥有一定的名声，当地地方长官几次集资修建庙宇，先后在白云山修建灵宫殿、大殿、玉皇阁等。白云寺就坐落在白云山上，与盘州丹霞山、平坝高峰山、铜仁梵净山并称为贵州四大佛教名山。白云寺以建文帝的传说为中心而展开的佛教文化活动，带有神秘性和独特性。此外加上白云山的特色，古木参天，建筑错落有致，带有静谧之感，吸引了众多佛徒香客来朝拜进香。全国各地的文人墨客，更是慕名而来，在此题诗作赋。明崇祯十一年（1638），著名旅行家徐霞客曾到白云山待了 3 天。

广顺老州署位于广顺镇北场后街两侧马鞍山脚，距县城 27 千米，原占地面积 2000 平方米，始建于清康熙癸卯年，道光二十三年建成。同治三年毁于战火，现仅存各房屋基，屋基石雕精美，雕龙画凤。广顺历来是名宦、文人墨客荟萃之地。如今，长顺县将其遗址作为对外的旅游窗口，投资数亿元打造了乡愁馆、博物馆以及广顺州署、但家花园、南城门、西城门、一河两岸景观等完全清代建筑风格的广顺州署文化园，再现了 351 年前的广顺州繁华小镇。它的复建，尽量保存了原始的文化遗址，带有一定的历史继承性，让更多的人了解长顺的人文历史，具有非常重要的作用。

近年来，贵州在发展方面取得巨大的成就，长顺县在贵州省和黔南州的大力扶持下步入快速发展之路。实现了从脱贫攻坚向以高质量发展统揽全局的重大转变，其在围绕"四新"主攻"四化"方面取得了巨大的成效。为了推动发展，长顺将交通发展作为重点，完成农村公路县乡路面提质改造80千米，目前，长顺正积极构建"四高一铁""五横两纵""通村油路全覆盖"的交通路网大格局和"一园三区"的工业发展新格局。2022年，全县地区生产总值完成97.52亿元；工业增加值完成16.07亿元；城镇常住居民人均可支配收入37493元；农村常住居民人均可支配收入14532元。"十四五"期间，长顺县将继续大力实行乡村振兴，开启全面建设社会主义现代化的新征程。

长顺县广顺州署（刘炳麟　摄）

独山：贵州南大门，取自独秀峰

独山县位于贵州省南部，黔南州境内。独山县与广西壮族自治区接壤，素有"贵州南大门"之称，是云、贵、川通往华南沿海的重要通道，位于西南经济圈与华南经济圈的交接点。全县总面积2477平方千米，常住人口26.4万人。下辖井城街道、百泉镇、麻万镇、麻尾镇、影山镇、基长镇、上司镇、下司镇、玉水镇等1个街道8个镇。境内居住有汉族、苗族、侗族、水族、壮族、毛南族、布依族等 12 个主要民族。独山盐酸菜，是独山县著名的地方土特产，已有 400 多年历史。今天各种包装精致的坛装、软装盐酸菜，出现在各大城市商店、超市的货架上，成为具有鲜明地方特色的食品。独山县名来源有一定的特点，独山不像其他县城，四周没有特别独立的山峰，县城东南 13 千米处有一独秀峰，故取名为独山。中国早期著名的旅游家徐霞客先生从广西进入独山县，留宿上司、下司两镇，还写下"卧地无草，遍觅之，得薪一束，不饭而卧"，描述其在下司留宿的窘境。

早在春秋战国时期，独山县就开始建置，当时属毋敛古国。秦朝时设郡县，独山县属于象郡；西汉继承秦制，独山属于牂牁郡，治毋敛县，后又改为敛县。到两晋时，改为绥宁县。唐朝时期，改为石牛县，宋初置中平县，元代置独山州蛮夷军民长官司。明朝洪武年间，设置九名九姓独山州长官司，属都匀卫。明弘治七年，独山州属都匀府，清代沿袭。民国三年废州设县。民国十二年，属都匀府独山州。民国十四年，改为独山县，三屯脚州同改设三合县。二十四至三十八年，独山县城是行政督察区专员公署驻地。1949 年独山县解放，将第二行政督察区改设为独山专区，专署驻地在都匀，1952 年改为都匀专区，初属独山专区、都匀专区。1956 年属黔南布依族苗族自治州至今。

独山县的"影山文化"是其一张重要的文化名片，对贵州文化产生了重要的影响。"影山文化"形成于清嘉庆、道光年间，由当时的著名学者独山籍翰林莫与俦始创，他入翰林院学习朴学，在大学士纪昀、编修洪亮吉等的授教下，学业上取得了重大的成就。莫与俦回乡后从事地方教育，建草堂（"影山草堂"）设学馆，开贵州朴学之先声。莫与俦辞世后，门人及其子莫友芝等继承莫氏家学。莫友芝在独山文化中有一定的成就，他的《韵学源流》被国内不少高校中文系选作参考书，他与郑珍合纂的《遵义府志》被誉为"府志中第一"。莫友芝曾为胡林翼、曾国藩幕宾，深得他们赏识，曾国藩写诗《送莫友芝》相赠。

独山县深河桥位于独山县城以北 9 千米的峡谷地区，其地势险要，现在位于独山县麻万镇。桥高 16.35 米，跨度 12 米，桥宽 5.7 米，全长 37 米。此桥建于明隆庆五年，已有 400 多年的历史，在这 400 多年的岁月中，深河桥承载了许多悲壮的历史。深河桥是广西进入大西南黔桂公路的必经之路，在"二战"期间是西南铁路终点站，也是中日战争结束之地，有"北起卢沟桥，南止深河桥"之说。抗战时期，日军由广西进入贵州独山时，国民党军政要员率数万大军闻风而退，并下令炸毁深河桥焚烧独山城。但侵黔日军却遭到了深河桥畔各族人民的英勇抗击，日军不得已退到广西。如今为了纪念当时人们的英勇事迹，在桥附近修建了中国抗日纪念馆独山深河桥抗日文化园。

独山县自十八大以来，其经济发展取得了重大的成就，十年来独山取得的每一个成就，每一个节点都留下了深刻的印记。独山坚持一产调结构、二产扩总量、三产强基础，产业发展步伐加快，获批国家新型工业化产业示范基地、国家级科技企业孵化器、国家级电商示范县、贵州香港（独山）合作园区、全省生猪产业聚集突破区，跻身全国第三批新型城镇化综合试点县，深河桥抗战遗址被列入全国红色旅游经典景区。作为贵州的南大门，独山交通发展步入正轨。目前，境内黔桂铁路、兰海高速、210 国道纵贯南北，余安高速、麻驾高速、552 国道连接东西，县境内设有 8 个高速公路匝道口，设铁路站场 8 个，其中客货运站 3 个（独山站、麻尾站、泗亭站），年吞吐能力 1000 万吨，是贵州面向粤港澳大湾区、北部湾地区的"南大门""桥头堡"，是贵州省乃至大西南进入两广出海口的重要通道，西部陆海新通道重要支点，历来就有"西南锁钥""通海咽喉"之称。

独山县深河桥（刘大泯　摄）

三都：中国水族之乡，取自三合都江

三都水族自治县位于贵州省东南部，黔南州东南部，是中国唯一的水族自治县。地处月亮山、雷公山腹地。全县总面积 2400 平方千米，常住人口 38 万人。下辖三合街道、普安镇、都江镇、大河镇、九阡镇等 6 镇 2 街道。其境内生活着汉族、水族、侗族、苗族、布依族、瑶族等 21 个民族，其中水族的人口占比为少数民族之最。三都水族自治县荣获"中国水晶葡萄之乡""中国赛马之乡""中国民间文化艺术之乡"等称号，还被评为"2021 中国最美县域"，素有"像凤凰羽毛一样美丽的地方"之美誉。三都生态环境良好，为其旅游发展提供了良好的条件，有尧人山国家森林公园、百里画廊、三都都柳江等著名的风景名胜区，国家 AAA 级旅游景区姑鲁产蛋崖等。

三都县是三合县、都江县合并而来，三合县治所在三合镇，都江县治所在都江镇。夏朝时，三都县属于梁州东南裔；商朝属荆州西南裔；周代属越领牂牁国地。秦朝时期，设郡县制，三都县属于象郡且兰县。汉朝在原址的基础上，改属牂牁郡毋敛县。唐贞观时期，谢元深为黔中道应州刺史，下辖都尚（原都江区一带）、婆览（今恒丰—合江一带）、应江（今榕江县）、陀隆（今台江县）诸县，治都尚县。宋朝时，将都柳江上游设合江州，大致为今县城三合镇以上大河为中心的都柳江流域。

清雍正十二年，置三脚屯州同，属独山州管辖，民国三年，改三脚屯州同为三合县。都江县治所在都江镇，原名上江，清雍正九年置都江厅通判，属都匀府管辖，民国三年，改都江厅为都江县。1941年，三合、都江两县合并，称三都县，县治设在三合镇。民国时属独山行政督察专员公署。1956年年底，成立三都水族自治县。1956年8月改属黔南布依族苗族自治州。

三都是全国唯一的水族自治县，水族人口占全县总人口的60%以上。水族自称"虽"，汉族称为"水"，都是音译。"虽"在水语中有"篦子"和"疏通顺理"的含义。水族妇女头包白帕，在左额头发上斜插一把篦梳，赶场、走亲途中，随时打扮。水族是一个有鲜明特色的少数民族，重大节日有借端、借卯等。水族有自己的历法，农历九月相当于水历的正月。过端时，先从水历十二月的第一个亥日过起，分期分批过端，首端从县城西北丰乐乡境的村寨开始，接着往南依次是水龙、尧吕、三洞、廷牌、和勇等。端节主要活动是祭祀祖先和赛马，借以辞旧迎新、庆贺丰收。节日中，凡有客人进寨，必被各家轮流宴请，不醉不休。"鱼包韭菜"是端节必备的一道传统佳肴，低度糯米酒则是家家户户必备的待客之物，"九阡酒"是其中的代表，戏称"三都可乐"，其酒劲十分厉害。

都柳江曾是三都乃至贵州重要的水路交通线，是贵州连接外界的，特别是两广地区的重要航道。民国时期，贵州历史上的第一辆汽车，经此道运到三都，再由三都开始运送的。1927年，省主席周西成从香港购了一辆美国福特牌汽车，经梧州、柳州、榕江运至三合下游的拉揽村时，时逢夜间暴雨，江水猛涨，打翻了装运汽车的小船。待天晴水降，才把汽车拉上岸，拆卸后雇人辗转抬到贵阳。

三都产蛋崖位于三合镇姑鲁寨背面的登赶山上，因其每隔数十年就会脱落出与恐龙蛋类似的蛋，故将其称为产蛋涯。产蛋崖长 20 米，高 6 米，表面有大约百枚的石蛋镶嵌在凹凸不平的石壁上，其中最重的一枚蛋有 300 公斤重。关于这些"蛋"的来历，如今还没有一个明确的定论。部分专家认为可能是 5 亿年前，由碳酸钙分子在特定化学作用下渐渐凝聚在一起结合而成。这一奇特的地质景观，也让三都县多了一份神秘的色彩。

近年来，三都县奋力抓住机遇，全县各项事业发展取得了新进步。2022 年，三都县地区生产总值完成 98.33 亿元，显著上升。其他各项产业的生产数值都在提高，城镇居民、乡村居民人均收入比往年也在不断地增加。随着贵广高铁的开通，三都步入"高铁时代"，进入珠三角"4 小时经济圈"，同时成为丹寨、荔波、凯里等南下出海，以及两广游客前往贵州的"码头"。[1]

三都姑鲁产蛋崖（王义　摄）

荔波：中国旅游之城，源于布依语

荔波县位于贵州省南部，黔南自治州南部，与广西壮族自治区接

---

[1]　何广：《用足交通优势做大区域经济》，《贵州日报》2023 年 5 月 7 日。

壤。是贵州面向华南、岭南的交通咽喉，也是贵州南下出海最近的通道。总面积2431.8平方千米，常住人口15.4万人。县境内居住着汉族、瑶族、苗族、水族、侗族、壮族、布依族等18个民族。到2022年，荔波县辖玉屏街道、佳荣镇、茂兰镇、小七孔镇、甲良镇、朝阳镇、瑶山瑶族乡、黎明关水族乡共8个乡级行政区。拥有"中国南方喀斯特"世界自然遗产地和"世界人与生物圈保护区"两张世界级品牌，被誉为"地球绿宝石"和"全球最美喀斯特"。荔波县拥有国家AAAAA级景区荔波小七孔，也是贵州旅游的一张亮丽名片。荔波县被列入国家首批创建全域旅游示范区、全省创建全域旅游示范县；获得国际王牌旅游目的地、中国最具投资潜力的旅游目的地等荣誉称号，是名副其实的"中国旅游之城"。

"荔波"这一县名的来源，据《中华人民共和国地名词典·贵州省》记载，系布依语音译，意为"美丽的山坡"。秦朝时期，荔波县是象郡毋敛县地。宋朝，在这里设置羁縻州，设荔波羁縻州。元朝，荔波是蒙、皮、雷三姓土司领地。明朝洪武年间，太祖统一蒙、皮、雷三土司领地，将荔波划归广西思恩县。后来，将荔波撤销，撤荔波县，置方村、蒙村、窖来村三巡检司，由广西河池州管辖。万历后，重新设置荔波县，并立石碑以明确界线。清顺治时，荔波正式划归贵州。雍正十年，荔波县改属贵州都匀府。县城最早设在时来境，后迁方村境，乾隆二年迁至全亨村（今县城），现县城名玉屏镇，因城有玉屏山而得名。民国时属独山行政督察专员公署。1949年，荔波县解放，1950年成立了荔波县人民政府；1956年改隶黔南布依族苗族自治州；1961年荔波恢复县治，隶属黔南布依族苗族自治州至今。

荔波县拥有许多风景名胜，以国家级名胜景区樟江风景区、国家AAAAA级景区荔波小七孔等最为有名。樟江风景名胜区是荔波县四大景区之一，其总面积近 300 平方千米，集山、水、洞、林、湖、瀑、石为一体，水碧林翠，清幽瑰奇。清咸丰年间贵州著名的文人郑珍曾赴荔波任过县学训导。他对荔波山水感叹："莫作居夷寥落意，此间便恐是桃源。"小七孔的水上森林、鸳鸯湖，大七孔的地峨宫、天生桥，水春河的漂流等，每一处都令人称绝。荔波境内还有一个国家级自然保护区——茂兰喀斯特森林自然保护区。浓密的原始森林，形成漏斗森林、谷地森林、洼地森林、槽谷森林等景观，奇花异草，珍禽奇兽，这里因此也成了科研和探险之地。茂兰自然保护区曾被联合国教科文组织批准纳入国际生物圈保护网络成员。现在，荔波已成为黔桂两地旅游者的向往之地。每逢节假日，游客络绎不绝。

荔波古瑶寨，位于距荔波县城 35 千米以外的村落，是中国最后一个持枪的部落，如今还保留着一些原始的部落习俗，如"刀耕火种"、自给自足的生活方式，被称为"原始社会遗存的活化石"。古寨内是带有瑶族特色的民居，以及大小不一、形状各异的古禾仓群，这些独特的建筑构成古寨一道亮丽的风景线。在村落中有一古桥，桥的一边便是瑶寨古遗址，其中可以看见古祭祀和古城墙的遗址。瑶族居民在古寨中举行各种民俗活动，越来越多的人到此观赏，切身感受古老瑶族的文化魅力。荔波县的旅游业的兴旺，促进了各项事业的发展，市政建设便是其中之一。荔波县城整洁漂亮，现代建筑与文物古迹交相辉映，展现了别样的特色。西门大井（荔泉井）、东门大井（永济泉）涓涓长流，清凉味甘。城中老街上保留着中共一大代表邓恩铭烈士故居，是荔波这个小城走出的一位伟人。

荔波古瑶寨（胡丽　摄）

平塘：世界天眼之城，取自平舟大塘

平塘县位于贵州省南部，地处黔南州南部，有"中国天眼之城"的美誉。面积2806平方千米，常住人口23万人。汉族、苗族、布依族、毛南族等24个民族居住在境内。下辖平舟镇、大塘镇、塘边镇、掌布镇、牙舟镇、者密镇、通州镇、甲茶镇、克度镇及1个民族乡、1个街道。平塘县是珠江上游的重要生态屏障，属于亚热带季风湿润气候，降雨充足，日照时间长，其森林覆盖率高达70%，是天然氧吧和地质公园。平塘县毛南族打猴鼓舞和牙舟陶烧制技艺被评为国家级非物质文化遗产。平塘县之名，正式形成于民国时期，取自境内的平舟、大塘两县的合称。

春秋战国时期，社会动荡，黔南地区曾先后属于且兰、毋敛、牂牁、夜郎等管辖，平塘县则随势为其属地。秦朝统一全国后，在地方设郡县，平塘县属于象郡。西汉时期，依秦制置郡县，平塘地区东部属毋敛县，西部属谈指县。唐朝时，为了加强对贵州地区的管理，在这里设羁縻州，平塘地区始置南平州（平州、平舟）和动州（通州）两个羁縻州。两宋时，平塘置动（勋）州和南平州。康熙时，实行改土归流制度，撤销、改置元朝时期设立的平舟六洞长官司、丹行司、丹平司、大塘理苗州等。清乾隆四年，设置定番州判分驻大塘，辖地称大塘州判或大塘理苗州。民国三年，撤大塘州判，改置大塘县。清宣统三年，都匀府所辖都匀县撤销，其地改为都匀府亲辖地，另将平州长官司、六硐长官司及牙舟汛辖地改置都匀县，治所设在平州。民国元年改都匀县为平舟弹压，民国三年撤平舟弹压，改置平舟县。民国三十年，撤平舟、大塘2县，合并设置平塘县，县治在平舟（后称平湖）。民国时属独山行政督察专员公署。1949年平塘县解放后，成立了平塘县人民政府。1956年8月改隶黔南布依族苗族自治州。

平塘县是贵州有名的山水宝地。县城一面依山，三面临水，有"玉水金盆"之美称。平塘县有一地方性特色娱乐活动"耍水龙"，相比其他少数民族的耍龙，平塘县的耍龙特点则是用水。当巨龙翻滚腾跃时，围观者用一桶桶、一盆盆清水泼向龙身，场面十分热闹，充满了欢声笑语。在县城西北60多千米的掌布镇，人们发现了一块藏字石，这块上百吨的巨石从山崖坠下，碎成两半。有关专家认为这些"字"是天然生成，并无人工痕迹。

克度斗笠和牙舟陶瓷是平塘县最为出名的地方特产，牙舟陶瓷还被评为国家级非物质文化遗产。克度斗笠主要特点是精、细、平、光。斗笠由上、下两层组成，中间衬以棉布，下层能编出多种花纹图案或方块汉字。民国时期，克度斗笠大量销往省内外，编织斗笠的农户有几千户。安顺商人长期在克度设点收购斗笠，运经安顺销往云南转销东南亚国家。牙舟陶瓷生产，始于明洪武年间，已有600多年的历史。其制品主要有餐具、陈设品、玩具3大类，工艺精湛，形状各异。烧制中，陶器表面釉层自然裂变，形成各种和谐的裂纹，犹如蜡染、刺绣中的美丽图画。1983年，在北京举办的中国国际旅游品展览会上，牙舟陶"纹双耳罐"

被评为旅游纪念品优秀作品。如今,越来越多的人传承平塘牙舟陶,对保护传统工艺具有典范作用。

"中国天眼"位于平塘县克度镇境内,是目前世界上最大的射电望远镜,"天眼"望远镜是座口径达 500 米的球面射电望远镜(FAST)。经过多年的努力,"天眼"于 2016 年正式开始运营,到 2020 年通过国家验收正式开放运行,成为全球最大且最灵敏的射电望远镜。自此,"天眼"成为人们探知宇宙的重要工具,打开了更为广阔的宇宙世界。平塘县也因"天眼"而出名。随着越来越多的产业的进入,如今平塘的各项事业都取得了新发展。城市建设上,市政路网建设投资 26 亿元,新建改造道路 74 千米,新增城镇道路面积 150 万平方米。实现农业机械化、信息化,农业基础设施更加完善。旅游业发展收获巨大,建成国家级风景名胜区、国家 AAAA 级景区、国家地质公园等旅游胜地,被评为中国最美小城、美丽中国之旅十佳山水城市。

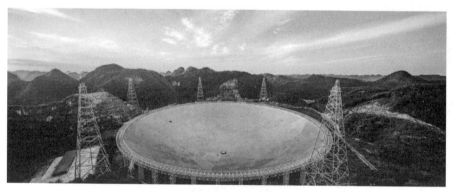

平塘天眼(王义 摄)

罗甸:红水河之都,源自旧名罗斛

罗甸县地处贵州省南部,黔南州南部地区,与广西壮族自治区接壤,位于红水河的北岸。总面积 3015 平方千米,常住人口 25.7 万人。境内居住着汉族、苗族、瑶族、壮族、侗族、水族、布依族等 30 多个民族。下辖 8 个镇 1 个乡 1 个街道，186 个村（社区）。罗甸县纬度低，位于亚热带季风气候区，春早、夏长、秋迟、冬短是罗甸县气候的特点，有"天然温室"的美称。优良的气候也为其打造为蔬菜基地和水果基地奠定了优势，罗甸也曾荣获"中国火龙果之乡"的称号。罗甸素有"奇石之乡"之称，据统计，在罗甸发展了 70 多种奇石，其中已上市的数量占全省 50% 以上。罗甸县有"红水之都"之称，红水河位于其境内，大化的红水河百里画廊，两岸群峰林立，竹木葱茏，尽显清幽神秘，仿佛步入山水画境一般。

战国时期，罗甸县属于当时的大夜郎国。秦朝设郡县，罗甸属当时的象郡。西汉属牂牁郡谈指县。三国为当时蜀国益州管辖。唐朝罗甸国属漳庄州安乐县。两宋属罗甸国，后改为罗蕃（博）。清雍正五年，清廷议准割广西泗城土府红水河以北之地设永丰州，在州境东北的罗斛设州判，罗斛州判又称"罗斛理苗州"。乾隆十四年，罗斛州判归属贵阳府定番州管辖。光绪六年，罗斛州判改为同知。第二年，罗斛同知又改为罗斛厅。民国三年，罗斛厅改为罗斛县。民国十九年，罗斛县改名罗甸县。民国时属独山行政督察专员公署。1951 年罗甸县和平解放，12 月划归贵阳专区。1955 年改称罗甸布依族自治县。1956 年 8 月隶黔南布依族苗族自治州。

罗甸县盛产一种叫"贵州墨石"的名石，质地坚硬，表面光滑、细腻，观赏价值极高。随着越来越多的石头被带出罗甸，罗甸奇石知名度越来越高，也获得了非常高的经济价值。在市场上一块石头，最低者 10 元，高者达到几十万元甚至上百万元。2002 年贵州首届奇石博览会上 10 个金奖，罗甸奇石就占 6 个。如今，采掘奇石外销已成了县内一个新兴产业，当地有很多靠奇石致富的人。每年的枯水季节，"石农"便在河滩上到处寻找有卖点的石头。采石业发展还带动了其他行业的发展，潜水工具以利捕捞、修筑公路以利搬运。罗甸石走出来自己的发展之路,走进都市的楼堂馆所,展示它神奇的风采和罗甸的人文风情。

罗甸县大小井风景区位于县城东北地区,以布依族人口为主,这里曾被誉为"天下奇洞"和"东方洞穴博物馆"。大小井景区拥有地球上罕见的喀斯特溶洞群,奇特的生物群,宜人的气候,美丽的传说,淳朴的民风。大小井风景区主要由清澈碧绿的河水、遮天蔽日的古榕树、青翠欲滴的凤尾竹、错落有致的农舍、鬼斧神工的溶洞、神秘莫测的天坑、郁郁葱葱的原始森林、绿毯似的草地所组成,数千种珍稀动植物繁衍生存其中,加之当地布依族淳朴的民风,独特的民族风情,美丽的传说,使其成为海内外的著名风景区。随着罗甸县的发展,大小井风景区已成为宣传罗甸的一张亮丽名片,越来越多的旅游者知晓在贵州这片土地上还有一个如此美丽奇异的地方。其主要景区有响水洞、月亮洞、芭蕉洞等地质景观及布依族古寨、古屯堡等人文景观。

罗甸大小井(刘大泯 摄)

麻江:状元故里,取自麻哈江

麻江县位于贵州省南部,黔东南苗族侗族自治州西部,地处黔中腹地,清水江上游,是黔东南苗族侗族自治州的大西门。境内有汉族、苗族、侗族、瑶族、仫佬族、畲族、布依族等。总面积 960 平方千米，常住人口 13.1 万人。下辖宣威镇、谷硐镇、龙山镇、贤昌镇、坝芒布依族乡、杏山街道、金竹街道等 4 个镇 1 个乡 2 个街道。麻江县是中国南方最大的蓝莓基地、中国锌硒米之乡。麻江县属于亚热带季风湿润气候区，雨热同季，四季分明，降雨充沛，水资源利用价值高。目前，麻江县有国家 AAAA 级旅游景区 1 个，国家 AAA 级旅游景区 6 个，旅游甲级村寨 1 个等。

麻江县之名，取自其境内的麻哈江，麻哈江从县内穿境而过，因而取其为县名。麻江县开发较早，秦朝时期今黔东南地区属于且兰国辖，麻江县随其属于且兰。隋朝时，属于宾化县。宋朝时期，于今麻江之地置麻哈羊峦安抚司，隶绍庆府。元代将其县名改为麻峡县，隶属于定远府，属八番顺元等处宣慰司。明洪武时期，置麻哈长官司；后于弘治年间改置麻哈州，属都匀府。清康熙时裁清平县入麻哈州，康熙十年复置清平县。民国三年，废麻哈州改为麻哈县，隶属于黔中道；民国十五年时，改属于贵州省政府。麻江县成为县名，始自民国十九年（以县境北部麻哈江、东部清水江更名），隶属于贵州省政府。1949 年，麻江县解放，随后成立了麻江县人民政府，隶属于独山专区。1956 年由都匀专区划入黔东南苗族侗族自治州。1958 年将麻江、丹寨、炉山、雷山等 4 县撤销合建凯里县。1961 年复置麻江县至今。

麻江县是贵州名副其实的状元故里，著名的清光绪戊戌科状元夏同龢就出生于麻江县。清代，在西南地区中状元者，屈指可数，贵州历史上分别出了文武三名状元。在两名文状元中，一位便是出自麻江的夏同龢，至今省城贵阳还保留一条以"夏状元"命名的街道。夏同龢著有《策问》《四足歌》等。《四足歌》是其品德的重要体现，《四足歌》中："丑妇是我妻，休想美貌的、妖娆的，只求她安分守己，但得过贤妻足矣；蠢子是吾儿，休想伶俐的、聪明的，只求他尊贤敬老，但得过孝顺足矣；茅庐是吾居，休想华丽的、舒适的，只求它能遮风雨，但得过避寒足矣；粗粮是吾食，休想美味的、佳肴的，只求它三餐丰盛，但得过充饥足矣。"

麻江下司古镇，位于清水江上游，凯里市偏西地区，居民以苗族、仫佬族等少数民族为主。嘉靖时，下司镇被开发成为商埠；民国时发展成为"闹市"，黔东南重要的物资集散地。下司古镇有"小上海""清水江的明珠"等之称。现在两岸大街还保留着清乾隆时修建的大码头和小码头，以及禹王宫、观音阁等古寺，古殿宇遗址、古民居、古巷道。古镇依靠历史文化和民族特色，走出了一条适合自己的发展之路，被评为全国农业旅游观光示范点之一，国家AAAA级景区。

麻江资源丰富，历史文化深厚，又是贵州有名的状元故里，在各种因素的加持下，在各方力量的支持下，麻江县社会各项事业发展步上新台阶。过去五年，麻江在基础设施、生态文明、社会民生、产业发展等方面取得显著的成就。到2022年，麻江将科技创新作为发展重点，取得了申报各类科技项目并立项67个，成立高新技术企业2家、科技型中小企业8家等成就，且实现了科技服务村村全覆盖。全县大力投资基础设施建设，交通基础日益完善，城市道路新建6.28千米，"组组通"公路388千米；全县农村电网全覆盖等。未来麻江将继续围绕"四新"主攻"四化"，加快实施乡村振兴、大数据、生态环境三大战略，建设美丽麻江。

麻江下司古镇（刘炳麟　摄）

雷山：世界最大苗寨之地，源于雷公山

　　雷山县位于贵州省南部，黔东南苗族侗族自治州西南地区。最高峰雷公山位于境内，海拔2178.8米，苗岭山脉自西南向东北横亘全境。境内居住着汉族、苗族、侗族、水族、彝族、瑶族等6个民族，常住人口11.8万人。下辖丹江镇、西江镇、永乐镇、郎德镇、大塘镇、望丰乡、达地水族乡、方祥乡、龙头街道9个乡（镇、街道）。雷山是世界上最大的苗寨之地，其中最为有名的苗寨属西江千户苗寨和郎德上寨，西江千户苗寨被评为"中国历史文化名镇""中国景观村落"，郎德上寨被评为"中国民间艺术之乡"。2008年，雷山被评为"中国苗族银饰之乡"。此外，雷山地理位置优越，资源丰富，被称为"天然绿色聚宝盆"。

　　唐天宝三载，曾置罗恭县，属应州。宋代属夔州路肇庆府羁縻州。元属新添葛蛮长官司。明朝洪武年间，设镇远、清浪、铜鼓、五开、偏桥、古州、清平、兴隆8卫。永乐时又设有思州、镇远、黎平、新化4府，隶属贵州布政使司。万历时，置天柱县后将其改为黄平州。清雍正七年，在当时的雷山地区置丹江厅，属都匀府。民国三年，将原来的丹江厅改为丹江县，设县署管理政务。民国三十年时，撤销了丹江县；民国三十三年，贵州省政府以"雷公山山大箐深，易滋盗匪，鞭长莫及，不便治理"议准以雷公山为名，将原丹江县辖地略加调整，置雷山设治局。1949年，雷山县解放。1958年，并入凯里县后复置。

雷山县民风淳朴，文化浓郁，素有"苗疆圣地"美称，被誉为"苗族文化的中心"。雷山县是民族歌舞的海洋。居住在县境内的苗族人民能歌善舞，且闻名世界。陶尧被称为贵州歌舞之乡，陶尧系苗语音译，位于县城东4千米处的雷公山脚，陶尧河自东而西蜿蜒流过，著名苗族歌手唐德海的故乡就在这里。每当夜幕降临时你就会看见这样一幅景象：在村寨的大树下，一对对青年男女唱着细腻委婉的情歌，互表心意，抒发爱慕情怀；中老年人围坐于堂屋里、火炉边耐心地听老人说唱历史叙事长歌"嘎别福歌"，其间人们时而欢笑，时而悲悯；空闲者则在堂屋里摆酒宴客，洪亮的歌声和欢笑声交织在一起，充满了别样的风情。雷山的自然风光与民族风情吸引了无数文人骚客。贵州省学界前辈陈福桐先生曾写下《念奴娇•登雷公山》一词："万山攒涌，塞天地，极目苍茫沉寂。雨雾阴晴常变态，南北东西莫识。路入层天，苔生老树，几处炊烟立。仙梯何用，只隔天宫三尺；人道争战咸同，义帜高擎，起英雄苗族。越岭翻山惊鬼神，威震滇川湘域。世变今朝，黄羊巅顶，听波传电发。升平歌舞，共赏春花秋月。"

西江千户苗寨在雷山县东北部的雷公山麓，由10余个依山而建的自然村寨相连成片，是中国乃至全世界最大的苗族聚居村寨。因此寨聚居着1200多户苗族人家，所以称为"千户苗寨"。这里多山的地形特征，限制了耕地资源，但祖先们很聪明，他们利用这里的地形特点在半山建造独具特色的吊脚楼，上千户吊脚楼随着地形的起伏变化，层峦叠嶂，鳞次栉比，蔚为壮观。[1]

　　近年来，雷山县围绕"四新"主攻"四化"，推动社会经济向高质量发展迈上新台阶。各项基础设施建设有力推进，自雷榕高速雷山段建成通车以来，雷公山隧道、白竹山隧道和桃江隧道等控制性工程实现贯通。完成危桥改造 14 座和村道生命防护工程 53 千米。凯雷高速通车，彻底结束了雷山不通高速的历史。十年来，雷山打赢脱贫攻坚战，摆脱了千百年的贫困，全县居民人均收入稳步上升。随着对资源的有效利用和环境的保护，雷山县成为贵州生态建设的典范，截至 2021 年雷山森林覆盖率提高到 72.8%，县城环境空气质量优良天数率达 100%，一度被评为国家重点生态功能区。

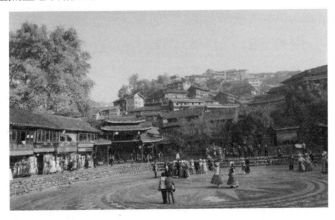

中国最大的西江千户苗寨（刘大泯　摄）

丹寨：中国休闲旅游之城，取自丹江八寨

　　丹寨县位于贵州省东南部，黔东南州西部。面积 940 平方千米，常住人口 13.8 万人。境内居住着苗族、水族、汉族、彝族、壮族、布依族等 21 个民族。下辖龙泉镇、兴仁镇、排调镇、扬武镇、南皋乡、雅灰

---

　　[1]　杨天祥：《千户苗寨——天下西江》，《大众科学》，2019 年第 8 期。

乡、金泉街道，金钟经济开发区、绿海蓝星现代高效农业示范园区等。丹寨海拔较高，气候凉爽，素有"云上丹寨"之称。丹寨属亚热带季风湿润气候区，气候温和，四季分明，年平均气温适中，加上丹寨自然景观秀丽，景色宜人，有许多著名的自然风景名胜区，如飞水岩瀑布、牛角山、高要梯田、金瓜洞等，有利的气候条件和丰富多彩的景区景观，是丹寨成为"中国休闲旅游之城"的重要因素。

丹寨，原为八寨之名，系苗语"8个寨子"的音译。后将丹江与八寨二县合并，取两县名首尾二字为名丹寨县。丹寨早在隋朝时期就开始出现行政区域，隋朝属牂牁郡，唐朝属于黔中道应州地管辖。到宋朝，属绍庆府所领56羁縻州南部东段地带。元代，丹寨开始正式建置，元至元年间，县境为都云安抚司和定云府间地。至正十三年，朝廷在坝干置夭坝长官司，管理今县境及巴榔、阳基等地苗疆土务。 明洪武十八年，升为安抚司，继续管理土务。清雍正八年置八寨厅，属都匀府，民国二年废厅置八寨县，属黔中道；民国三十年撤丹江县，丹江河以西划归八寨，易名丹寨县，属独山行政督察专员公署。解放初属都匀专区。1952年建丹寨苗族自治区，1953年5月改称丹寨县苗族自治区，1955年改为丹寨苗族自治县。1956年复为丹寨县，由都匀专区划属黔东南苗族侗族自治州。1958年并入凯里县。1962年复置丹寨县至今。

丹寨历史上出了许多名人，其中有清末民初著名的教育家欧阳朝相（1867—1917）。欧阳朝相出生于八寨，自幼家贫，刻苦求学。经岁、科考试，成绩列优秀一等。清光绪二十三年，欧阳朝相入选严修在贵阳创办的经世学堂，当时全省只选拔46名高才生入学。光绪三十三年赴京参加科考，入选二等，回黔后经严修推荐，被任命为省视学。此后在贵州以从事教育为主。民国元年，贵州省议会成立时，地方士绅公推为副议长。曾执教于贵阳模范中学，任都匀十县合立中学校长。他主讲中文、数理及英文等，因其功底深厚，学识渊博，深得学生敬重。在都匀任教期间，参与《都匀县志》的编撰，留有《美延堂文集》《美延堂诗集》等著作传世。欧阳朝相一生醉心于贵州的教育事业，为贵州的教育发展做出重要的贡献。在他从教生涯中为贵州培养了大批重要的人才，成为贵州近代革命的主要动力，推动了贵州近代化的进程。

丹寨县历史文化深厚，旅游资源丰富多彩，还有悠久的民族文化、朴实的民族风俗。全县至今还保留了唐朝时期的发型，宋朝时期的各种服饰，明清建筑；苗族的蜡染，以及苗族独具特色的锦鸡舞；苗年、吃新节、牯藏节、踢毽节等各种民族节日活动。丹寨县有许多古色古香的村寨遗址，其中如石桥苗疆古法造纸文化小镇、丹寨万达小镇、羊排古堡等。万达小镇在丹寨县核心位置东湖湖畔，小镇采用了苗族的建筑风格，引入国家非物质文化遗产项目、民族手工艺、苗侗美食等打造成为贵州重点民族文化小镇。在小镇内可以体验各项省级非物质文化遗产，独具匠心的民间工艺产品，小镇还与国内各艺术团体合作展出各具特色的民族舞蹈和歌曲。

近年，丹寨利用有利的自然环境、得天独厚的旅游资源，大力结合丹寨原汁原味的民族文化和风情，将丹寨打造成了一个集民族、自然为一体的旅游胜地，成为中国休闲旅游之城。同时，丹寨拥有交通区位优势，面向珠三角，境内多条高铁和高速公路穿境而过，便利的交通使其成功地融入"贵阳1小时经济圈"和"凯里半小时经济圈"，是通往"珠三角"及东南沿海的"桥头堡"，贵州南下的通道经济带和承接泛珠三角产业转移的"前沿基地"。

丹寨万达小镇（刘大泯 摄）

黄平：且兰国故都，源于地平土黄

黄平县位于贵州省南部，黔东南州西北部。黄平县常住人口 24.4 万人，全县面积 1688 平方千米。居住着汉族、苗族、侗族、土家族、布依族、仫佬族等 30 多个民族。下辖新州镇、谷陇镇、平溪镇、旧州镇、重安镇、黄飘乡、翁坪乡等 8 个镇 3 个乡。黄平县位于亚热带季风湿润气候区，气候温和，年平均气温为 15.1℃，7 月是其最热的时候。黄平位于长江流域乌江水系，境内有河流重安江、平溪河、西堰河。县内多山脉，多为北向东走向，是黔北高原向武陵山脉的延伸，整个县的海拔高度在 600～1200 米。作为国家重点生态功能保护区，黄平荣获"中国现代民间绘画之乡""贵州省长寿之乡"之称。素有"且兰古国都·云贵最秀地"之美誉。黄平之名源出旧州，因其地势平坦，土壤呈黄色得名。

黄平县在战国早期是当时且兰国的故地，是西南地区重要的古国之一。先秦时期，曾在黔地置黔中郡，黄平是其属地。西汉武帝曾通使者于夜郎，其间平且兰在此地置牂牁郡，黄平属牂牁。隋朝时期，将牂牁分划为牂牁、宾化二县，黄平县境分属二县之内。唐朝在黄平境内先置建安、新兴、宾化三县。宋朝南渡后筑黄平城，赐名镇远州。元至元年间依照宋置黄平府，属于当时的播州，隶四川行省。明朝早期将黄平府改为黄平安抚司，属于播州管辖。明洪武十一年，置黄平守御千户所。洪武十五年，升黄平守御千户所为卫。二十二年，以狼洞置兴龙卫指挥使司。万历二十八年后置黄平州，与黄平守御千户所同隶平越府。清康熙时黄平千户并入黄平州；后来又将其境内的兴隆卫入州，兴隆改为新州，原来的治所改为旧州；到嘉庆皇帝时，黄平州改隶属于镇远府。民国初年，黄平行政区分为三级区、团、甲；民国三年，改黄平州为黄平县，属于镇远专区；民国二十五年将旧州分县并入黄平县。1949年黄平县解放，成立了黄平县人民政府，属镇远专区。1956年成立黔东南苗族侗族自治州，废镇远专区，黄平隶属于黔东南州。

　　黄平县是贵州的古城，历史悠久，文化发达。有着2300多年的"且兰文化"；有红军长征四次过黄平的"红色文化"，也是旧州二战机场的"抗战文化"。黄平县曾与多位历史名人有关联，如王阳明、林则徐、郭沫若等。县境内各民族之间不同的文化相互交流，构成了多彩的多民族大家园。著名的旧州古城距离黄平大概有23千米，是贵州省十大历史文化名镇之一，有着悠久的历史。在盛唐时即有佛教传入，并专门修建佛教寺庙宝相寺，用以讲授经文。飞云崖月潭寺建于明正统年间，著名学者王阳明游后曾留下"天下之山，聚于云贵，云贵之秀，萃于斯崖"的赞誉。著名诗人郭沫若的祖父清末时任职于旧州，他幼年时与外祖父居此，黄平浓郁的风土人情熏陶了郭沫若，对其产生了重要的影响，郭沫若在其后的文章中回忆了这段往事。

　　红军长征的过程中，曾四过黄平县，在这里播下了革命的种子，黄平在战争时期有着重要的历史作用。红六军团和中央红军经过黄平和在黄平工作活动历时一年多，留下了37个红色革命遗址，其中旧州古城是最为典型的一个遗址地，在这里发生了许多重要的事件。如今黄平成为贵州重要的红色文化之地，这些红色遗迹深深地融入了每一个黄平人的心中。黄平红色遗址包括红六军团司令部旧址，红军临时医院和毛泽东和王稼祥长征行居，旧州"红军街"，文昌宫周恩来、朱德在旧州的旧居。此外，黄平境内有重安江三桥并排奇观、重安江峡等著名风景地。

黄平县依托自身的优势条件，深厚的历史文化底蕴、便利的交通、丰富的旅游文化资源等，掀开了发展的新篇章。党的十八大以来，黄平县大力发展交通，如今已建成3条国省道公路，湘黔铁路、株六复线穿越县境，贵黄高速公路、余册高速公路、安江高速公路顺利通车，从黄平到凯里需要40分钟，到贵阳只需1小时。农村公路2323.057千米，完成"组组通"公路建设644.79千米。黄平县注重转化农业发展方式，结合新时代的发展要求采用"一主两辅"产业发展格局，目前黄平建成农业示范区30余个，注册登记农民专业合作社837家，家庭农场91家，通过发展农业产业带动2万余农户就业增收。人们的生活水平提高了，生活质量也进步了，居民的幸福指数不断上升，这是黄平各族人民共同努力的成果。

黄平旧州古镇（刘炳麟　摄）

施秉：中国漂流之城，取自巴施秉溪

施秉县位于贵州省东部地区，黔东南苗族侗族自治州西部地区，自古以来就有"沅辰之指臂"和"贵州之襟喉"之称。施秉县总面积1531平方千米，常住人口12.5万人。居住着汉族、侗族、苗族、布依族、土家族等19个民族。施秉县位于一、二阶梯的过渡地带，海拔800米左右，属于亚热带季风湿润气候区，降雨充足，气候湿润，被称为"潕阳明珠"。施秉县名来自其境内的巴施山的"施"和秉溪的"秉"两字组合。作为"中国太子参之乡"，其所产的太子参占全国产量的二分之一。此外，施秉也是贵州著名旅游县之一，有世界自然遗产云台山风景区及AAAA级景区杉木河等。施秉三面环水，一面临山，宛如一座江南小城。如今施秉已经享有"中国漂城"之誉，其杉木河上漂流成为贵州旅游的一大亮点。

施秉县正式建置开始于明朝。今施秉县所在地，殷商属鬼方古国之地，春秋则归牂牁古国，战国是夜郎所辖地。秦朝开始设郡县后，在这一地区设象郡，辖今施秉县、丹寨县等多地。西汉武帝时期，施秉西部地区属于牂牁且兰县，东部属于武陵郡。唐朝时期，将原来的郡改为道，偏桥属牂州。元朝设偏桥、德胜和施秉前江等处蛮夷军民长官司，为思州宣抚司管辖。明朝设偏桥长官司、施秉蛮夷长官司，二者属思州宣慰司。正统八年，以施秉蛮夷长官司置施秉县，属镇远府。崇祯四年，复置施秉县。清康熙时，将原来的偏桥卫撤销并入施秉县，迁县治于偏桥卫城。雍正时开始在旧县胜秉县的基础上设施秉分县，置县丞驻节，一直到宣统时都未变更。民国十二年，施秉属于当时的黔中道，直隶属于省。1949年施秉解放；1956年归属黔东南苗族侗族自治州；1958年分别并入黄平、剑河两县；1962年恢复县至今。

施秉拥有优越的地理、气候等天然优势，自然风光宜人，同时拥有深厚的历史文化底蕴。施秉的云台山风景区 2014 年通过了第 38 届世界遗产大会中国南方喀斯特第二期世界自然遗产申请，成为贵州省第三个世界自然遗产。云台山景区为典型的喀斯特地貌，其中以美丽的白云岩著称。其山形"四面削成，独出于云霄之半"，常年云雾缭绕，山犹如没入云层中，故名云台山。景区多由险峰、峭壁组成。太阳洞，施秉县城西的景观之一。每当旭日东升时，阳光直射岩洞，故而得名。在今天的潕阳河畔有一景观诸葛洞，据有关记载相传在三国时期诸葛亮率军南征时途经此处。明万历时期，贵州巡抚郭子章主持疏通偏桥至镇远河道时，为施秉县神奇秀丽的自然风光所倾倒，因"全黔太平"而喜悦，作诗《偏桥新河成放舟东下》云："桥畔拿舟一叶轻，扬帆穿树入蓬瀛。悬岩直下瞿塘路，瀑布遥飞雁宕深。白鸟青猿争出入，山花岸柳递逢迎。自从诸葛征南后，千载谁人向此行。"抒发了他在贵州建功立业的激情。

施秉为中国漂流之城，其中最为出名的数杉木河漂流。在县城西北地区，有海拔 1600 米的原始森林，杉木河落差将近 640 米，流域有 250 平方千米，河道长 44 千米。河道两岸植被丰富，有各种奇峰异石，负氧离子氤氲，是天然的养生区。河流上下游各有特色，上游群峰连绵，原始森林遮天蔽日；下游奇峰错列，危岩峭壁，古藤巨蔓络于绝壁，尽显大自然的鬼斧神工之作。如今，杉木河漂流区因其美丽的景色和独具优势的漂流环境，越来越多的人来此游玩。

施秉县在各方力量的支持下，取得了一系列的发展成就，解决了一桩桩难题，推动了全县各项事业取得了新的进步。实现全县人民精准脱贫，摆脱了千百年来贫困的标签。随着施秉经济发展，相关政策的大力支持，其产业发展取得了极大的成绩。全力打造了新红产业园区，目前园区入驻企业 37 家，规模以上工业企业新增至 9 家。近年来，贵州在大力发展交通基础设施上花了大工夫，施秉县也非常重视交通的建设，建成沪昆铁路、湘黔公路、余凯高速、三施高速，全县现有公路通车总里程达 1880.44 千米，极大地方便了人们的出行。此外，施秉先后获评"全省文明城市""省级卫生县城"，成功创建全省民族团结进步示范县。

施秉云台山风光（刘艳　供稿）

镇远：中国历史文化名城，源自帝王设州赐名

镇远县位于贵州省东部，黔东南州北部，自古就被称为贵州的"滇黔之喉""滇黔锁钥"和"西南都会"。境内居住着汉族、苗族、侗族、土家族等 20 个民族。辖 8 个镇 4 个乡：舞阳镇、蕉溪镇、青溪镇、羊坪镇、羊场镇、都坪镇、江古镇、金堡镇、涌溪乡、报京乡、大地乡、尚寨土家族乡及 1 个省级经济开发区。常住人口 18.0 万人，面积 1800 平方千米。气候宜人，全年最高气温为 40℃，最低气温为 C.3℃，平均气温为 1C.C℃。资源丰富，境内有矿产资源 20 多种，植被丰富，其中红豆杉、银杏等都为国家一级保护植物。潕阳河、青龙洞等是著名的风景区，镇远县也是贵州省的两个中国历史文化名城之一。

春秋战国时期，在贵州的东部地区便有建置。秦朝在此地设有黔中郡，镇远属当时的镡成县。汉高祖将原来的黔中郡改为武陵郡置无阳县；到武帝时，当时的镇远古国首领归降。三国南北朝时期，吴国蜀国分当时的荆州、武陵等，无阳属武陵郡。后孙权夺地，改无阳县为潕阳县。隋唐时期，隋朝在镇远置充州梓姜县，唐朝在镇远先后置鹤州、业州、奖州等，唐朝末年镇远则沦为当时土司田氏的领地，为竖眼大田溪洞。宋大观元年置安夷县，宋理宗赐名设立镇远州而得名至今。南宋末年，镇远守将李信兵败，镇远蛮酋田景贤归降元朝，授镇远沿边溪洞宣抚使。至元二十年，改设镇远军民总管府。明洪武四年，撤镇远军民总管府复为镇远州，洪武二十二年七月置镇远卫指挥使司。永乐帝时实行"改土归流"，把原来田氏所领的思州、思南两宣慰司置为镇远、思州、思南、石阡、黎平、乌罗、铜仁、新化 8 府，在镇远设贵州省布政司统辖。清康熙帝时期收复镇远后，于康熙二十二年撤镇远卫入镇远县。民国二年在镇远设黔东道，废除镇远府，1937 年改为镇远专区。1949 年镇远解放，1956 年隶黔东南苗族侗族自治州。1958 年岑巩、三穗两县曾并入过，直到 1962 年三县分置。

镇远是中央朝廷控制西南边陲的第一要冲，同时也是中原文化与西南民族文化的交会点，也是黔东一带政治、经济和文化的中心。镇远是古代中原连接东南亚各国通道上的重镇，出现过"汉使浮槎撑斗去，缅人骑象过桥来"之景象。镇远古城作为镇远历史文化的代表性，北岸为旧府城，南岸为旧卫城，保留了许多楼、寺、庙、祠建筑，古驿道，古巷口等。古城保留的大部分文化遗址都比较完整，很好地保存了当时镇远的繁华风貌和经济状况。此外，在镇远还存留成立于晚清时期的青溪铁厂，这是贵州首家股份制企业。林则徐在赴任云南途经镇远时，写下《镇远道中》一诗，生动地描绘了镇远雄奇的自然风光，险峻的丛山，幽深的水面，崎岖的山路："两山夹溪溪水恶，一径秋烟凿山脚。行人在山影在溪，此身未坠胆已落。……不敢俯睨千丈渊，昂头但见山插天。健儿撒手忽鸣炮，惊起群山向天叫。"

　　镇远历史上出了许多风云人物，其中谭钧培、周达文是著名的革命战士。周达文是贵州最早加入党的早期人物之一，为中国共产党翻译了大量的马列著作和共产国际与中国来往的文件。镇远潕阳河被列为国家级旅游名胜景区，有国家级文物保护单位青龙洞古建筑群等。

　　近年来，镇远紧抓时代的潮流，注重各项社会事业的发展，全县经济取得巨大的发展成就。镇远利用其历史文化名城的优势条件，结合自身的自然风光大力发展旅游、文化等产业。潕阳河将镇远城划分为二，镇远县以"一座城、两条河、三张牌、四季风"为主题，着力构建全域旅游、全季旅游发展新格局。以文彰旅、以节促旅、文旅融合，加快实现旅游大复苏，助力全县旅游业实现高质量发展。[1]镇远集历史、文化、民族风情于一体，被世界旅游基金组织评为"返璞归真、回归自然"的世界十大最佳旅游胜地之一，荣获"中国十佳旅游古城"名称。2012年以来贵州黔东经济开发区成立，已形成酿酒、电力、建材、电子信息等支柱产业，到2022年全县地区生产总值完成69.45亿元，同比增长3.1%。

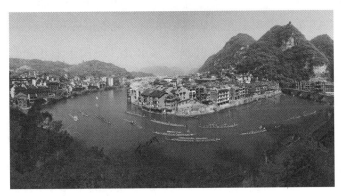

镇远古城（刘艳　供稿）

---

[1]　镇远人民政府：《镇远古城：半是诗意半烟火》，天眼新闻，2023年4月23日。

三穗：开国上将故里，取自水稻生三穗

三穗县位于贵州省东部地区，黔东南苗族侗族自治州东北部，是贵州东部出省口之一，与湖南新晃，贵州天柱、剑河、镇远等县相连，素有"千户苗疆门户""黔东要塞"之称。全省面积1035平方千米，常住人口16万人。居住着苗族、侗族、汉族、白族、瑶族、土家族、仡佬族等24个民族。下辖八弓镇、瓦寨镇、桐林镇、长吉镇、良上镇、款场乡、滚马乡、文笔街道、武笔街道等7个镇2个乡2个街道。三穗县处在云贵高原向湘西丘陵过渡的斜坡上，地形类型多样。同时，三穗县属于亚热带温和湿润季风气候，年平均气温15℃，气候温和，雨热同期。是著名的"中国民间竹编文化艺术之乡""美食之乡"。

三穗曾叫邛水，民国十七年（1928）在县境内多地出现了一株水稻生三穗的现象，认为是吉祥之兆而改名三穗，自此三穗县成为县名。唐宋以前的三穗县，无明确的建置，唐宋时期在这里实行羁縻州制度。宋朝在这里置邛水县，后于宣和四年废邛水县为堡，后又复置邛水县。直到元朝至元年间，原邛水县改为安定县，属于思州宣抚司管辖。明洪武五年分置团罗、得民、晓隘、披带、邛水五长官司，属思州宣慰司；二十五年并四司设邛水十五洞蛮夷长官司。清雍正置邛水丞，属镇远县管辖。民国初期改原来的邛水县丞为邛水县，民国十七年更名三穗县，至此三穗成为县名。1950年三穗县城解放，将其划归镇远专区。1956年隶属于黔东南自治州，1958年撤销岑巩、三穗两县，并将其两县行政区域划归镇远县，1962年恢复三穗县至今。

千百年来，三穗县各民族之间，团结友爱，交流融合，形成多元、包容的历史文化，三穗作为贵州少数民族聚居之地，多彩的民族文化造就了三穗县特色的民族风情。三穗县是著名的旅游景区，圭务距离三穗

县城 60 千米左右，在这里可以欣赏落日余晖，也能感受浣溪湖泊的美景。圣德山是三穗著名的佛教圣地，常年香火鼎盛。县城东北处有一观景胜地——永灵山，在山顶可以一览全县的风貌，是块宝地。除此风景名胜以外，三穗县著名的"三穗麻鸭"是中国地方四大名鸭之一，肉质鲜美，色香味俱全，闻名省内外；三穗灰碱粑和三穗卷粉都是地方有名的小吃，成为游客必吃的美食。三穗竹编手工业，已有 400 多年的历史，其技艺高超，编出的手工品精巧美丽，曾作为国礼赠送给过美国总统尼克松。

三穗拥有历史悠久的文化，更是一个人才辈出的县城。三穗历史上曾出现多次反抗暴政的事件。其中三穗人为之骄傲的是解放军侗族将领杨至成。1926 年，杨至成考进黄埔军校，第二年加入中国共产党。此后他致力于中国的革命工作，于 1927 年南昌起义后随朱德、陈毅上井冈山，任红军连长。抗日战争爆发以后，赴苏联伏龙芝军事学院学习，后转苏联陆军大学学习政治，受到共产国际总书记季米特洛夫接见。1949 年春任中南军政委员会委员。解放后，于 1953 年担任人民解放军武装力量监察部副部长，1955 年授上将军衔，获一级八一勋章、二级独立自由勋章和一级解放勋章。1965 年当选为第三届全国人民代表大会常务委员会委员。为了纪念杨至成将军，三穗人民修建了杨至成将军纪念馆、杨至成故居。

当前，三穗县正处在巩固拓展脱贫攻坚成果和深入实施乡村振兴战略的窗口期、推进高质量发展的黄金期、政策红利叠加的机遇期，今日之三穗，天时、地利、人和，万事俱备；心齐、气顺、劲足，斗志昂扬，加快高质量发展其时已至、其势已成，正是撸起袖子加油干、迈开步子加快赶的大好时机。全县乘着政策东风，抢抓省"十四五"规划支持三穗建设成为重要节点城市、州委州政府推进黔东片区协同发展等重大机遇，牢记嘱托，感恩奋进，在推进高质量发展、建设现代化三穗的新征程中展现新作为、开创新局面、实现新跨越。

三穗县开国上将杨至成故居（刘炳麟　摄）

岑巩：思州土司故里，源于城外岑巩山

岑巩位于贵州省东部地区，黔东南自治州北部地区。全县总面积有1486.5平方千米，常住人口16.61万人。县内居住着汉族、苗族、侗族、土家族、布依族、仡佬族等18个民族。辖思旸镇、水尾镇、天马镇、龙田镇、凯本镇、大有镇、注溪镇、天星乡、羊桥土家族乡、平庄镇、客楼镇、㵲水街道、岑巩经济开发区，9个镇2个乡1个街道1个开发区。岑巩县盛产石砚，思州石砚是"八大名砚"之一，因此岑巩也被称为思州石砚文化艺术之乡。岑巩资源丰富，矿产资源有大理石、金星石、汞、铀等，是大米、花生、茶叶等生产地；㵲阳河、龙江河穿境而过。

岑巩县由侗族语的音译而来，意指岑巩四周多为山地，而城外又有著名的岑巩山，因此以山名为县名。岑巩建置早，是贵州最早建置的地方之一，原为思州。当时还流传着"先有思州，后有贵州"的说法。春秋战国时期，岑巩属楚国之地，秦朝属黔中郡管辖。汉朝，这里设有武陵郡，岑巩县是其属地。到隋朝时于开皇十九年置巴东郡务川县。唐开始实行羁縻州制，武德四年置务州，于贞观时改务州为思州。贞观之后，其建置几经变更，直到乾元元年，复置思州。宋朝时期，田氏内附，改思州郡为务川城。元至元十二年，置沿江（边）史抚司，隶思州宣抚司。十四年，思州宣抚司属湖广行省。明承袭元朝时期的建置，分置思州、思南二宣慰司，辖24个长官司（县）。永乐时废除了两宣慰司，设置了思州、思南、石阡等8府。清雍正五年，增领平溪（今玉屏县）、清浪（今镇远县青溪镇）二卫。民国元年，依旧称其为思州；直到民国二年改思州府为思县，属镇远道；民国十九年，把民国二年所设的思县更名为岑巩县，属镇远行政督察专员公署。1949年，岑巩县解放，先隶属于铜仁专区，后来将其划归镇远专区。1956年隶属黔东南苗族侗族自治州；1958年并入镇远县；1961年恢复岑巩县至今。

据相关史书记载，思州鼎盛时"有冉氏、向氏、田氏，聚落最盛，大者万家，小者千户，更相崇树，僭称王侯"。历来思州由宣慰司田氏家族所世袭。直到明朝永乐初年，田琛担任宣慰司时，思南宣尉使田宗鼎与田琛因争沙坑事互不相让，曾几次互相攻杀，战乱不休，导致民不聊生，人们纷纷诉诸朝廷。朝廷以"琛、宗鼎分治思州，思南皆为民害"为由，令镇远侯顾成率兵5万讨伐，将两人擒解至京。永乐十一年二月，撤销思州、思南二宣慰司。明廷鉴于田琛事件，加强了与贵州地区民族的融合，为加强此地的统治，开始在贵州实行改土归流，将思州、思南二宣慰司改设8府，由此而设置贵州行省。

岑巩县不仅拥有众多著名文物建筑，也是山水宝地。回龙寺和文笔塔有着丰厚的文化底蕴。思州砚拥有上千年的历史，北宋时期著名的诗人苏东坡将其誉为"珙璧"。其砚为人工精雕细刻而成，造型60余种，今天依旧受到人们的青睐。

岑巩多山，其山峦起伏，地势险雄。㵲阳河为长江的支流，流经贵州五县，河流从岑巩县穿境而过，将县城划分为两部分，岑巩人民在潕阳河的滋养下焕发着勃勃生机。作为岑巩县人民的母亲河，潕阳河的作用远不止于此。丰富的水资源，为其生活生产提供了充足的水能资源。

位于舞阳河畔的岑巩县城（刘艳　供稿）

天柱：中国重晶石之都，取自石柱擎天

天柱县地处贵州省东部，黔东南苗族侗族自治州的东北部，属于苗岭山脉东段。天柱县与锦屏、剑河、三穗及湖南的会同、芷江、靖州等县之间相邻。天柱全县总面积为 2201 平方千米，常住人口有 27.3 万人。有汉族、苗族、侗族、水族、布依族等，其中苗族、侗族人口占比最大。辖蓝田镇、坌处镇、竹林镇、江东镇、白市镇、凤城街道、邦洞街道、社学街道、联山街道、注溪乡、地湖乡等 11 个镇 4 个街道 2 个乡。天柱位于亚热带季风气候区，气候湿润，光照充足，为其动植物的生长提供了良好的生态环境。作为贵州少数民族人口占比最多的县之一，天柱县民族节日众多，如三月三、吃新节、七月半等。天柱县矿产资源丰富，其重晶石的储藏量最多，素有"中国重晶石之都"之称。天柱水稻是其主要的粮食作物，经济作物有烤烟、油菜籽。九龙山遗址和石柱擎天、金凤山溶洞等都是非常有名的风景名胜。天柱县一度被称为"贵州高原黄金城""中国观赏石之乡"等。

天柱县之名源自县境内城北的一景观"石柱擎天"，在天柱侗族语称qeentxuih（天许）之意。春秋以前，天柱县虽然没有明确的建置，但是其属地夏商时期为禹贡荆州之界，周时属于黔中地。秦朝时为黔中郡属地，汉朝沿袭秦朝的制度，这一带属荆州武陵郡，后于武帝时期改为牂牁郡。隋朝时，由武陵郡改为扬州沅陵郡。唐朝建置有所变化，属黔中道彝、播、叙三州，在后来的变置中，天柱县东部地区属于郎溪县，西部地区则属于思州。宋朝时，天柱今东部归诚州所辖，西部属思州，于宋徽宗时属靖州。元朝时，分属靖州路总管府和靖州军民安抚使司。明洪武年间设天柱守御千户所，万历年间改所置县，取名为天柱县，归镇远府管辖。崇祯十年，将县城迁往龙塘，更名为龙塘县，清顺治九年复名天柱县。民国十二年，废除了黔中道的设置，天柱县直隶于省。1949年天柱解放，1950年成立了天柱县人民政府，属于镇远专区，1958年入锦屏县，1961年复置天柱县。

天柱与湖南毗邻，受到湘楚文化的影响较大，文化发达，天柱历史上出过许多名人。民国时期著名的黔军将领王天培（1888—1927），侗族，织云乡人。辛亥革命后回到贵州，率部参加过护国运动和护法运动。1926年7月，任国民革命军第10军军长，随即率部入湘参加北伐。北伐期间，蒋介石命王天培部孤军作战，致徐州失守。蒋介石将失守责任嫁祸于王天培，1927年8月6日，电召王至南京"面商机要"，到南京即被扣留。9月2日，被秘密处死于杭州。王天培在押解途中望向东海，百感交集，写下了悲壮的《宁归歌》。

天柱县保留了许多的历史文物遗迹，其中全国重点文物保护单位1处、省级5处、州级6处，国家博物馆1个，中国传统村落11个。其中著名的要数天柱三门塘，位于清水江流域，是一个古老的侗寨，寨中人迁自湖南的严、谢、王三姓，各立门户，故称三门塘。三门塘作为清水江重要的咽喉要道，具有重要的地理位置。古代，在清水江沿岸大量的木材、药材、桐油等特产从这里运往湖南常德，三门塘则是其物资集散地。此外，三门塘也是一个文化深厚的侗族村寨，以树文化、水文化、石文化最为典型，这些多彩的文化让天柱多了一份神秘。天柱县拥有便利的交通区位，与湖南省相连，素有"黔东第一关"之称。天柱抓住这一优势条件大力发展交通，已建成天黄高速、松从高速、242国道等重要的交通干线，完成高速公路55千米、国道59.63千米、省道148.93千米、县道421.87千米。此外，天柱不仅注重交通基础设施的建设，也非常注重生活设施的建设，截至2022年，实现县、乡镇（街道）、村三级公共文化基层设施全覆盖，建成博物馆1个、图书馆1个、文化馆1个、农家书屋125个、体育场1座、社会足球场2个，设有绿色健身步道12千米。天柱县民族文化丰富，非物质文化遗产众多，目前已申请省级非遗项目12项，州级非遗项目19项，县级非遗项目66项，天柱四十八寨歌节，每年都会举办30多场，极大地丰富了广大民众的精神生活。天柱县在旅游发展方面也取得了巨大的成效，成功创建A级旅游景区3家，乡村旅游客栈11家。

天柱县三门塘（刘炳麟 摄）

锦屏：中国文书之乡，名取田野似锦入山屏

锦屏县位于贵州黔东南州，地处云贵高原东部边缘，在贵州、广西、湖南的交界处，是通往湘、桂、粤的重要通道。全县总面积约1619.14平方千米，常住人口15.5万人。居住着汉族、侗族、苗族、土家族等19个民族。辖敦寨镇、平秋镇、铜鼓镇、大同乡、钟灵乡、偶里乡、河口乡、彦洞乡等7个镇8个乡。作为清水江"木商文化"发源地和核心区，锦屏不仅木商文化出名，其少数民族文化、屯堡文化、红色文化也是其特色。锦屏县位于亚热带湿润季风气候区，森林资源丰富，森林覆盖率51.72%。锦屏林业经济发达，盛产杉木，还有马尾松、竹林、叶林、灌木林等，"十八杉""八年杉"驰名中外，是全国优质杉木的中心产区和林业重点县之一。锦屏也是贵州重要的羽毛球生产地，全球知名品牌羽毛球"亚狮龙"自落户锦屏来，贵州锦屏已成为全球最大的羽毛球生产基地。

锦屏因其特殊的地理位置而取其县名，县城四周青山如屏，秀丽似锦，取其景观为县名，谓之锦屏。据相关出土文献可知，在新石器时期，锦屏县就已经有人类活动。春秋战国时期，锦屏县属于楚国黔中地。秦朝属于黔中郡，汉朝为武陵郡镡成县。南齐时，置有东牂牁郡，县地属于东牂牁郡平阳县。唐朝贞观年间，改属于巫州，代宗时又改属于叙州。唐宋在贵州实行羁縻州制度，两代都属朝廷羁縻统治。元朝设有亮寨、湖耳、新化、欧阳寨等蛮夷长官司，属思州安抚司管辖。明洪武时设龙里长官司，于洪武五年置中林验洞长官司。十八年诸长官司废。二十一年置铜鼓、新化亮寨守御千户所，二十五年设新化屯、隆里守御千户所。永乐元年复置湖耳、中林验洞、亮寨、欧阳、龙里、新化长官司，新置湖耳、欧阳两个副长官司。清雍正五年改隶属于贵州，并废铜鼓卫，置

锦屏县。道光十二年废锦屏县建锦屏乡，置锦屏县文斗苗寨丞。民国二年，移开泰县治于锦屏县改名为锦屏分县；民国三年升为锦屏县。到民国二十六年时，属于第一行政督察区。1950年属当时的镇远专区，1956年将其划归黔东南苗族侗族自治州，1958年12月天柱县并入，1961年8月析出复县至今。

锦屏县被誉为"中国文书之乡"，保存10万余件被列入《中国档案文献遗产名录》的锦屏文书。锦屏文书记载了明清至民国时期，锦屏为中兴清水江沿岸的侗、苗人民农林生产实践活动及其生存、发展的社会关系历史面貌的原始记录，也是研究这一时期民族生活、历史的重要文献史料。锦屏文书种类繁多，其内容也十分丰富，研究价值极高，有石（碑）、兽骨、竹木、布、纸等多种形式，内容有山林土地权属纠纷诉讼、调解裁决文书、乡村民俗文化记录、官府文件、族谱、古籍。锦屏文书是清水文书研究的重要内容，锦屏文书传承和弘扬诚信、生态、礼法、和谐的价值观，是反映"苗疆"社会五百年人工营林史的"活化石"。县境内有600余年历史的明代军事城堡——隆里古城，古城至今保留较完整，是锦屏历史的见证。作为一个少数民族县，锦屏县拥有丰富的民族文化，其中侗族银饰锻造技艺、侗族刺绣被列为非物质文化遗产，曾被央视专题报道。

唐代大诗人王昌龄曾被贬到锦屏县，属于隆里所，王昌龄的到来给这里带来了清新的文风。新民主主义革命时期，出了一个中共早期侗族党员、工人运动领导人、上海"龙华二十四烈士"之一的龙大道。他在上海大学读书时加入中国共产党，1924年赴莫斯科东方大学学习。1931年因叛徒出卖，与26名中共重要干部同时被捕。2月被秘密杀害于上海，年仅30岁。

锦屏县围绕"四新"主攻"四化"，抢抓东西部协作、"桥头堡"等政策机遇，将经济社会发展作为重点。锦屏以新型工业为核心，大力培植工业树、打造产业林，着力优化营商服务软环境、谋划产业大招商突破、助推重大项目加快建设。其中贵州亚狮龙羽毛球产业发展就是一个很好的例子，锦屏结合实际，全力发展鹅全产业链，形成了养殖、加工、羽毛球生产、打造羽毛球品牌赛事等"一二三产融合"的产业链。自锦屏经济开发区建立以来，锦屏产业发展的定位更加明确，转型升级越发快速，管理服务越来越合理化。

锦屏县城（刘艳　供稿）

黎平：中国侗乡，取自黎民平安

黎平县位于贵州省东南部，黔东南自治州南部。黎平东邻湖南靖州、通道县，南邻广西三江县，西部与从江、榕江等县相连。全县总面积 4421.9435 平方千米，全县常住人口 40.71 万人。辖 3 个街道、14 个镇、7 个乡、2 个民族乡。县内居住着汉族、苗族、侗族、瑶族、水族、壮族等 13 个民族，其中侗族人口最多，占全县人口的 71%，是全国最大的以侗族为主体的民族地区，素有"中国侗乡"之称。黎平县属于亚热带季风性湿润气候，年平均气温为 16℃左右，降雨充足，森林覆盖率高达 65%，林业非常发达，是贵州省十大林区县之一。以杉木为主，有

"杉木之乡"之称。黎平有许多著名的历史、红色文化遗址与名胜景区，其中如南泉山寺、翘街古城、黎平会议会址、中挪侗族生态博物馆、肇兴侗寨，是贵州旅游胜地，既可以体验历史文物，也能欣赏多姿多彩的民族风情。

黎平县名源自"黎民平安"，遂取黎平二字为县名，有美好的寓意。黎平县建置较早，早期为西戎的辖地，商时属于鬼方古国，周朝为楚国所辖地。秦朝开始在全国设郡县后，黎平为黔中郡所辖之地。汉朝时，属于武陵郡管辖，隋朝时属辰州。唐时期在贵州实行羁縻州制，属龙标县，叙州。宋置福禄永从长官司。元至元二十年，在今黎平县设有潭溪、洪州泊里两处长官司，属于思州安抚司管辖，并有古州八万军民总管府。到了至正二年时，将原来的总管府废除，将其改设为上黎平长官司，仍然属于思州宣抚司管辖。明洪武十八年，废除原来的黎平、乐敦洞等两土司，改置五开卫，隶湖广行省。永乐十一年，思州宣抚司被革除，而置黎平府，隶贵州布政使司。到清雍正帝时，原来设于明朝时期的五开卫被废，置开泰县。民国二年，原府、州、厅一律改为县，废除黎平府，置黎平县，属于镇远道，后属独山行政督察公署。1950年恢复了黎平人民政府，1952年属于都匀专区，1956年由都匀专区改隶黔东南苗族侗族自治州至今。

1934年12月红军长征达到黎平，在黎平召开了长征途中的第一次中共中央政治局黎平会议。黎平境内拥有大量的侗族花桥、鼓楼等，最出名的是高屯天生桥和仙人洞。随着经济的发展，黎平县的经济发展迅速，黎平机场的通航给贵州旅游带来了新的生机。

黎平是"中国侗族之乡"，侗族文化深厚，是侗族的主要发祥地之一，拥有古朴的民风民俗。黎平是侗族的女神"萨"的诞生和取义之地，也是贵州侗族大歌的主要发祥地，侗族人口占比最多的县城，保留许多的侗族鼓楼，拥有全国最大的侗寨——肇兴侗寨，侗族生态博物馆、中挪合作中国贵州黎平堂安侗族生态博物馆。侗族的神话、传说、故事、寓言、在民间广为流传。黎平的肇兴侗寨被列为国家首批民族民间文化重点保护试点单位、"中国最美的六大乡村古镇"。

黎平县也是著名的历史名城，保留了许多重要的历史文物遗迹和红色遗址。翘街古城，被称为东门街，保存了较为完好的明清建筑群，是黎平县长征历史文化街。黎平会议会址、毛泽东旧居、红军群众大会旧址等红色遗址均坐落在翘街明清古建筑群中。黎平古城墙已有600多年的历史，古城墙只剩下东门和南门两阙城墙，城墙虽然有所损坏，但是却见证了几百年来黎平的兴衰历史，成为其宝贵的记忆凭证。黎平县城又叫德凤古城镇，古镇由典型的汉族文化、侗族文化交会而成，坐落在长川里，德凤古镇就是一座庞大的城堡，高大雄伟的石头城墙环抱着这座美丽的园林般的历史名城。此外，还有黎平独柱鼓楼、纪堂鼓楼、中潮文庙以及何腾蛟墓等重要的文物景区。

黎平县坚持以高质量发展统揽全局，围绕"四新"主攻"四化"，坚持在发展中保障和改善民生，攻坚克难，全县经济呈现"总体平稳、稳中有优"的良好态势。自2020年以来，黎平成功退出贫困县序列，经济呈现出快速发展的趋势。黎平县紧紧抓住桥头堡核心区总体地位，打造绿色轻工产业聚集区，传统村落高端民宿康养旅游目的地、重要生态农林产品供应基地、重要旅游集散城市。在茶业方面，截至2022年年底，茶叶种植完成面积26.81万亩，荣获中国十大名茶之乡、中国茶叶产业发展示范县的称号。

黎平肇兴侗寨（王义　摄）

从江：黔东南锁钥，源自永从下江两县

从江县位于贵州省东部，黔东南苗族侗族自治州南部，东临广西壮族自治区，是"黔桂要塞"。总面积3245平方千米，常住人口31万人。境内居住着汉族、苗族、瑶族、水族、侗族等民族。共辖1个街道、12个镇、4个乡、3个民族乡：丙梅街道、西山镇、下江镇、洛香镇、往洞镇、加鸠镇、斗里镇、加勉乡、刚边壮族乡、秀塘壮族乡等。属中亚热带湿润季风气候区，四季分明，降雨充足，年均气温为18.5℃，享有"金不换的土地，银不换的气候"美誉，是"南亚热带作物名优基地"。从江县属云贵高原东南边缘低山丘陵地区，境内最高峰为九万大山元头界峰，海拔1670米。从江县已被列为：全球重要农业文化遗产保护试点县、中国侗族大歌之乡、中国民间文化艺术之乡、贵州省长寿之乡等。从江县盛产柑橘，尤以椪柑闻名全省。其小个子黄牛、从江香猪远近驰名；侗族大歌、苗族芦笙享有盛誉；增冲鼓楼被列为国家重点文物保护单位。

从江作为县名较晚，民国三十年将原来所设的永从县和下江县合并，并取两县之名的末尾二字为县名，从江县开始成为正式名称。元朝时期，从江县之地设福禄、西山大洞等处，为思州安抚司所管辖。明朝前期沿袭元制，设福禄永从长官司，属思州宣慰司。明朝正统六年时，废除了前期所设的福禄永从长官司，而改为永从县，属黎平管辖。清朝康熙时，废除了西山阳洞长官司，乾隆三十六年，以贵阳府通判驻下江，改为黎平府下江通判，置下江厅。清朝末年，从江县地分属永从县、下江厅、开泰县和潭溪司。民国二年，改下江厅为下江县，与永从县同属于黔中道，从江县分隶永从县、下江县和黎平县。民国三年，改丙妹县丞为丙妹分县，隶永从县。民国三十年，永从县与下江县合并置从江县，县治丙妹。1950 年，从江县解放，12 月成立人民政府。1956 年由都匀专区改隶黔东南苗族侗族自治州；1958 年并入榕江县；1961 年 8 月复县至今。

从江山清水秀，景色秀丽，民族风情浓厚，各族人民创造了灿烂的民族文化，形成独异的风俗民情。岜沙，中国最后一个枪手部落，有吃新节、芦笙节、苗年以及斗牛、围猎、婚嫁等独特的民族风情。"国保"增冲鼓楼，建于清朝时期，如今已有几百年的历史，增冲鼓楼被誉为中国侗寨第一楼。1988 年，鼓楼被国务院列为重点文物保护单位，增冲鼓楼和洛香的佰二鼓楼是侗族人民智慧的结晶。小黄侗寨距离县城 20 多千米，是侗族闻名的"侗歌窝"，小黄侗歌被称为"嘎小黄"，意为"小黄的歌"。小黄侗寨如今共有 662 户，3000 多人。巨洞侗寨，是都柳江边最美的一个侗寨之一，寨子在江对岸的山坡上，错落有致。每逢节日喜庆，寨内的人们便把几只小船绑在一起，盖上木板，形成一个浮动的舞台。朝气蓬勃的青年男女，坐在上面弹琵琶唱歌，迎送宾客。

从江加榜梯田位于从江月亮山，与县城大约有 6 千米的距离，是中国最好的梯田之一。加榜梯田打造以梯田独特景观为特色，集湿地保育、科普宣教、生态观光等多功能为一体的国家湿地公园。改梯田将近有 1

万亩，其规模宏大，气势磅礴，再加上那隐匿于山间的村落和小寨，四季如画，仿佛进入"人间仙境，世外桃源"。加榜梯田吸引越来越多的人，一睹其美景，每一个季度来参观各有一番风味。

自贵广高铁开通后，从江县成为进入粤港澳大湾区入黔的第一站，区位优势凸显，各种资源汇聚，城市发展快速。贵广高铁通车，标志着从江县跨入"两高"时代，成为全省乃至西南地区面向珠三角、对接"两广"的"桥头堡"。近年来，从江县围绕民族医药、特色食品加工、新型建材、清洁能源布局功能板块，建立"5+N"现代工业产业体系，加大主导产业链研究和项目谋划，全力开展招商引资，加快推进产业聚集。特别是2022年，从江县全力推动"桥头堡"建设，深入实施"十大工程"，着力推动每项工程取得实实在在的成效。2023年，从江县纳入州级"十大工程"重点攻坚项目19个，总投资107.50亿元，截至目前已开工建设17个，开工率89.47%。[1]

从江加榜梯田（刘大泯　摄）

[1] 吴德军，张琪：《从江县："省尾"一跃成"桥头堡"》，掌上从江，2023年4月30日。

榕江：中国鼓楼之乡，名取榕树江水

榕江县位于贵州省东南部，隶属于黔东南自治州，处于湘黔桂三省接合部中心地带，素有"黔省东南锁钥，苗疆第一要区"之称。榕江县全县面积为3315平方千米，常住人口有29.7万人。境内居住着苗族、汉族、水族、侗族、瑶族等17个民族，辖20个乡镇（街道）。榕江县位于中亚热带湿润季风气候区，气候温和，降雨充足。全年平均气温18.7℃，森林覆盖率为74.18%，位居全州第一、全省第三，有"国家级森林康养基地"平阳小丹江，被誉为"自然空调""天然氧吧"。其矿产资源丰富，有铜、锰、汞、金、石煤、硅石等，其中锑矿石有约204万吨，煤的存储量为3.1亿吨。榕江县名取自榕树和江水中的两字，因县城古榕树繁多，且为都柳江、寨蒿河、平永河三江汇聚之地。

榕江县古时称古州，为江南八百州之一。春秋时期，为楚国的辖地。春秋后长期为中原王朝的羁縻州之地，为土官管理。元朝设古州八万洞总管府，后改军民府，属思州安抚司。明朝早期设古州蛮夷长官司，属思州宣慰司；后又改为古州卫。永乐时，改古州蛮夷长官司属黎平府。清雍正八年置古州厅，驻黎平府同知；九年筑城，设古州总兵；十年开泰县丞移驻境内朗洞，设朗洞县丞。民国二年，将设于清朝时期的古州厅改为榕江县，属黔东道；民国十二年改为省直隶；民国二十五年，将朗洞分县并入榕江县。1950年，榕江县划归独山专区管辖，1952年属于都匀专区。1956年由都匀专区划属黔东南苗族侗族自治州，1958年至1961年并入从江县，1961年从江县分出。1997年，县城辖6个镇14个乡，县政府驻古州镇。

榕江历史悠久，文化底蕴深厚，也是红色革命老区。明朝设古州蛮夷长官司，简称古州；清朝所设的古州镇为贵州4个军事重镇之一。榕江诸葛文化源远流长，据《贵州通志·黔中水道考》记载："州城（古州厅城）旧为诸葛营"，县境内保留有"诸葛台""诸葛洞""卧龙岗""孔明山""孔明塘"等遗迹。红七军长征曾攻克古州城，是我党领导的军队在贵州打的第一场胜战，攻克的第一个县城。中央红军长征途中经过朗洞镇，在榕江这片热土留下了宝贵的红色基因。五一集会旧址今天是榕江县重要的爱国教育基地。[1]此外，县内有古州城垣、车寨鼓楼、寨头村护堤古榕等古迹名胜。榕江车江侗寨也称为"千户侗寨"，是全国侗族人生活最密集的地方。距离县城大约有 5 千米的地方有一座大型的木质建筑寨门，上有"天下第一侗寨"几个字。寨内的都柳江沿岸栽种着许多的榕树，这些榕树距今有 300 多年的历史。车江侗寨最大的特点是鼓楼众多，其中车寨鼓楼是最出名的，修建于清朝时期。近年来，侗寨内也相继修建了许多的鼓楼，为鼓楼之最。寨内大量新鼓楼的建立，加上原有的古鼓楼，榕江鼓楼众多，享有"中国鼓楼之乡"的美誉。

榕江县侗族、苗族、水族、瑶族为境内主要民族，各民族长期生活在这里，形成了独特的、多彩的民族文化。民族歌舞绚丽多彩，有甜美的三宝侗族琵琶歌，声腔娓娓的晚寨侗族琵琶歌、苗族木叶歌、水族斗牛舞、瑶族春杵舞、月亮山苗族猎人"百兽舞"。民族戏剧文化主要有侗戏、苗戏、阳戏等，其中最受欢迎、最活泼的要数侗戏。如今，榕江县侗族大歌已被收录为世界非物质文化遗产，侗族琵琶歌等 11 项列为国家级非物质文化遗产。

榕江拥有优越的区位条件，发展潜力巨大，是西部陆海新通道重要节点城市、贵广高铁入黔第一城。贵广高铁、厦蓉高速、荔榕高速、剑榕高速穿境而过，到贵阳、桂林 1 小时，深度融入粤港澳大湾区高铁 3 小时经济圈。榕江坚持以高质量发展统揽全局，围绕"四新"主攻"四

---

[1]　榕江县人民政府：《榕江县简介》，榕江县人民政府网。

化",全力打造对接融入粤港澳大湾区"桥头堡"主阵地。同时,立足自身实际和比较优势,大力实施新媒体数字经济、人才大会聚、营商环境大优化等行动,奋力谱写榕江高质量发展新篇章。如今,榕江县正全力打造民族特色餐饮文化之都:榕江西瓜全省知名;锡利贡米、榕江小香鸡、榕江葛根、塔石香羊被列为国家地理标志保护产品;黄金百香果口味极佳,脐橙远销省内外;卷粉、牛羊瘪汤、烧鱼等特色美食享有盛名,榕江一度被誉为"人间烟火气·云贵小江南"。

榕江车江侗寨(刘炳麟 摄)

台江:天下苗族第一县,取自台拱丹江

台江县位于贵州省东南部,黔东南苗族侗族自治州中部地区,地处雷公山北坡。全县总面积有 1108 平方千米,常住人口有 12.28 万人。辖施洞、革一、南宫、方召 4 个镇,老屯、排羊、台盘 3 个乡,台拱、萃文 2 个街道,71 个行政村。境内居住着汉族、苗族、侗族、土家族、布依族等 16 个民族,其中少数民族苗族人口占总人口的 93.68%,有"苗族第一县"之称,被列为国内外学者研究苗族的重点县。台江处于中亚热带温和湿润气候区,气候温润,降水、日照充足,农林渔业发展条件优越。台江县是中国林业重点县之一。又位于云贵高原东部苗岭主峰雷公山北麓、清水江中游南岸,地形地貌奇特,生态环境良好。文昌宫和

獭猫潭是其重要的名胜古迹区。台江少数民族的反排木鼓舞被誉为"东方迪斯科"，施洞的苗族龙船节、吃姊妹饭等盛大节日更是闻名中外。

台江原名台拱，取自县境内台拱和丹江等两地为县名。唐朝时期，台江属于应州的陟隆县。宋朝至清朝前期，一直都是"化外生苗地"。清雍正时期，朝廷决定开辟苗疆，镇远知府方显至台拱诸寨招抚苗民，登记户名，赐苗族汉姓，编设保甲。雍正十一年，实行"改土归流"，设"苗疆六厅"时置台拱厅，建台拱城，属镇远府。民国二年，改为台拱县，属于镇远道。民国四年，镇远县龙塘（今天堂）、偏寨、柏梓坪、八埂溪、施洞口、平地营、石家寨、塘龙等寨拨归台拱县。民国十二年，废镇远道，台拱县直属于省，民国十六年县公署改称县政府。民国三十年，废丹江县，划丹江河以东并入台拱，取两县名首尾一字命名为台江县。1949年台江县解放，隶属于镇远专区。1953年置台江县苗族自治区，1954年更为台江苗族自治县，1956年黔东南苗族侗族自治州成立，改称台江县。1958年并入剑河县，1962年复县至今。2016年后台江县部分行政区进行了调整，确立为2个街道、4个镇、3个乡。

台江县历史悠久，人文景观丰富多彩。不仅有著名的历史文化遗址，还是英雄的故乡。贵州省级文物保护单位台江文昌宫，始建于清光绪十八年，是一座四合院式的建筑，坐东朝西，还有阁楼式宫门。柱枋之间以镂雕骑马花牙子为饰，各层皆环以廊，阁楼底层有青砖空斗墙围护，院中有一小莲花池。在文昌宫背后，还有一座莲花书院，木结构正殿3间；殿前左右各5间厢房，组成一品字形；中为天井，四周以大石垒砌，上围青砖梅花式高墙。宣统元年，因同知胡云涛改设劝学所在院内，院石门前面建有一莲花池，古人用此青莲暗喻学子，故取名莲花书院。此外台江还有建于清朝时期的苏公馆、两湖会馆、刘家祠堂等著名的古代建筑。

台江县民族风情浓厚，文化各具特色。台江境内有9个苗族支系，每个苗族支系都有自己独特的文化习俗，台江县也因苗族支系多、苗族风俗丰富多彩被称为"天下苗族第一县"。台江苗族姊妹节、施洞独木龙舟、反排木鼓舞已经被列入国家级非物质文化遗产名录，还有美丽的苗族刺绣、精细的银饰独特的手工艺制品等。除歌舞文化遗产以外，台江县祭祖节也非常隆重和精彩，体现出台江人民对先辈的敬重之情。

台江县依靠历史人文、民族风情等重要的优势条件发展旅游资源，充分将其作为优势产业，取得了不错的成效，目前有国家级传统村落 36 个，被评为"中国原生态旅游大县""中国民俗风情旅游大县"，还被联合国列入世界少数民族文化保护圈。2022 年上半年，台江交通事业取得长足发展，G60 高速台江打革坝互通新建工程、G320 线台江县城至台盘公路改扩建工程（快速通道）、凯里经台盘至革一开发区铁路货运专线等项目积极推进规划，建设农村公路养护里程 1098.631 千米，全县村村通畅率达 100%。2020 年，台江脱贫攻坚战取得极大的胜利，全县实现脱贫，彻底摆脱了绝对贫困的标签。

天下苗族第一县台江（刘炳麟　摄）

剑河：仰阿莎故里，源于清水江古称

　　剑河县位于贵州省东南部，黔东南苗族侗族自治州中部，地处清水江中游，雷公山东北麓。县城因国家建设"三板溪"大型水电站而迁往台江革东。剑河全县总面积为 2176 平方千米，常住人口有 18.8 万人。下辖 1 个乡 11 个镇 1 个街道 183 个村（社区）。境内居住着汉族、苗族、水族、瑶族、土家族、布依族等 16 个民族。剑河属于中亚热带季风气候区，年平均气温 16.7℃，日照充足，无霜期长。剑河为全国重点林业县之一，森林覆盖率达 70.9%。其生产的铅笔，质量上乘，产品畅销海内外。

　　剑河之名源于境内清水江古名剑河。在清朝以前剑河县属于"化外生苗地"，没有具体的行政区域设置。清雍正七年，置清江厅，挂理苗府衔，驻镇远府同知。并设清江协，驻副将。清雍正十年，置清江镇，驻总兵。清雍正十一年，移同知和镇总兵驻台拱，镇远府通判驻清江。乾隆三年，置天柱县丞一员驻柳霁。民国元年，称为清江厅军政分府，隶贵州大汉军政府。民国二年，废清江厅，置清江县，后将其县名改为剑河县。民国三年，改柳霁县丞为柳霁分县，属剑河。民国二十五年，撤柳霁分县。民国三十年，对全省的区划进行了调整，撤区和联保，全县设 12 个乡（镇）。1949 年 12 月剑河解放，1950 年剑河县依然属于镇远专区。1956 年属黔东南苗族侗族自治州。1958 年台江县和施秉县的金钟、六合公社曾并入剑河县。1962 年剑河县恢复了原来县置。

　　剑河是仰阿莎故里，仰阿莎是"苗族最美的女神"。仰阿莎的原始形态是一则天象成因的解释性神话，后来加入了一个女性仰阿莎，发展成为苗族"贾理"中典型的争妻案例，之后又演化成神话叙事歌。《仰阿莎》描述的苗族故事，反映了苗族人民对自由和爱情的向往和追求，《仰阿莎》被称为苗族"最美的歌"，仰阿莎则是苗族人心中"最漂亮的姑娘"，是苗族神话里的美神。剑河人民为了纪念"仰阿莎"，表达苗族人民对美好生活的向往和真挚爱情的追求，修建了剑河仰阿莎广场，还专门修建了仰阿莎女神像。同时剑河仰阿莎温泉小镇荣获"中国十佳旅游地"称号，是贵州三大名泉之一，是国家 AAAA 级景区。每年都有大量的游客到仰阿莎温泉小镇旅游，促进了当地经济文化的发展。剑河还有昂英景、石板苗寨、包红绣等著名的风景区。

民主革命时期，剑河出了许多仁人志士，如李世荣、龙昭贤、欧昌义等，侗族辛亥元老李世荣（1887—1957）为革命做出了巨大的贡献。早期参加的革命活动有，在湖北陆军第三中学求学期间，参加武昌起义，任总司令部督战指挥官。1915 年，积极参加黔军护国讨袁运动。讨袁运动后患疾赴日就医，在日拜谒孙中山后，矢志追随孙中山先生，成为其后期革命的转折点。1921 年，奉孙中山令以黔军总参谋长名义率黔军入桂北伐。北伐以后孙中山任命他为国民政府军委委员、建国联军第 11 军军长兼贵州巡宣使。1925 年，返回故里，并不再参与军务。新中国成立以后，1954 年第一次人民代表大会召开时，当选为贵州省第一届人大代表、省政协委员。

2022 年以来，剑河新型工业化发展取得重要成效，新增科技型中小企业 7 家，健康医药企业入驻园区达 10 家，并建成全省最大中药配方颗粒生产线，在全省中医药产业中占有一席之地。城镇化提升，常住人口城镇化率达 55.6%。建设高标准农田 2.5 万亩，以林菌、林药为主的林下经济利用面积达 49.8 万亩，剑河荣获全国十大大米优质产区。剑河结合自身人文、民族、历史等多种因素，旅游发展越来越成功，如今温泉小镇获评为全省金汤级温泉度假地、森林康养地，华润小镇新增为 AAA 级旅游景区、全州十佳民宿打卡点。

剑河仰阿莎广场（刘大泯　摄）

安龙：南明朝廷偏安之都，取自安顿真龙天子

安龙县位于贵州省西南边境，隶属于黔西南布依族苗族自治州，是贵州南下出海、西进云南的重要交通枢纽和商品物资流通聚散重地。总面积2237.6平方千米，常住人口37.5万人。境内居住着汉族、苗族、彝族、水族、布依族、土家族、仡佬族等民族。辖11镇（街道）：栖凤街道、招堤街道、钱相街道、春潭街道、五福街道、普坪镇、笃山镇、海子镇、洒雨镇、龙山镇、万峰湖镇。安龙县四季如春，气候宜人，有"小春城"之称。安龙县拥有生态旅游宝地龙头大山、仙鹤坪公园、万峰湖、招堤国家湿地公园等，被专家誉为"大自然的生物基因库"。安龙县矿产、生物、水力、资源丰富，是贵州省最大的黄金生产县和黔西南重点的产煤县，此外安龙县拥有20多种矿藏。

安龙县之名取自清朝时期，当时南明小朝廷定都于此，遂将其改为安龙府，意为安顿"真龙天子"。春秋时期，安龙属于当时的古国牂牁；战国时，夜郎古国崛起，安龙属夜郎辖地。秦朝，西南设象郡，安龙县属象郡管辖。汉朝夜郎侯多同入朝，武帝以其地设置牂牁郡。东晋时置义成县。隋时为爨蛮所据。唐时属羁縻茂龙州。宋属绍庆府。元属普安路。明洪武，置安笼守御千户所，属普安卫，始建城池。明弘治十一年，普安夷妇米鲁叛，广西安隆土官岑轼助兵讨平，遂割安笼所阿能等18寨赏其功，划属广西。明万历四十三年，复以 18 寨还属贵州。顺治十五年，安龙府被清军攻克，改为安笼所。康熙二十六年，撤安笼所入南笼厅。雍正五年，升南笼厅为南笼府。嘉庆二年，平定变乱，改名兴义府。民国初年改兴义府为南笼县。民国十一年，复名安龙县，后划归兴仁行政督察专员公署。1949 年 12 月解放，1950 年成立安龙县人民政府，1952 年属于兴义专区，1966 年安龙布依族苗族自治县成立。1982 年改属黔西南布依族苗族自治州。

南明小朝廷曾偏安于此，为安龙留下了许多文物和古迹。其中永历皇帝的随臣吴贞毓、孙福禄等就安葬在这里。清道光年间所建的半山亭，亭上题有"携酒一壶到此间畅谈风月，极目千里有几辈能挽河山"的楹联。清康熙时期兴建的招堤是安龙总兵招国遴为防止水患以利农耕而捐资所建。人们为纪念招国遴，便取名为"招堤"。招堤风景区已有 300 年建造历史，其中有盛开了 150 年的荷花，分外迷人。洋务派主将张之洞童年居住安龙时，撰写了《半山亭记》，生动描绘了招堤的四时风光；当代女书法家肖娴题写"醉荷亭"，展现了招堤的荷花；如今的招堤风景区碧波荡漾，荷花满池，吸引了大量的游客。安龙为贵州留下了招堤、明十八学士祠、兴义府试院、南明永历皇宫等丰富的历史资源。

安龙县位于贵州南下出海的要道上，具有重要的区位优势。在过去的几年中，安龙县 99 个贫困村全部出列，8.7 万贫困人口全部脱贫，彻底撕掉绝对贫困的标签。乡村建设取得巨大的成就，实现村村通硬化路，教育、医疗、卫生配套设施不断完善。安龙县充分利用省州搭建的招商平台和驻外招商资源，选优派强招商力量，新引进优强企业 15 家，产业项目累计到位资金 46 亿元。

安龙招堤（胡丽　摄）

贞丰：黄金之乡，源自赐名忠贞之意

贞丰县位贵州省西南部，黔西南州北部地区。全县总面积为1511平方千米，常住人口30.7万人。境内居住着汉族、苗族、回族、布依族、仡佬族等25个民族。辖丰茂街道、双峰街道、龙兴街道、龙场镇、北盘江镇、沙坪镇、长田镇、平街乡、连环乡等3个乡9个镇5个街道。贞丰县是典型的喀斯特地貌地区，属于亚热带季风湿润气候，被誉为"喀斯特公园县"。年平均气温为16.6℃，降雨充足，冬无严寒，夏无酷暑，气候温和，是人类宜居的理想之地。贞丰县也是贵州矿产资源最丰富的县城之一，境内有黄金、煤炭、金属镁、萤石矿等20多种，其黄金的蕴藏量丰富，被称为"中国金县"。

贞丰县之名，取自清朝时期，因当时平定叛乱有功，嘉庆帝赐名为贞丰州，褒以"忠贞"之意。秦朝时期贞丰县为当时的夜郎古国之地，汉朝属于牂牁郡管辖。唐贞观年间，在贞丰县地设羁縻明州。直到元朝时期才改为普安路东部下段地。明朝，贞丰县之地属于当时的广西管辖，为广西泗城府西隆州安隆长官司地。清雍正时，划其地即红水江北岸长坝、桑郎、罗斛等 16 里及西隆州之罗烦、册亨等 4 甲半零 21 寨归贵州，置永丰州，治长坝，属南笼府。乾隆七年，在雍正帝的基础上改建石城。贞丰县之名由此而来。民国三年，改置贞丰县。民国十九年，将清水江和北盘江以东新设望谟县，贞丰县的地域自此固定不变。1949 年，贞丰县解放，次年成立了贞丰县人民政府。1956 年黔南布依族苗族自治州成立，贞丰县属于黔南州。1982 年 5 月，黔西南布依族苗族自治州成立，撤销贞丰布依族苗族自治县，恢复贞丰县，隶属黔西南州。

贞丰县拥有众多古迹和人文景观。作为历史名县，贞丰人文古迹随处可见，神秘的红岩壁画，精妙的沙坝遗址，神秘的秦汉三国墓葬，花江铁索桥留下久远的滇黔茶马蹄印，白层古渡见证了往日的繁荣。贞丰古城建立于明清时期，古城内商号会馆林立，钱庄库房相连，寺院阁楼幽深，文昌宫和母亲文化博物馆、乡愁馆诉说着贞丰历史的变迁。清末翰林吴嘉瑞在文昌宫创立"仁学会"，传播维新思想，"创新学之渐，开盘江风气之先"，培育了"贵州自治学社"的骨干。贞丰是著名的革命老区，红七军、红八军曾经在这里开展革命活动；长征时，中国工农红军中央军委纵队及一、三、五军团横渡北盘江天险，过境贞丰。最著名的景区是珉球，珉球是城西北的一座 13 米高由上石和扁圆的下石重叠组成的奇石。清乾隆年间，便有了"移治珉球"的记载。此外，"中山纪念堂"的檐柱上保留着孙中山的"压迫人的人是逆天行道""青年立志做大事，不可立志做大官"等格言。贞丰县还出了众多忧国忧民的仁人志士。

贞丰县双乳峰，驰名中外，被称为"地质绝品·天下奇观"，也被当地的布依族人民誉为"圣母峰"，把它当作"大地母亲"和"生命之源"来崇拜。作为贞丰县的标志景点，如今越来越多的人到贞丰观看。贞丰还有碧水丹枫三岔河、龙头大山、北盘江大峡谷等这些秀丽险峻和雄奇壮美的景观。贞丰县是贵州少数民族县之一，拥有许多绚丽多彩的民族文化，如"二月二""三月三""六月六"等传统节日，"布依铜鼓十二则""古法造纸""古法制陶"等民族工艺。

贞丰县利用自身优势，大力发展经济、文化、交通等建设。如今，贞丰县交通运输事业得到突飞猛进，高速公路四通八达，国省干道纵横交错，农村公路通村入户，水运航道通江达海。在过去的十年中是贞丰县发展的黄金十年，农业发展进入快速发展期，产业结构优化升级，农产品产量和品质实现飞跃发展，含金量持续提高，农业科技贡献率大幅跃升。2022年贞丰县旅游业发展实现新提质，实现古城"一院一园三馆"建设，升级改造双乳峰景区，小花江创建为国家AAA级旅游景区。

贞丰双乳峰（王义　摄）

普安：世界古茶树之乡，取自普天安庆

普安县位于贵州省西南部，黔西南布依族苗族自治州的西北部，距离兴义89千米。全县面积1453平方千米，常住人口有24.2万人。境内居住着汉族、苗族、回族、彝族、布依族等30个民族。下辖8个镇2个乡4个街道：盘水街道、南湖街道、九峰街道、龙吟镇、江西坡镇、地瓜镇、青山镇、楼下镇、兴中镇、新店镇、罗汉镇、白沙乡、高棉乡。

位于中亚热带湿润季风气候区，气候温和，降雨充足，无霜期长，年平均气温是 14℃，森林覆盖率为 55.31%，是人们祛寒避暑的理想之地。普安县获山地环境气候研究所茶叶生长气候"特优证书"，其茶园面积大，茶叶富含微量元素，是著名的"中国茶文化之乡"，也是著名的"中国古茶树之乡"。普安县矿产含量丰富，矿产 28 种，其中煤炭理论储量172 亿吨，居黔西南州之首、贵州省第六位。

普安寓意"普天之下，芸芸众生，平安生息"，遂取普安为县名，希望普天安庆。春秋时期，普安就有建置，不过普安，即"濮越"人平安生息之地。普安在春秋战国时为夜郎古国之辖地。汉朝元鼎六年，为漏江县，隶牂牁郡。汉朝后期改为漏江县、贲古县两县。隋时属于当时的乌蛮七部之一的暴蛮部之地。唐为盘州盘水县地，五代时为自杞国。宋代属绍庆府，宋宝祐四年，置于矢万户府，今境地属之。元至元十三年，元朝廷颁旨赐名，将于矢万户府改为普安路总管府，以示"普天安庆"。次年升为普安招讨使司。二十二年复改为普安路总管府，隶云南行省曲靖等处宣慰司。明洪武十五年改置普安府。永乐十三年后，废普安军民府。清顺治十八年二月，置普安县，治新城所，县、所同治，属安顺府。康熙二十二年，从总督范承勋请，移县治于新兴所，即今县治。雍正五年，改属南笼府。清乾隆时，普安县新城巡检司，改新城为新城镇。民国元年，撤销了新城县丞，而设兴仁县。民国十二年，废除了当时的黔西道，改直隶于省。1949 年普安县解放，1950 年成立普安县人民政府。1982 年，划归黔西南布依族苗族自治州。

普安县历史悠久，人文风光也丰富。在普安县青山镇营盘村陈家龙滩东约 500 米处是普安县著名的铜鼓山遗址。它是从战国至西汉时期的人类生活遗址，有房址 4 座、窑址 1 座、灰坑 11 个和活动面、火塘、大量零散柱洞等遗迹，出土有较完整的陶器、石器、青铜器、铁器、玉器和冶铸青铜器的陶石范模 500 余件，陶器碎片 1 万余片。这个遗址是贵州发掘的唯一一处战国至西汉时期青铜冶铸遗址，具有重要的史料价值，被列为国家第七批全国重点文物保护单位。清代诗人杨彝曾写下多首诗词赞美了普安这方神秘而瑰丽的雄奇山水。普安土特产以石砚、大米、核桃最出名。清末湖广总督张之洞，写下了《龙溪砚记》，"龙溪之砚，既墨而津；金声玉德，磨而不磷"，对普安石砚大加赞赏。大米清代便有了"贡米"之称。此外，普安核桃薄如蛋壳，圆而完整，味正郁香，如今已成为贵州省核桃的一个重点产区。

普安县为"中国古茶树之乡"，1980 年在普安县发现了一个四球古茶籽化石，已有 164 万年的历史，境内还生长着全国最大、最集中，贵州独有的野生四球古茶树 2 万多株，1000 年以上树龄的有 3000 多株，被誉为"可以喝的活化石"。此外，普安春茶采集比其他地方早 20 多天，是贵州绿茶第一个永久的采茶地。普安县除了古茶树景区外，还有许多著名的景观，如普白森林公园、南山湖、青山溶洞群等。

普安县位于贵阳和昆明的交界处，有着重要的交通区位优势。如今，贵州步入高铁时代，普安到贵阳、昆明的路程只要 1 小时，沪昆高速、晴兴高速、纳晴高速沪昆高铁以及清水河一级公路，横穿县境，交通四通八达。2022 年年底普安县 GDP 达 112.21 亿元，为巩固拓展脱贫成果同乡村振兴有效衔接打下了坚实的基础。生产矿井机械化、智能化率达 100%，建成青山能源、白沙石材、茶源轻工业 3 个园区。A 级旅游景区实现"零的突破"，旅游发展步入正轨。

普安古茶树景区（刘大泯　摄）

晴隆：安南莲城二十四道拐，源于晴隆山

晴隆县位于贵州省西南部，黔西南布依族苗族自治州东北，地处云贵高原的中段，属于珠江水系的北盘江流域。全县总面积1310平方千米，常住人口有23.1万人。辖莲城街道、东观街道、中营镇、茶马镇、光照镇、沙子镇、鸡场镇、长流乡、安谷乡、紫马乡等4个街道8个镇3个乡。晴隆县为亚热带湿润气候区，降水充足，雨热同季，常年温暖湿润。全县有15条河流入北盘江，河流总面积为230平方千米。晴隆县物产丰富，其矿产资源有煤、大理石、石灰石、铅、铜、黄金等，境内生物资源繁多，树种资源十分丰富。晴隆山海拔1799米，是县境内的最高峰，也是县城名字的由来。

唐朝时期，晴隆县为来南县。宋朝为当时的绍庆府所管辖。元置安那州，隶普安总管府。明洪武十五年，置普安卫。十七年，始在县地设属洒署。二十三年，改置安南卫，隶贵州都司。二十五年，迁卫治于尾洒堡，指挥梁海筑城，因城池状似莲瓣，县治故称莲城。清顺治十年，裁卫置安南汛，驻守备。康熙二十六年置安南县。雍正五年，总督鄂尔泰奏请升置南笼府，拨安南县属之。咸丰三年，知县陈鏊重修县城。民国初，县衙改称县公署，改职宫称谓为知事。民国十六年，政府以县为自治单位，定县政权机关为政府。民国三十年，以境内晴隆山名命改为晴隆县，避与安南国（今越南）重名。1949 年解放。1950 年成立晴隆县人民政府，撤销晴隆县人民解放委员会。1956 年改属于安顺专署，1958 年将晴隆县并入普安县。1961 年恢复了晴隆县治，恢复县人民委员会。先后属兴仁和兴义地区。1982 年后属黔西南布依族苗族自治州。

在晴隆县的历史上发生过许多重要的故事。明朝时期，总兵邓子龙在城西一块大石上题了"欲飞"两个大字。如今，巨石已经成为省级文物保护单位。城南古驿道有一"莫忙亭"，上面题写了"为名忙为利忙忙里偷闲请喝一杯茶去，因公苦因私苦苦中作乐再上四两酒来"。抗战时期，中共地下党员及闻一多、陈嘉庚、马思聪等人，在晴隆古镇上进行了一次又一次的抗日讲演和艺术表演，唤醒晴隆人民的抗战决心。马怀冲（1882—1976），是晴隆当地的重要历史人物，民国十六年（1927）4 月，任贵州省路政局长时，经多方努力，组织勘测并督建贵南公路（贵阳至独山）、贵东公路（贵阳至玉屏）、贵西公路（贵阳至黄果树）以及贵阳至惠水公路等，为贵州交通事业的发展做出了很大的贡献。

安南莲城二十四道拐就位于今晴隆县境内，明清时期是蜿蜒的古驿道，公路二十四道拐正式修建于民国时期，1936 年竣工，是黔滇公路的必经之路。二十四道拐是抗战公路，是"史迪威公路"的形象标识，从山脚到山顶直线距离有 360 米，在倾角为 60 度的山坡上以 S 形顺山而建，全程约有 60 千米。作为抗日战争中国际援华军需物资运输的大通道，二十四道拐为抗日战争取得全面胜利做出不可磨灭的贡献。安南古城是一座现代复原的古城，是在原安南古城原貌的基础上进行的现代古城修建。作为古城修复的代表，安南古城的修建工作是非常成功的，青石板铺就的台阶，石板堆砌成的石墙，看着这些破旧的古木楼宇，木质陈旧的门椽，置身其中人们又好像回到了那个曾充满着古朴的古城，店铺林立，人流涌动。

晴隆县近年来以发展作为城镇建设的主要任务，建设新型城镇化，以"一城六镇"建设为重点，不断扩建和改造城区，改善了城区老化、僵化等状况。旅游发展成效显著，2021年新增涉旅市场主体350家、餐饮业309家、娱乐业31家、住宿业10家。塘边寨酒店、莲湖体育公园、阿妹戚托AAAA级景区等项目综合提升，前期工作如期完成。生态环境也得到极大转变，石漠化治理32平方千米，森林覆盖率达52%等。如今晴隆县越来越成为人们旅游、居住的县城之一，是贵州发展的重要表现。

晴隆县安南古城（刘炳麟　摄）

册亨：黔桂袖珍春城，取自布依族语

册亨县位于贵州省西南部，黔西南南部地区，在云贵高原向广西低山丘陵过渡地带，珠江上游两大支流南、北盘江在县境内交汇。册亨县总面积为2598平方千米，常住人口18万人。境内居住着汉族、苗族、壮族、布依族等20个民族，其中少数民族中布依族人口最多。下辖3个街道、9个镇、1个乡。矿产资源丰富，有金、锑、镁、大理石等，已探明的黄金储量23吨，锑矿储量57万吨。册亨县属于亚热带季风气候，温和湿润，四季如春，素有"袖珍春城""天然温室"之称。其建筑为"人栖其上、牛羊犬豕宿其下"的吊脚楼；城外是清澈见底的河流、青纱帐般的甘蔗林和芭蕉丛。此外，特产黑木耳远销省内外。册亨作为贵州省的水果基地县，盛产荔枝、龙眼、柑橘、天宝香蕉等。

　　册亨县原称郎卧楼浩，后来改为土司侬氏，以布依族语言音译为册亨，册亨县自此成为县名。夏商周时期，册亨县就有建置，至今保留了古罗甸王国遗址、古墓葬群、摩崖浮雕及图腾崇拜的遗迹。秦朝时期，册亨县是当时古国夜郎的辖地之一。西汉，改为谈指县。唐朝时期，册亨县先为部族矢部东端地，后来又被罗甸国纳归其版图。宋朝时期，实行羁縻州制度，属于广南西路、茂龙羁縻州、泗城州。元时置那历州，属管番民总管。明为广西泗城府所领。清雍正年间，册亨县划入贵州属永丰州，为土司岑氏所领。其地时称郎卧楼浩，后改属土司侬氏，并以布依族语音译易名册亨，建立州同。道光年间，改为理苗州，光绪二十二年，又将其改为理民州。民国三年，废除州制改置册亨县。1949年册亨县解放，1951年成立了册亨县人民政府，先后隶兴仁和兴义地区、安顺地区等。1958年撤销册亨县，将其并入安龙县。1982年改属黔西南布依族苗族自治州。

　　册亨县历史文化悠久，村（镇）文化非常深厚。其中历史文物遗址有双江口、南北盘江沿岸的明墓、春厂坡清墓群、青龙山古墓群，出土了具有夜郎文化特征的青铜器，红色文化有红军长征、抗日战争、解放战争时期在册亨留下的文物和文化资源，如浪沙烈士陵园、坡妹烈士陵园等。册亨县也留下了许多著名的村镇文化遗址，如者楼街道册阳村老县城、八渡镇八渡古津、巧马镇巧马村布依八音古乐、者楼街道浪沙布依文化、冗渡镇大寨民族民间文化、巧马镇沿江村布依戏和板坝布依戏保护区、弼佑镇弼佑和秧佑村布依彩调戏、岩架镇洛凡村民族文物古迹保护区等。这些历史文化遗址是册亨县宝贵的资源，为其注入了深厚的历史和民族底蕴，是值得深刻回味的遗迹。

册亨岩架布依寨是"岩架布依文化风情园"——位于册亨县岩架镇新寨移民点，距县城27千米，风情园区景色优美，还有布依村寨点缀在沿湖两岸，旅游资源丰富，发展潜力巨大。主要有北盘江山水风光、古朴布依民族村寨、郭家洞和燕子洞溶洞等。岩架镇洛凡村是民族文物古迹保护区，宋朝熙宁六年，西南少数民族诸侯国的罗殿国移都到洛凡。这里保存了罗殿国的古建筑遗址城墙、都府、瞭望台、城门等，还有1880年前立的修路记事碑等古迹。古遗址后面还连接着溶洞、燕子洞和郭家洞，在郭家洞岩壁上有2000多年前的朱绘符形崖画，是黔西南首次发现的古代符形文字。册亨县还有万重山、板其水晶溶洞等风景区和乡村旅游景点，各个景点都具有独特的景色，因此册亨也被评为"省级森林城市"。

册亨岩架布依寨（刘大泯　摄）

望谟：中国油桐之乡，源于王母谐音

望谟县位于贵州省西南部，黔西南州南部地区，与黔南州接壤。面积3018平方千米，常住人口23万人。县内居住着汉族、苗族、瑶族、壮族、布依族等19个民族。辖王母街道、新屯街道、蟠桃街道、乐元镇、桑郎镇、边饶镇、麻山镇、大观镇、油迈瑶族乡等16个乡镇（街道）。望谟县位于亚热带季风气候区，冬无严寒，夏无酷暑，雨热同期，降雨充足，森林覆盖率为 70.53%，素有"贵州天然温室""森林城市"之称。望谟县自然资源丰富，油桐、蔗糖和反季节蔬菜为它的三大特色产业，矿产以铅、锌、金等最出名。望谟县被国家林业和草原局命名为"中国油桐之乡"。六里峡谷、双江口、双鼻洞风景名胜区，优美至极。

望谟县名改自民国时期，当时称双江县，与云南双江县重名，就以其驻地"王母"谐音改为望谟县。春秋以前，望谟为西南蛮夷之地，春秋为牂牁所辖地，战国至秦代属夜郎国。西晋建兴元年以后属夜郎郡。隋朝时期，今县境被当时的东爨乌蛮控制。唐时东爨乌蛮归顺于唐，贞观二十一年，设明州羁縻州。后期随着唐王朝的衰落，望谟县曾先被部族所占领。宋时属罗殿国、泗城州。元时属来安路。明时属泗城州。顺治十八年，升泗城州为府，隶广西泗城府亲辖地。清雍正五年，在红河水之北设永丰州，望谟属之。民国二年，县境为贞丰县、紫云县、关岭县和黔中道罗斛县共同管辖。民国二十九年析贞丰、紫云、关岭 3 县部分地域设置双江县，属兴仁行政督察专员公署。1949 年望谟县和平解放，1950 年成立了望谟县人民政府。1956 年 7 月改属黔南州，1965 年 7 月复归兴义地区。1966 年改设望谟布依族苗族自治县，直到 1982 年改属黔西南布依族苗族自治州并复置望谟县。

望谟县是中国工农红军征战地，是红军进入贵州开展革命活动最早的地方之一。红八军一纵在这里修整，中共黔桂边委及红军右江独立师六十三团在此进行革命活动。在这方热土上涌现了一大批革命烈士，布依族英雄王海平便是其中之一。王海平任贵州省西路纵队司令，为掩护和支持中共地下工作人员和革命力量活动，做出了重大贡献。中共黔桂边委将秘密活动中心迁至板陈、卡法，将六十三团千余人与王部共建一支武装力量。王海平赴广西桂林开会途经柳州时被捕，后押至贵阳，1941 年 5 月 28 日被国民党杀害。望谟县保留了卡法连队纪念馆、中共黔桂边委遗址纪念馆、播东红军会师遗址等红色遗址。

望谟县旅游资源丰富，如著名的七星古桥遗址景区。七星古桥在桑郎镇，横跨桑郎河。这座桥修建于清朝时期，当时由百姓集资，雇请工匠修建，为七孔石桥，遂把它称为"七星桥"。七星桥十分壮观，优美自然，古人赞曰："数定天星建此桥，百丁施力架虹桥。王宫有缺人工补，名与山河万古标。"此外，还有蔗香双江口、桑郎蛮王城遗址、乐旺六里峡谷、桑郎峡谷、麻山峰林、石屯拉袍天坑、乐元董万溶洞群等自然景观；新屯布依寨、蔗香滨湖康养小镇、郊纳紫茶小镇、卡法连队遗址、油迈山脊上的瑶寨等国家AAA级景区。

望谟县与广西接壤，同时又与黔南相邻，具有重要的区位优势。高速公路覆盖了全县11个乡镇（街道），境内5条国省道过境，全县已建成公路里程4400千米，县城至省会贵阳市235千米、至州府兴义市159千米。除了陆运交通发达以外，望谟县水运也发展快速，望谟港至珠江入海口磨刀门码头水路1250千米。黄桶至百色铁路、罗望高速蔗香至红水河段（黔桂界）、红水河龙滩枢纽1000吨级通航设施预计"十四五"建成投用，望谟正逐步成为贵州西南交通枢纽区。望谟县产业集群发展取得了巨大的成功，建成了以杧果、油茶、板栗、紫茶为主的特色农业，

为贵州农业发展提供了良好的借鉴。望谟县结合民族文化与自身的旅游资源，极力打造旅游县成效明显，荣获"中国布依古歌之都""贵州民族美食文化之乡"的称号。

望谟七星古桥（刘大泯 摄）

第三章　市区篇

　　市区篇包括贵州省都匀市、福泉市、凯里市、兴义市、仁怀市、赤水市、清镇市、黔西市、盘州市、兴仁市等 10 个县级市；南明区、云岩区、白云区、观山湖区、花溪区、乌当区、红花岗区、汇川区、播州区、西秀区、平坝区、七星关区、碧江区、万山区、钟山区、水城区、六枝特区等 17 个市辖县级区（特区）。

都匀：中国桥城，取自都云洞

都匀，布依族语的意思是"彩云之城"，位于贵州省中南部，是黔南布依族苗族自治州首府，也是其政治、经济、文化中心，是西南三省通向东南沿海的交通要冲。下辖文峰街道、广惠街道、小围寨街道、沙包堡街道、绿茵湖街道、匀东镇、墨冲镇、平浪镇、毛尖镇、归兰水族乡。居住着布依、苗、水、瑶、毛南等43个少数民族。全县面积为2285平方千米，常住人口52.9万人。都匀为亚热带季风湿润气候，无霜期较长，降雨充足，气候温和，是动植物生存的天堂。

都匀之名源于城东的"都云洞"，其原名为都云。都云的名称最早见史籍《新五代史·楚世家》。春秋时期都匀为牂牁古国东北领地，战国时属于且兰古国。秦朝时设郡县，都匀属于象郡，汉承秦制，属牂牁郡。三国至两晋时，为且兰、毋敛、并渠中间之地。唐朝时期在西南地设有应州羁縻州，都匀划归其管辖。五代后晋时期设都云县，根据城东都匀洞得名，都云开始见于史册。元朝前期设都匀军民府，后又改为都匀安抚司。明洪武十九年，设置都云安抚司。洪武二十三年，废都云安抚司，设置都云卫。人们认为，因"云"为飘忽不定之物，设置为一城之名不妥，遂改"都云"为"都匀"。明弘治七年，设都匀府，府卫同城。清康熙十年，改都匀卫为都匀县，隶都匀府。民国元年，因府县同城撤都匀县。民国三年，撤都匀府，设都匀县。民国二十四年，设立行政督察专员公署管辖都匀。1949年，都匀解放，11月24日成立了都匀县人民政府。1956年属黔南布依族苗族自治州。1958年，以都匀城区建都匀市，市、县分治。1966年，恢复都匀市，市、县分治。1983年，撤销都匀县，并入都匀市。

南皋书院，明万历二十一年修建，由当时的巡抚江东之拨官田28

庙所修建。徐霞客打卡过南皋书院，但当他到书院时书院早已是破烂不堪。为更多了解都匀，徐霞客向此地的借《都匀府志》一看，发现其中内容十分简陋而不详细。记载大、小马尾河不写它们的发源地，也不写它们流向何处。再到都匀洞（九龙洞），知道了都匀原名都云，因城东1千米处有一个仙气氤氲的都云洞而得名。后来有人上奏朝廷，认为"云之为物，变幻莫测"，应改为"匀"取"均匀"之意。经明太祖朱元璋御准，"都云"从此改为"都匀"，都匀的名称也是来自此。都匀石板街，位于都匀市广惠路，修建于明清，全长300多米，路面铺设了1万多块青石砖，街道两边是明清时期的青瓦、红墙、雕花门窗，如今已成为都匀著名的小吃打卡胜地。

都匀是贵州著名的"桥城"。剑江河，横跨着各式桥梁，其中最有名的当数市中心南侧的百子桥。西山大桥，连接着都匀老城区和西山公园，最早建设于1966年，在2018年进行了改造，是一座别具特色的风雨桥。电影《无名之辈》曾在此地取景。众多的桥梁成为都匀大力开发旅游的资源，为营造剑江风景名胜区，融山水风光、民族风情为一体，使之成为全国优秀旅游城市，堪称一座古典美和山水美完美融合的高原桥城。都匀也是中国十大名茶——"都匀毛尖"之乡。都匀毛尖茶曾于1915年在巴拿马万国博览会上获奖，得到全世界的认可。1982年，在全国首次名茶评比会上，都匀毛尖茶获总分第二名，被评为全国十大名茶之一。如今都匀毛尖更是成为都匀支柱性产业。

近年来都匀发生天翻地覆的变化，都匀交通取得了实质性的发展，构建起"四铁三高两快"综合交通体系。贵广高铁、黔桂铁路和厦蓉、兰海高速公路等黄金通道贯穿全境，在建中的贵阳至南宁高铁、都匀至云南香格里拉高速公路在都匀连接，在建都匀至黔东南州州府凯里、至贵州南大门独山城际大道，都匀正在快速融入贵阳"半小时交通经济圈"、珠三角城市群"四小时交通经济圈"。同时城乡居民的居住环境得到了极大的改善，"城市绿核"有机衔接老城区、经开区，休闲场所不断完善，一批特色街区逐步成形，各种知名商超陆续入驻，"15 分钟便民生活圈"建设初见成效。此外都匀还取得中国优秀旅游城市、全球绿色城市、西部摄影城、中国宜居城镇、中国十佳空气质量城市、全国现代物流示范城市、贵州省文明城市、贵州省首批县级国家新型城镇化综合试点市和黔中经济区五大主要城市中心之一的成就。2020 年，中国第四届绿博会在都匀举办。绿博会是我国绿化生态领域组织层次最高的综合博览会，这是绿博会第一次在西部地区、第一次在少数民族地区举办。

都匀：中国桥城（刘大泯　摄）

凯里：苗侗之都，源自苗语转换

凯里市位于贵州省东南部苗岭山麓，为黔东南苗族侗族自治州州府，是黔东南的政治、经济、文化中心，同时也是连接中原地区与西南的枢纽，为"苗岭新都"。面积 1569.69 平方千米，常住人口 54.9 万人。凯里市有水族、苗族、侗族、壮族、汉族、瑶族、满族、回族、布依族、土家族、仡佬族 29 个民族，以苗族和侗族为主，也被称为"苗侗明珠"。全市辖 11 个镇 9 个街道：城西街道、西门街道、洗马河街道、舟溪镇、湾水镇、炉山镇、万潮镇、龙场镇等。凯里处于中亚热带温和湿润气候区，气候温和，降水充足，年平均气温在 16℃左右，森林覆盖率为 41.76%。凯里有 135 个民族节日，素有"百节之乡"的美称。凯里著名的风景区有国家 AAAA 级旅游景区下司古镇，世界上最长最宽的风雨桥的清水江风雨桥，"黔阳第一山"香炉山、罗汉山、苹果山、小高山等公园，凯里魁星阁、老君洞、鱼洞、金泉湖、甘囊香芦笙堂等名胜古迹。

凯里原名为炉山县，今凯里之名改自民国时期，县名源自其苗语音译，意思为开垦田地。汉朝时期，凯里为当时且兰古国所辖之地。元朝时期凯里为麻峡县。明朝初期时凯里属于清平县凯里分县，由都匀府治，洪武二十年开始设司为清平长官司，三十年设清平卫。到明成化十三年则改设凯里安宁宣抚司，嘉靖元年改安宁宣抚司为凯里安抚司。清雍正十年置凯里卫，十二年添设清平县丞一员分驻凯里。民国三年，改清平县为炉山县，同年改凯里县丞为凯里分县，隶炉山县。1949 年凯里解放，中共炉山县委、县人民政府同时宣告成立。1951 年 1 月 27 日，凯里区苗族自治人民政府成立，为贵州省第一个苗族自治区。1952 年，经政务院批准撤销炉山县，建立炉山苗族自治区。1955 年改称炉山苗族自治县，1956 年改炉山苗族自治县为炉山县。1958 年撤炉山、丹寨、雷山、麻江 4 县合置凯里县，县治设在凯里。1961 年分县后，原炉山县改称凯里县。1983 年 8 月 19 日国务院决定撤销凯里县设凯里市。

凯里历史文化悠久，保留了许多重要的历史文物遗址，如凯里古城、香炉山二屯崖古城遗址、清平古城遗址等。凯里古城遗址在县城北部 0.5 千米处，为当时的播州宣慰使杨辉在凯里城北岩头寨旧址上所建，后因凯里城迁城，宣抚司城废，今只保留部分基址遗迹。徐霞客由广西进入贵州，第一晚住宿于独山下司。如今下司古镇已经被称为"贵州小上海""清水江上的明珠"，清水江横穿古镇，河道两旁竖立着密密麻麻的客栈、栈道、小船、拱桥，从远处看这就是一座在贵州大山里的"小江南"。

凯里主要为少数民族苗族聚居区，带有浓厚的民族风情。凯里被称为百节之乡，节日有芦笙节、爬坡节、鼓社节、苗年吃新节、姊妹节等，有芦笙舞、铜鼓舞等古朴多姿的舞蹈，有挑花、刺绣、蜡染、银饰等，多彩的侗、苗等民族的技艺和文化，被国内外专家赞誉为"民族民俗的博物馆、艺术的海洋"。凯里一年一度的"苗年"活动更是以其古朴淳厚的形式和绚丽多彩的内容出名，每年这个时候来自海内外的宾客相聚于此，给凯里市披上了一层浪漫的色彩。

凯里是贵州省"黔中经济圈"的重要节点城市，是全省对接沿海发达地区的桥头堡和产业承接的示范区。已完成凯里经济开发区、炉碧经济开发区两个省级经济开发区优化整合。凯里交通发展取得重大的成就，铁路发展进入高铁时代，沪昆高铁、湘黔铁路贯穿全境，凯里黄平机场已经开通了多条线路，其更是直通成都、杭州等地，建成高速铁路、高速公路、航空及城市主干道为一体外联内畅的交通体系，是黔中经济区的重要交通枢纽，进一步加快融入长江经济带、粤桂黔高铁经济带的步伐。凯里作为贵州重要的工业城市之一，已经形成了电冶、建材、食品加工、医药等为主体的工业体系。近年来，凯里被列入全国中小城市综合改革试点、第三批国家新型城镇化试点、国家公交都市建设第一批创建城市，入选全国首批创新型县（市）建设名单。

凯里民族风情

（刘炳麟　摄）

兴义：滇黔桂咽喉，源自朝廷赐名

兴义市位于贵州省西南地区，为黔西南自治州州府所在地，是黔西南州政治、经济、文化的中心。兴义在云南、广西、贵州三省的接合处，因此兴义也被称为"滇黔桂锁钥""三江咽喉"。兴义市现辖 10 个街道、14 个镇、3 个乡，144 个村、49 个社区。兴义市内居住着汉族、苗族、傣族、壮族、回族、布朗族、哈尼族、布依族等 26 个民族。全市面积 2911 平方千米，常住人口 100.5 万人。兴义市属亚热带湿润温和型气候，气候温和，四季分明，年降水非常充足，年平均气温为 16℃，是公认的黄金气候生态带，森林覆盖率为 60.67%。良好的气候也使其被评为"中国绿色生态城市""中国十佳最美丽风景城市""中国最美的地方"。兴义盛产大红袍橘，兴义的名贵兰花、金银花、绿茶产量也非常大。

兴义成为市名开始于清朝时期，嘉庆帝时南笼发生了布依族农民大起义，不到一年时间就被清军镇压，嘉庆帝仿康熙收复台湾改县，将南笼改为兴义府，"以示彰善之风"，当时的太上皇乾隆还作诗："更与赐府名，兴义新额茂。"早在原始社会，兴义地区就已有人类活动，目前发现有古人类"兴义人"。战国时期兴义属于夜郎古国。汉朝时期为牂牁郡宛温县。南齐时改曰暖江县。唐武德四年，置附唐县，并置西平州。贞观年间，改西平州为盘州，为戎州都督府所辖之羁縻州。元末属于云南省普安路总管府。明朝改元朝所设的府为四川布政司，明永乐十三年，置普安州流官管理。清雍正五年，增设普安州判于黄草坝。嘉庆三年，裁普安州判，置兴义县，属兴义府。民国二年，兴义县属于黔西道，十二年撤销了黔西道，改直隶于省。1949 年，兴义市解放，1951 年设立兴义专区。1982 年，黔西南布依族苗族自治州成立，并以兴义县址为行政区域。1988 年，正式成立兴义市。

兴义旅游资源丰富，民风也十分淳朴。有马岭河峡谷风景区、万峰林、八卦田等景观。马岭河峡谷是国家级风景名胜区，总面积有250平方千米，是典型的喀斯特多层次地貌景观，以万峰、千岛、百瀑、奇谷、彩画的神奇地缝为特色。峡谷景观壁挂如织，银瀑飞泻，群瀑横飞，碳酸钙壁挂，其场面十分壮观。马岭河峡谷的地貌较与众不同，由一条地缝组成，也被称为"地球上最美丽的伤疤"。徐霞客到过兴义万峰林，他是世界上第一个将喀斯特地貌进行大规模考察、详细记录的第一人。徐霞客从黄草坝顺街前往万峰林，到了此地后看到峰林的千姿百态，峰林被云气所笼罩，时隐时现，甚是雄伟壮观。随后他写下《滇游日记·盘江考》："盖此丛蠚怪峰，西南始此，而东北尽于道州。磅礴数千里，为西南奇胜，此又其西南之极也。"此文形象生动地描写出万峰林的壮观。还有顶效猫猫洞旧石器文化遗址、刘氏庄园，建于明朝"览胜登临，三面山光一面水，凭虚结构，八分人力二分天"的穿云洞楼阁。这些名胜古迹引来无数的海内外游客。

兴义民风淳朴，文化多彩。有古歌、情歌、酒歌等民族特色歌曲。兴义巴结农民组成的"万峰第一观"八音表演被人们称为"凡间绝响，天籁之音"，是国家第一批非物质文化遗产。

随着近年来贵州省和黔西南州的支持，兴义各项社会事业取得巨大发展。兴义交通发展成果明显，自万峰林机场开通以来，通航达26个城市19条航线，兴义境内四条高速公路穿境而过，已建成兴义环城高速。兴义水路、航空、高速公路、铁路、管道"五位一体"综合交通运输网络建成，与全国和东盟自由贸易区实现互联互通。同时兴义也是国家"西电东送"的重要电源基地、电力通道和枢纽。全国首批新能源示范城市、国家新型城镇化综合试点地区，是贵州省重点建设的产业发展示范区。《左右江革命老区振兴规划》被国务院批复实施以来，兴义被确立为桂黔滇区域合作中心城市、生态宜居城市、区域交通枢纽、新能源城市、商贸物流中心、旅游度假目的地。2018年12月，入选全国县域经济综合竞争力100强、投资潜力100强。被评为2019年中国西部百强县市、2019年全国营商环境百强县、第二批节水型社会建设达标县（区）。

兴义马岭河大峡谷（刘炳麟 摄）

清镇：黔中都城，取自威清镇西两卫

清镇市位于贵州省中部地区，贵阳市西部，素有"黔中都城"之称。全县总面积1492平方千米，常住人口64.1万人，有汉族、白族、苗族、彝族、水族、傣族、布依族、纳西族、蒙古族45个民族。市辖青龙山街道、滨湖街道、巢凤街道3个街道，红枫湖镇、犁倭镇、暗流镇等6个镇，流长苗族乡、麦格苗族布依族乡、王庄布依族苗族乡3个乡。清镇属北亚热带季风湿润气候，年平均气温为14℃，冬暖夏凉，气候宜人，降雨充足。清镇一市四湖，调节气候，是中国避暑之都（贵阳）标志地。境内有国家级风景区红枫湖、省级名胜景区百花湖和东风湖以及著名的历史遗址姬昌桥和巢凤寺。清镇市矿产资源有煤、硅石、白云石、磷矿、大理石、方解石等30多种。

清镇市名取自民国时期，当时把原威清、镇西两卫划归清镇县，取两地各一字组成县名。原始社会时期，清镇就有人类在这里活动，已考古发现旧石器晚期遗址站街镇条子场村穿洞和新石器遗址凉伞洞。商朝至周时期，清镇为鬼方所辖之地。春秋时期为当时牂牁郡古国的辖地，战国时期夜郎强大，为夜郎所辖之地。唐宋在贵州一带设有羁縻州制度，时为羁縻清州，属于绍庆府管辖。元朝属亦溪不薛（水西）宣慰司六慕则溪。明朝洪武二十一年，置威清站，第二年改置威清卫。明朝崇祯三年，置镇西卫，镇西是彝族世居故地，在彝语中也叫"引叶遮勒"，因镇压彝族之后所置，故名镇西。康熙二十六年，以威清、镇西二卫置清镇县，取"清""镇"二字为当时的县名，属安顺府。民国初期，清镇仍然归安顺府管辖。民国三年，将其划归黔西道。后来清镇曾先后属第一行政督察区、第二行政督察区和省直辖区。1949 年清镇市和平解放，属于贵阳专区。1956 年属安顺专区，1958 年属贵阳市郊区县。后来清镇又复归安顺专区，直到 1992 年撤县设市，改属贵阳市。

清镇历史文化、人文底蕴深厚，保留了凤巢寺、姬昌桥、梯青塔等重要的文物遗迹，市内还有贵州最大的人工湖——红枫湖景区。巢凤寺始建于明朝初年，距今已有 600 多年的历史，山顶有一块形如蹲卧在巢中的凤凰的奇石，此奇石也称为巢凤石，巢凤寺也因这块石几百年来香火旺盛。梯青塔主要为封闭式六角锥形，共 7 级，高 21 米，在二级塔临河的壁面上有当时清镇县令李隆萼题写的"塔青"两个大字，为"塔势呈梯形，环青山绿水"之意，所以将其取为梯青塔。红枫湖是贵州著名的人工湖，也是国家级风景名胜区，有由湖、岛、洞组成的自然景观以及布依族村寨、侗族鼓楼、花桥等人文胜迹。

清镇有苗族、布依族、彝族、仡佬族等世居少数民族，拥有丰富的民族文化，也是贵州较早发展民族旅游的县（市）。他们有依山傍水的民居建筑，独具特色的民族节日四月八、六月六、火把节、吃新节，还有艳丽多彩的民族服饰等，为"高原明珠·滨湖新城"增添了绚丽的色彩。清镇众多的民族文化也是各民族之间交流和融合的结果。

2022年以来，清镇市在多方面取得了巨大的成就。推进数字产业化、产业数字化，持续提升城市治理智慧化水平，完成科技成果转移转化8项，新建5G基站1039个，累计建成5G基站2013个，5G网络城域覆盖率达85%。加快建设生态文明实践创新区，完成矿山地质环境修复2.3万亩，完成人工造林1000亩，新增森林面积2911亩，空气质量优良率达99.5%；红枫湖水质持续稳定在Ⅲ类，取水口水质稳定在Ⅱ类。大力实施新型城镇化，高质量划定"三区三线"，城镇开发边界面积增加9.64平方千米。以全域旅游为发展方向，稳妥推动商贸旅游业恢复发展，大力实施旅游产业化。[1]

清镇红枫湖（王义　摄）

赤水：黔北门户，取自赤水河

赤水市位于贵州西北部，遵义市西部地区，赤水河下游。与重庆、四川南部接壤，是贵州通往川、渝的重要通道，素有"黔北门户"之称。

---

[1]　许发顺：《清镇"强省会"行动取得十方面成效》，爽爽贵阳湖城清镇，2023年3月9日。

全市总面积有 1852 平方千米，常住人口有 24.7 万人。境内居住着汉族、苗族、布依族、土家族、亿佬族等 23 个民族。辖市中街道、文华街道、金华街道、葫市镇、官渡镇、长期镇、丙安镇、宝源乡、石堡乡、白云乡等 3 个街道 11 个镇 3 个乡。属于亚热带季风气候区，年平均气温为 18℃，降水充足，森林覆盖率为全省首位。有桫椤、银杏等珍稀植物和中华鲟等珍稀鱼类，农产品有龙眼、竹乡腊制品、虫茶等。赤水河，古时称为大涉水，又名赤虺河，赤水市之名即由此河而来。赤水全长 480 千米，从云南镇雄起到四川合江汇入长江。20 世纪 80 年代，这条河流成为长江三峡旅游线的延伸、补充。此外赤水市也一度被誉为楠竹之乡、千瀑之都、丹霞之冠、桫椤故国，是黔北高原的宝藏之地！

赤水市受到巴蜀文化的影响，是贵州地区开发较早的地区之一。在原始社会时期，赤水发现有人类活动。秦朝至东晋前期，赤水市并没有明确的疆域设置。东晋穆帝时，在割符县置安乐县。宋大观三年，赤水开始正式建置，属于滋州仁怀县，县城在今天的复兴镇。宣和三年，撤销之前所设的滋州，属泸州郡合江县。南宋时，改仁怀堡，属播州宣慰司管理。元朝末年改为仁怀、古磁等处为怀阳县。明朝洪武十四年，设仁怀县，隶四川行省之遵义军民府。清雍正六年，随遵义改隶贵州，雍正十三年，仁怀县城由生界坝迁到亭子坝（今仁怀市），旧仁怀县即今赤水市，设仁怀直隶厅，隶贵州粮督道。乾隆时，仁怀、河西、土城三里归旧城通判管领，也称遵义分府，十三年，改为仁怀厅。光绪三十四年，改名赤水厅，"赤水"二字正式出现在贵州的行政区划上。民国三年（1914），改赤水厅为县，属遵义行政督察专员公署。1949 年，赤水县解放。1990 年，建立赤水市，1997 年划归遵义市。

赤水景色各种各样，风格迥异。赤水大瀑布是赤水丹霞世界自然遗产核心景区，置身于其中有"有山皆有泉，无水不飞瀑"之感。赤水作为贵州瀑布之国，其瀑布雄伟壮观，与黄果树瀑布巨型十丈洞瀑布相比也不逊色。四洞沟四级瀑布，连绵 4 千米，落差幅宽大约相等，形态各异，神韵俱佳；长石梯瀑布，落差 300 余米、首尾相衔、婀娜多姿；燕子岩瀑布，赤红丹霞一片，仿佛成群燕子在中间飞舞。赤水千万条瀑布也被赋予了很多美妙的名字，如称蟠龙者，瀑形宛如一条游龙盘旋于山间；称鸡飞岩者，沿高岩跌落，如雄鸡飞舞。除了壮丽的瀑布以外，赤水还拥有许多著名的风景名胜区，如四洞沟、佛光岩、中国侏罗纪公园、竹海国家森林公园、红石野谷景区等。

赤水不仅历史文化悠久，也是红色革命之地。复兴古镇是赤水古县城的旧址，也是黔北的军事重镇。复兴战役是红军"四渡赤水"中重要的一役，现建有复兴场红军战斗遗址纪念碑。中国历史文化名镇大同古镇，古镇的建筑依山傍水，古朴典雅，至今还保留着建于清朝时期的天后宫、禹王宫、万寿宫、王爷庙等，有"清封朝议大夫陈贡珊碑"，同时也是贵州省早期中国共产党地方党组织——"中共赤合特支"旧址。赤水有着"千年军商古城堡"和"红色古镇"美誉的丙安古镇，是红军"四渡赤水"红一军团的指挥地，在长征中起着重要的历史作用。

赤水市有区位、自然资源、历史文化、人文旅游等多种优势条件，使其成为贵州经济发展的典范，更是成为首批脱贫摘帽县（市），在 2020 年全面小康实现程度排名中居全省第一。赤水以新型工业化为发展的主要任务，采取"走出去"和"引进来"的方针，融入成渝双城经济圈发展机会，走出了一条绿色循环可持续发展的道路。近年来赤水坚持"全域旅游·全景赤水"，打造了一批特色的旅游景点，获得国家优秀旅游城市、全国生态旅游示范区等 60 多张国家级、世界级名片。作为黔北的门户，赤水高速、航运、水运等交通发达，蓉遵高速公路贯穿全境，赤水港更是成为贵州最大的通江港口。

赤水丹霞地貌（刘大泯　摄）

仁怀：中国酱酒之都，源自宋代仁怀堡

仁怀市位于贵州省北部，遵义市西南地区，赤水河中游，大娄山北侧，地理环境特殊，是贵州入川的要道，历来为兵家必争之地。仁怀市是中国国酒茅台的生产故乡，美酒飘香之地，仁怀也被称为"中国酱酒之都"。仁怀不仅为酒都，也是中国红军四渡赤水转战的英雄之地。全市总面积为1788平方千米，常住人口为65.1万人。境内常居民族有汉族、苗族、侗族、布依族等9个民族。全市下辖20个乡镇（街道）：茅台镇、合马镇、美酒河镇、中枢街道、鲁班街道等。怀仁属于亚热带湿润季风气候区，年平均气温16.3℃、无霜期311天，是典型的"冬无严寒、夏无酷暑"气候。

仁怀之名，取自宋朝时期，当时在此地设有仁怀堡。在殷商时期，仁怀市就有人类在这一地区活动。宋大观三年，土著首领杨先荣建滋州，辖承留、仁怀（乐源县西边，今县西南）两县。"仁怀"则正式出现在历史上，距今有890余年。宣和三年，降仁怀县为堡，承留县地并入。万历二十九年，平播后，改土归流，明廷复旧地而置仁怀县，属地为今仁怀、赤水、习水三市县地。雍正八年县治移亭子坝，以原县治置仁怀直隶厅。自建县起，先后有复兴场、留元坝（均属今赤水）、生界坝（今鲁班街道）、亭子坝为县治。1940年，亭子坝改为中枢镇，至今仍为市府所在地（1954年至1966年间曾将县治迁往茅台镇）。民国时属遵义行政督察专员公署。1949年仁怀解放，设仁怀县，属于遵义专区。1995年，仁怀撤县建市。1997年，设地级遵义市，仁怀市改为省直辖，属遵义市。

仁怀市有着悠久的酿酒历史和传统，其产出的酒得到全世界人的认可。早在汉朝时期，茅台人就已经酿出了甘美的佳酿。清代诗人郑珍有咏茅台诗，诗云："酒冠黔人国，盐登赤虺河。"而茅台酒一举成名是在近代一次国际会议上，1915年，刚成立的国民政府带土罐所盛的茅台酒参加巴拿马万国博览会，会上各国对其并不看好，当时一位中国代表心生一计，不小心摔碎酒瓶，香气四溢，自此贵州茅台酒名扬天下。此外，在茅台酒厂内，有一座国酒文化城，藏品丰富，集古今酒文化于斯，汇数千年酿酒历史于此，是世界酒文化中少有的。

仁怀市不仅拥有悠久的名酒文化，而且其历史文化也丰富多彩。仁怀市内保留了一条古盐道，20世纪90年代以古盐道为基础，修通了连接贵阳、遵义经习水、赤水到达川南的公路。此后，古盐道的"幽奇险秀雄"的峡谷风光展现在世人面前。仁怀境内的文物名胜有花山林海、白云青峰及鲁班忠魂、长岗胜迹、两岔宋墓、三渡丰碑、茅台渡口纪念碑、鹿鸣塔、吴公岩大小数十处摩崖石刻、800余米世界最长石刻龙群雕、国内最大石刻汉字"美酒河"。茅台渡口位于赤水河的中游，是赤水河畔的重要渡口之一，古时川盐入黔，走的就是茅台渡口，也是红军长征四渡赤水的第三渡口。革命历史文物有红军烈士公墓、中枢烈士陵园、红军四渡赤水纪念塔等。仁怀市酒都文化与历史遗迹结合，展现了仁怀的特色，又把风格独异的文化融会其中，成为一道独特的风景线。

仁怀市以茅台为支柱性产业，推动了全市经济发展，2021年以来经济总量全国百强县市排名第12位，综合实力列西部百强县第4位，历年县域经济综合测评稳居全省第一方阵前列。近年来仁怀紧抓农业发展，全面实现农业"宜机化""规模化""标准化"，为农业现代化奠定坚实基础。以白酒产业为首的新型工业产业，成为推动其他产业发展的重要支撑点，形成一条分工明确的产业链。未来，仁怀将继续以打造世界酱香白酒核心产区，建设全省高质量发展示范市、西部地区共同富裕示范市为定位，奋力推动经济社会高质量发展。

中国酒都仁怀茅台镇（刘大泯　摄）

福泉：平越竹王城，取自福泉山

福泉市位于贵州中部，黔南布依族苗族自治州北部。全县总面积为1688平方千米，常住人口29.72万人。境内居住着汉族、彝族、水族、侗族、苗族、仡佬族、布依族等32个民族。全市辖5个镇2个街道1个乡。福泉属于亚热带季风气候华中湿润区，年平均气温为14℃，降雨充足，无霜期长，地形多山地，土壤多为石灰石。矿产资源非常丰富，具有开采价值的20多种，其中磷矿最多，素有"亚洲磷都"之美誉。福泉有利的自然环境是生物生长、生存的重要保证，在境内有 6000 多年历史的"银杏王"和世界第四的"茶花王"等。

福泉作为行政区划名称出现较晚，是 1953 年才开始使用福泉这一称谓，以前一直称为平越，福泉市名取自境内的福泉山之名。从殷商开始，这里就为梁州、荆州南裔，并领当时且兰之地。春秋末期，夜郎开始崛起，占领了牂牁国的北部地区，将其君臣驱赶到且兰一带，据说且兰等地就是今天福泉一带。秦朝时期，设为且兰县。隋朝文帝，将且兰县设为宾化县。唐代宾化县为福泉、麻江一带。宋朝内附号藜峨里寨，如今在县城东部地区还能找到残石片瓦遗迹。元朝，置平月长官司，而"平月"是以城南有名的月山而得名。明洪武八年，改"平月"为平越，置平越安抚司，平越之名由此开始。十四年，置平越守御千户所，十五年升为平越卫。二十一年，裁平越安抚司。万历二十九年，置平越军民府，府卫同城。清康熙十年，裁卫所置县，设平越县，为府附郭。二十六年，平越军民府改为平越府。嘉庆三年，平越府改为平越直隶州，同时裁平越县。民国三年，撤销前朝所设的州改县，初属黔中道，后属独山行政督察专员公署。1949 年，平越县解放。1953 年，改平越县为福泉县，以县城著名的福泉山为县名。1956 年改隶黔南布依族苗族自治州，1958 年又撤销并入瓮安县。直到 1961 年恢复福泉县后，到 1996 年，撤县建市。

福泉为平越竹王城的旧址，其历史悠久，留存下了较多的古迹。福泉古城垣于明洪武年间建成完工，后来经过历代扩建，已经成为有一定规模的城堡，古城保存较完好的有东西南北几个城门。小西门"水城"是国内专家赞誉的古代军事设施。竹王城位于福泉城东 25 千米的凤山镇杨老村"东门口"。关于竹王城，据《平越直隶州志》记载："废竹王城，在杨老驿东半里。相传为竹王所建。"明清两代，竹王城内有关帝庙、二郎庙、上堂兵营、下堂兵营等，均毁于战火或拆除，如今鲜少能看见其踪迹。关于竹王的说法不一，有人认为他就是夜郎王。夜郎文化尚还在争议中，省内省外都在争论夜郎古国的所在，福泉的竹王城，也是争论的点之一。平越在抗战时期，是交通大学北京分部（简称"平院"）的旧址，抗战期间，交通大学北京分部与交大唐山工程学院合并复学，茅以升任校长。迁到平越后，继续在战火中办学，培养人才，保留学校发展的血脉。先后共有 6 年，后期称"贵州交大"，人们也称之为"平越交大"。"交大"入平越，对当时贵州的教育产生了非常重要的推动作用，给贵州教育带来了新的生机。

福泉市的神话传说较多，福泉的一些旧址就与这些传说有关。如福泉山上草鞋井，传说是张三丰踩出来的。葛镜桥也称为"豆腐桥"，位于城东南 3 千米处，传说是张三丰召集土地爷在深夜修成的。葛镜桥正式修建于明万历年间，葛镜耗尽家资，30 年才建成。因为这座桥结构特异，雄伟壮观，曾被中国桥梁专家茅以升载入《中国古桥技术史》。在百姓看来，此桥设计非凡，不是一般人所能设计和完成，将它认为是神仙修造的也不为过。

福泉利用境内的丰富资源和贵州省、黔南州的大力支持，坚定不移地走高质量发展之路，取得显著的成效。2022 年以来，福泉市实现经济的飞速发展，地区生产总值突破 200 亿元大关，年均增长 9.8%，跻身全省县域综合测评第一方阵前十强。全市脱贫顺利完成，各项基础设施建设完成，不断扩大规模。福泉坚持绿色发展，生态环境得到大幅度的改善，森林覆盖率达 61.43%，空气质量优良率始终保持在 98%。随着铁路、高速公路、公路干线的建成通车，福泉交通越来越便捷，如今到贵阳只需要 1 小时，到首府都匀只需半小时车程，成为贵州南下北上、东进西出重要的交通枢纽和物资集散地。

福泉黄丝寨(刘炳麟 摄)

盘州:滇黔锁钥,源自盘江及盘州厅

盘州市位于贵州省的西南部,六盘水西部,是贵州省的西大门,素有"滇黔锁钥"之称。面积有4056平方千米,常住人口107万。境内居住着汉族、苗族、彝族、白族、回族等29个民族。下辖14个镇6个街道7个乡,530个村(社区),其中有2个省级开发区,1个市级产业园区。属于亚热带季风气候,年平均气温为15.2℃,无霜期长,日照充足,降雨充沛。福泉市矿产资源丰富,境内有金、银、铁、大理石、煤等分布,煤的储量有105亿吨,质量优良,为南方诸省之冠。同时盘州也是"黔电送粤"重要电源点,因而也被称为"煤电之都"。在盘州还有千年的古银杏树群,素有"世界古银杏之乡"的美誉。

盘州市之名取自唐时,在此地设西平州,为"冠盖一方",当时盘江也在西平州境内,于是将其改为盘州。两汉以前,盘州属于夜郎国的故地,汉朝归宛温辖地。唐朝初年,为训州地,唐武德七年,置西平州,于贞观时改西平州为盘州。唐玄宗天宝以后,南诏反唐,为东爨乌蛮(彝族先民)七部落居之。再后,爨首阿宋"逐诸蛮据其地,号于矢部,世为酋长"。元宪宗七年,其酋归附,被任命为于矢万户,至元十三年改普安路总管府。后中央朝廷在其地设置的招讨司、宣抚司、安抚司、府、军民府、州、直隶厅、厅等行政区域一直以"普安"为名。该政区地域最大时曾包括今盘州和黔西南州的一部分，但治所一直设在今盘州双凤镇。清嘉庆十六年，普安直隶州改为普安直隶厅，其地域粗定为现盘州境。"普安"的来由当与濮人有关。盘州最早的居民主要是濮人，境内至今仍有许多以"普"字起头的地名，如普古（彝语意为"濮人的家园"）、普陌等，均与濮人有关。其地因系平定濮人之由而称"普安"，彝语谓之"濮吐仲益"。清宣统元年（1909），普安直隶厅恢复古名，称盘州厅，当是为与顺治年间析地设置的普安县相区别，民国二年（1913）盘州厅更名盘县，为贵州黔西道管辖。1949年，盘县解放，1950年成立了盘县人民政府，属于兴仁专区管辖。1956年，盘县属于桉树专区，1965年又划回兴义地区。同年盘县矿区成立，翌年2月改称特区。3—4月，云南、贵州两省分别从宣威、盘县析地共12个人民公社，归盘县特区。1970年12月，盘县与盘县特区合并，合并后的政区仍称盘县特区。1978年归属六盘水市。1999年2月，经国务院批准，撤销盘县特区，设立盘县。2017年4月，经国务院批准，撤销盘县，设立县级盘州市。

盘州市文化底蕴非常深厚，拥有多彩的民族风情。盘州境内发掘出了距今约20万至30万年前的古人类文化遗址"盘县大洞"和距今约2.4亿年前的新民鱼龙化石遗址。著名的地理学家徐霞客曾到"碧云洞"考察，并记录了它的溶洞景观。盘州"双凤古城"，如今已有600多年的历史，双凤古城也是当时盘州重要的军事防地，具有重要的历史作用；盘州也是红二、六军团盘县会议会址所在地。盘州市至今保留大量明清时赞美盘州的诗文。进士丁养浩赴任云南布政使，途经盘州时，作《普安公署》，其诗云："好山如画压城头，尽日岚光翠欲流。峻岭到天偏碍目，密林藏雨不知秋。云开锦帐横当户，风约寒泉并上楼。老我柏台看未足，欲将书剑向瀛洲。"还有明代诗人留有《过普安》一诗："山路若崔嵬，二年一度来。马蹄残铁尽，行色夕阳催。窗映松脂火，炉飞石炭煤。解鞍投旧馆，呼酒对新裁。"盘州还有丹霞山、妥乐古银杏树、乌蒙等名胜景区；火把节、耍马舞、芦笙舞等民族歌舞节日。

盘州近年来发展较快，利用煤电等资源大力发展工业，如今已建成盘县电厂、盘南电厂等大中型煤电企业及 89 个地方煤炭企业，被称为中国南方能源战略基地。盘州市集文化、旅游、交通、资源等多方面优势条件，经济发展步入快车道，成为毕水兴经济带的中心腹地。2022 年年底地区生产总值达 660.84 亿元，增长 0.9%，成为全国县域经济基本竞争力百强县市，排名连续 9 年进位。

盘州妥乐古银杏树（刘大泯　摄）

黔西：乌江画廊，取自"亦溪不薛"

黔西市位于贵州省的中部地区，毕节东南，贵阳市接壤，地处乌江中游，鸭池河北岸，素有"水西门户、贵筑藩屏，黔中腹地、省府咽喉"之称。全市总面积为 2380.5 平方千米，常住人口有 69.64 万人。黔西市境内居住着汉族、彝族、苗族、布依族、仡佬族、白族、满族等 18 个民族。下辖 15 个镇、10 个民族乡、5 个街道，共 364 个村（社区）。黔西市属于亚热带季风气候，年平均气温在 14℃ 左右，四季分明，降雨充足，为其生物的生长提供了良好的环境，森林覆盖率为 45.27%，环境优美。黔西矿产资源丰富，其中煤、铁、铝、重晶石、大理石等比较出名。黔西有一种非常出名的马，黔西马（又名水西马），其短小精悍，耐性十足，有"爬山虎"之称，被列入中国名马。主要农产品有玉米、稻谷、麦类、烤烟等。

黔西之名，来自"亦溪不薛"。彝语"亦溪"意为"水"，指六广河，"不薛"意为"西"。"亦溪不薛"即"六广河西边"之意。春秋时先后属蜀国、鳖国。秦二十六年，纳入秦夜郎县。西汉元光五年，划入鳖县。南齐建元二年，改为谷邑县。南梁太清三年，为彝族闽支卢鹿部地。唐廷以其地置龚州（黔西大部）、义州（金沙大部黔西小部）、犍州（黔西西北和大方东部）等羁縻州。宋皇祐年间为"罗氏鬼国"地。南宋晚期，罗氏鬼国扩占黔中等地，以"夹水"（鸭池河）划分"水西""水东"分别治理。元至元十九年，元廷划鸭水以西地设立亦溪不薛（水西）、阿茳、筶陇路达鲁花赤，驻军镇守。次年又立亦溪不薛宣慰司，改亦溪不薛路为军民总管府。明洪武十五年，贵州都指挥使马晔在此筑城屯军，取名"水西城"。明隶水西（贵州）宣慰司。清康熙五年，水西宣慰使安坤反清被诛，废宣慰司，在水西城设黔西府。将"水"字改为"黔"字。康熙二十二年，黔西府降为黔西州。民国三年，黔西由州改为县，属黔西道。1949 年，黔西县解放，隶属毕节地区。2021 年撤县建立县级黔西市。

康雍乾时期，是清王朝的鼎盛期，注重休养生息，发展生产。黔西州官遂在城中筑"观农台"，了解农耕。乾隆时黔西知州赫霖泰登台作诗："观农台上望农田，一片黄云蔽陌阡。远近岚烟秋色里，前山樵唱夕阳天。""今岁雨应候，高下同繁稠。过腰菽粟长，齐肩谷穗钩。"

黔西市历史悠久，人文景观丰富。在境内发现了旧石器时代早期文化遗址——观音洞，在考古学上有"北有周口店，南有观音洞"一说。保留下著名的政治家奢香夫人修建的"龙场九驿"古驿道；寄托王阳明先生哲思的古象祠；三楚宫、武庙和水西古城等著名的历史人文景观；此外还有鸭池河战斗遗址重要的红色文化遗产。黔西乌江画廊是著名的国家级旅游景区，位于黔西的西南地区，湖区总长62千米，其壮丽的景观成为黔西的人文旅游名片。乌江画廊湖水清澄，两岸峰壁险峻，气势恢宏，多条瀑布山泉跌落湖中，是千里乌江上最美的崖壁画廊。此外还有支嘎阿鲁湖、水西洞、八仙洞、水西柯海国家湿地公园等著名的风景区。

　　黔西作为贵州中大型城市发展带动战略的重点县城和省会贵阳城市带的卫星城，是贵阳1小时经济圈的重要节点城市，是毕节市的东大门。黔西市交通区位非常便利，发展基础设施条件优越，是黔中经济圈旅游、物流、商贸经济流向西北方向的第一要塞。城市面积已扩大达18.6平方千米，乡村建设也发展快速，如今独具特色的美丽乡村星罗棋布，解放村获得"中国十大魅力乡村"的美誉，乌骡坝布依寨是观光休闲、体验农事和度假疗养的理想胜地，一批美丽乡村正如雨后春笋般在这片土地上悄然涌现。

黔西乌江画廊（胡丽　摄）

兴仁：中国薏仁米之乡，源自"一国兴仁"

兴仁市位于贵州省西南部，黔西南州中部地区，是云、贵、粤三省接合部的中心城市。境内居住着汉族、苗族、回族、彝族、水族、布依族、仡佬族等34个民族。全县面积1785平方千米，常住人口42.7万人。下辖11个镇、1个民族乡、6个街道。属于北亚热带温和湿润气候，常年平均气温为15℃，四季如春，降雨充足，生态环境良好，气候宜人。兴仁矿产资源丰富，矿产资源有21种，其中煤的产量有21.5亿吨。兴仁著名的"屯脚荸荠粉"曾是兴仁县向清廷呈献的贡品。兴仁农作物有水稻、玉米、小麦、薏仁米等，其中兴仁的薏仁米是黔西南州的著名特产之一，其质量优良，饱满匀称，为薏仁米中上等，还研发出薏仁米酒、薏仁米面条、薏仁米粉等50多个品种。2012年，兴仁荣获"中国薏仁米之乡"的称号。此外兴仁还有"中国长寿之乡""中华诗词之乡"的称号。

兴仁市名取自孟子语"一家仁，一国兴仁"，为了与当时的兴义县的"义"相对应。在相关的考古发掘中发现，兴仁在远古时期就有人类生活，还发现了一些重要的人类遗址。殷商时期，兴仁属于鬼方古国，东周时为当时的牂牁国管辖，秦汉时期属于夜郎国。汉元封二年，在此地设有贲古县，兴仁属于其管辖。南齐时置新城县。唐朝贞观年间，改西平州为盘州，在今兴仁市内置盘水县，属于盘州管辖。宋属绍庆府。元属普安路。明洪武十五年，改元普安路置普安府。清顺治十八年二月，置普安县于新城所，县、所同城而治，属安顺府。康熙十年，巡抚曹申吉撤新城所入普安县。乾隆十九年，于新城设巡检，改曰新城镇，设新城县丞。民国元年九月复置新城县。民国三年，改新城县为新县。七月，北洋政府准以孟子语"一家仁，一国兴仁"改称兴仁县，与兴义的"义"

相对应。1949 年，兴仁市解放，1958 年贞丰与兴仁合并，称兴仁县。1982 年改属黔西南布依族苗族自治州，兴仁属于黔西南州管辖。2018 年撤销兴仁县改为县级市。

兴仁以"七省商财麇聚"之地出名，为盘江八属之中心。此外还有烈士陵园、两湖会馆、文昌阁、孔圣庙、三家寨清真寺等众多名胜古迹。寿福寺始建于清嘉庆二十年，又名两湖会馆、三楚宫，咸同时期毁坏后光绪十二年重建。其占地 1370 平方米，由正殿、两厢和戏楼组成。20 世纪 80 年代前，对寿福寺遗址的管理不善，年久失修，正殿濒临倒塌，两厢和戏楼被无房户入住。80 年代后加强了对历史文物的重视，省级文物主管部门拨款 20 余万元，对戏楼和两厢进行维修。如今为贵州省省级文物保护单位。兴仁著名的墓群遗址交乐墓群，在兴仁市西南雨樟镇交乐村。1987 年的发掘中发现此墓为夫妇葬墓，并发掘出文物近百件。其中 14 号多室墓，是目前贵州所发掘的汉墓中最大的一座。后来贵州省博物馆继续对其中 5 座墓进行发掘，经过长时间的发掘工作，出土了大量的文物：铜车马、连枝灯、抚琴俑、巴郡守丞印、巨王千万印、带盖刻花铜奁、铜俑、五铢钱纹铜碗、摇钱树、刻花铜瓶、铜甑、陶灶、水池田园模型、陶摇钱树座等。在交乐汉墓出土的各相关文物都具有较高的研究价值，是研究贵州历史的重要资料。2006 年交乐墓群作为汉代的古墓葬，被国务院列入第六批全国重点文物保护单位。

兴仁市依靠交通区位、能源丰富、旅游资源等多种有利的优势条件，社会发展取得快速的进步。2018 年以来兴仁实现"撤县设市"目标，标志着兴仁进入城市化发展的新阶段。成功地打赢脱贫攻坚之战，人们的生活水平显著提高，工业实现了从无到有的蜕变，旅游发展多样化，农业成为其经济发展的重要内容。《兴仁市城市总体规划》《县域村庄建设规划》等相关文件出台，加大了对城市的建设，目前城镇建成区面积达到 36.87 平方千米，建成 12 条城市主干道。此外，南盘江从兴仁穿境而过，不仅为其经济发展提供了便利的交通，还是著名的风景区，吸引了不少的游人。

兴仁市境内的南盘江（王义　摄）

云岩：黔灵山麓，取自云岩洞

云岩区是贵阳市中心城区、中心地带和"十字路口"，是贵州省、贵阳市的政治、经济、文化中心，为全国面积最小、人口密度最大的区。云岩区南面以中山东路、中山西路为分界线，与南明区相连。作为行政区域名称，"云岩"两字除区名外，还做过乡名、大队名、自然村名。土地面积为 93.57 平方千米，常住人口有 109.78 万人。辖 1 个镇（黔灵镇）、17 个街道：水东路街道、黔灵东路街道、文昌阁街道、威清门街道、三桥路街道、金关街道等。位于亚热带湿润季风气候区，四季分明，年平均气温为 15.3℃。水资源丰富，主流有南明河和其支系市西河、贯城河，河道总长 25 千米，还有小关湖、黔灵湖和阿哈水库等。

云岩区得名于辖区内黔灵山麒麟洞的另名云岩洞。元至元十九年，云岩区为顺元路军民宣慰司，属湖广行省。二十八年改为八番顺元等处宣慰司都元帅府。明朝洪武时，在贵州置贵州宣慰司，隶四川行省；永乐改隶贵州行省,今云岩在其辖地内;万历时期,置新贵县,今区境为其附郭。康熙二十六年,裁撤了当时所设的州前卫,设置贵筑县,贵筑县辖9里。清乾隆十四年,贵阳府领有8堡,其中大部分在今云岩区内。清宣统三年,贵州光复,成立贵州军政府,后改贵州省公署,治所地址一直在今省府路贵山苑小区内。民国三年,改贵阳府为贵阳县,属于黔中道,云岩境内都在贵阳县境内。民国三十年,贵阳市正式成立,仍然沿袭旧制。民国三十三年11月,将贵阳市的20个镇裁撤,成立9个区,区级政权之下未设乡、镇,一直到1949年。1955年贵阳市第一区更名为云岩区,第二区就更名为富水区。1958年,黔灵人民公社成立后,云岩大队是公社下辖的一个生产大队。云岩村之名,早在1952年就有。1982年8月,云岩区下辖14个街道及黔灵公社。

云岩区作为贵州老城的主体部分,拥有深厚的历史文化背景,保留了许多重要的文物遗迹。如麒麟洞是贵阳市著名的名胜古迹,麒麟洞原名唐山洞,一名檀山洞,又名云岩洞。洞在黔灵山北狮子岩下。洞内钟乳悬垂,千姿百态,其中最大的一块钟乳石酷似麒麟,故俗称麒麟洞。解放前张学良、杨虎城将军曾先后被幽禁于此。麒麟洞今天仍是黔灵公园内一处著名景点,也是对青少年进行爱国主义教育的好场所。麒麟洞因诗文传名,诗文则丰富了麒麟洞的文化底蕴。较早者有明朝嘉靖九年(1530)镇宁贵州太监杨金的《唐山洞》诗,此诗刻于洞口石碑上,可惜因风雨剥蚀,如今字多漫漶不识。其诗云:“白云深隐一唐川,枕石烟萝洞口连。策杖适情寻古迹,分云乘兴见壶天。千重岚气千峰翠,万颗垂珠万象悬。柯烂棋终事已往,吾身来复入桃源。”清朝康熙年间创建弘福寺的赤松和尚写有《檀山清涧》诗,全诗如下:“夕阳西下万松低,但有飞鸦向客啼。那是檀山幽涧水,和烟和月到前溪。”著名的扶风山景区就在云岩区,扶风山又叫芙峰山,由两祠一寺组成,其中最具有代表性的就是王阳明先生祠。清朝嘉庆时，在扶风山上修建了扶风寺，几年后又在寺的右侧建了阳明祠，民国初年在寺的左侧修建了尹道真祠，构成扶风山两祠一寺的建筑群落。在岁月的流逝中，扶风山上的遗址也不免留下许多"痕迹"，也更加体现出云岩区的历史变迁。

云岩区是贵阳中心区域，有着重要的区位优势。区内建成轨道交通1、2、3号线，在云岩境内共设置20个站点，极大地便利了人们的日常生活。云岩围绕"一核三片"，落实"服务业东进、制造业西拓、产业链北建"战略，加快形成优势互补、产城一体的发展格局。作为数字经济和信息社会的核心资源，数据被誉为"21世纪的石油和钻石矿"。2022年以来，云岩区数字经济发展取得前所未有的成就，数据企业新增6家，软件信息企业达59家等。铁签烤肉、肠旺面、豆沙窝、丝娃娃、恋爱豆腐果、苗侗酸汤鱼等美味的小吃，成为贵阳有名的网红打卡美食，吸引了许多游人的到来，促进了其旅游的发展。

云岩区扶风山（刘大泯 摄）

南明：甲秀楼上，源自南明河

南明区是贵阳市中心城区之一，位于贵阳市中心城区南部，是省委、省军区所在地。全区总面积为 209.34 平方千米，常住人口为 104 万余人。境内居住着汉族、苗族、侗族、土家族、彝族、布依族、仡佬族等民族。下辖 4 个乡（含小碧乡）和 19 个街道（含龙洞堡街道）。南明区属于亚热带温和湿润气候区，年平均气温为 18℃左右，日照时间为1354 小时，是世界上紫外线辐射最低的城市之一。南明区在云贵高原的斜坡上，地貌类型以坝地、山地为主。

南明成为区名时间较晚，1955 年开始正式成为区名，取自当时流过境内的南明河。元朝时期南明区为当时的宣慰司。明朝初年属于宣慰司，后贵阳府成立以后，属于贵阳所管辖。万历十四年，置新贵县，属于新贵县管辖。清康熙二十六年置贵筑县，区境属贵筑县。民国三年，成立了贵阳县，南明区是其辖地之一。民国成立贵阳市政府，南明区为其辖地之一。民国三十三年全市划分为 9 个区，设区公所为区一级行政组织。一至五区为城区，六至九区为郊区。今南明区行政区划范围属第四、五、六、八区。1949 年，贵阳解放，后成立了贵阳军事管制委员会，11 月23 日，贵阳市人民政府成立，25 日接管区境内原贵阳市第四、第五区区公所。1950 年 5 月，为适应城市管理与建设需要，贵阳市重新划定市区，将全市划为 7 个区，原四、五区改划为新三、四区，并建立"贵阳市第三区人民区公所"和"贵阳市第四区人民区公所"。1953 年，第三、四区合并为第三区，由第三区人民政府领导，原第四区人民政府撤销。1955 年，第三区更名为南明区。[1]

南明区保留了许多重要的历史文物遗迹。例如，修建于元朝时的关

---

[1] 南明区人民政府：《南明历史》，南明区人民政府网，2019 年 3 月 5 日。

羽庙、普安堂（后之大兴寺）、南霁云祠（后称忠烈宫、黑神庙等）。明朝遗址有街道四牌坊、三牌坊、风宪坊、马荣街、文明书院、大兴寺、永祥寺等。四牌坊市、三牌坊市、小十字街市、南市是当时商贩云集的贸易坊市，成为贵州重要的经济发展之地。

　　南明河是贵阳的母亲河，南明河属长江水系，为乌江支流。南明河从南明区西南进入，横过区境，再向东北方向的乌当区流去。南明区的街道多数是沿南明河及其支流小车河、市西河、贯城河、富水、龙洞河沿岸发展起来的。南明河灌溉于南明区的土地，滋育了南明区的人民。贵阳市作为贵州的发祥地，是先从南明河北岸发展起步的，然后由老城向北拓展，抵新城东、南、西、北，最后向城郊四周发展。南明河两岸，山光水色交相辉映，楼台亭阁错落有致，风景旖旎，600 年来贵阳历史文化就是以南明河为依托，逐步发展起来的。明朝著名文人谢三秀的远条堂，杨师孔的石林精舍，越玉岑的江阁南园，李时华的西园，越其杰的溪园，薛文叔的西崖，李承明的吟望亭，皆筑于南明河两岸，衡宇相望，互以诗文酬唱，一时贵阳文化光辉灿烂，文人骚客在南明区的名胜古迹留下了许多诗词文赋，分别从不同的角度咏叹南明区。贵州著名的标志性建筑甲秀楼，矗立在贵阳南明河中的万鳌矶石上。甲秀楼已经有 400 多年的历史，修建于明万历年间，巡抚江东之于此筑堤联结南岸，并建一楼以培风水，名曰"甲秀"，取"科甲挺秀"之意。鄂尔泰《甲秀楼》诗云："鳌矶湾下柳毵毵，芳杜洲前小驻骖。更上层楼瞰流水，虹桥风景似江南。"汪炳璈碧亭楹联云："水从碧玉环中出，人在青莲瓣里行。"

　　南明区作为贵阳的中心城区之一，经济社会发展快速，取得了许多重大的成效。2022 年以来，南明区以发展新型都市工业，"强省会"为基础，工业增加值 106.72 亿元，排名全市第二，同比增长 6.9%，增速排名全市第四。南明区注重城市规划，科学划定"三区三线"，贵阳贵安"一核三中心多组团"规划布局落地，"南云老城核心"打造全面启动等，已建成"15分钟生活圈"18个，城市品质加速提升。在南明区大数据发展产业也取得了巨大的成就，腾讯云数字经济产业基地，引进入驻企业70余家。

南明区南明河（刘大泯　摄）

白云：铝土之城，源自白云寺

白云区位于贵阳市城区的西北面，是贵州省的地理中心和贵阳市的地理中心，有"双心之区""贵阳中心"的美誉，是贵阳市北部的门户。全区总面积为272平方千米，常住人口为46.5万人。境内居住着汉族、苗族、侗族、彝族、布依族、仡佬族等41个民族。下辖2个乡3个镇5个街道：牛场乡、都拉乡、麦架镇、沙文镇、泉湖街道、大山洞街道等。白云区属于亚热带季风气候区，平均气温为15.3℃，夏无酷暑，冬无严寒。其森林覆盖率为45.6%，富含氧离子，是避暑的天堂。白云区矿产资源非常丰富，其中有铝土矿、原煤、铁矿、石灰石等，储量非常丰富，其中铝土的产量为7625吨，加上临近市开采的有3.6亿吨。全国最大的铝工业基地之一——贵州铝厂在白云区辖区内，其铝土工业发展有60多年的历史，形成了独特的"艰苦奋斗、实事求是、精益求精、追求卓越"的工匠精神和城市工业文化，所以白云有"铝都""铝土之城"的美誉。

白云区名取自境内的白云寺。1949年，贵筑县解放，成立中共贵筑县白云区委员会和白云区人民政府。1950年，贵筑县将白云区调整为五、六两区白云区。1958年，白云区划归贵阳市乌当区管辖。1973年6月，白云区正式成为贵阳市所辖县级区。当时经贵州省革命委员会批准，白云区初建时下辖地区为原白云镇及艳山红、沙文两个公社。后来行政区划有过调整，下辖麦架、艳山红、沙文3个镇，都拉、牛场2个乡，大山洞、龚家寨、艳山红、都拉营4个街道。白云区作为县级区历史只有32年，但是它的准备阶段的时间比较长。1959年，白云镇相当于市属区。1973年建立的县级区，实际上是1959年建制的恢复，只不过将镇改为区而已。

白云区历史悠久，白云区因白云寺得名，白云寺是贵阳地区14座著名的寺庙之一，也曾是九坡十三关的佛教中心。白云寺始建于何时不详，在清朝道光年间是殿宇宏敞、风景极佳的佛教寺院。在寺庙的大殿供有如来、文殊、普贤的佛像，两侧塑有十八罗汉，大殿后为观音殿。寺院后有花园，寺院门前有道光二十三年制造的青石鼎，曾是住持僧宗莲所置。如今白云寺已不存在，仅有宗莲禅师所置青石鼎保存完好，破损不大，是白云寺历史的珍贵文物。除了白云寺以外，白云区还有著名的金山寺，位于沙文镇阳尖坡。明末清初，吴老金途经此地，认为这是一块佛门圣地，遂请来一尊观音菩萨，并就地取材利用乱石木柴茅草搭盖了一小间简易观音庙。王国衡居士听说阳尖坡观音菩萨显圣，遂在此搭盖了一间茅棚，整日敬香拜佛，信教群众日益增多，挂功德积资金，新修简易庙宇。黔灵山寺派赤松祖师亲临说法指导，并授予王国衡法号"国寂"。1984年，当时居士们捐资修建了一间简易房屋，派人到扎佐把七观音寺僧尼学文（法号真慧）、慧修（法号如云）接来，重振庙宇，住居寺内。经过三年左右时间，在信众的捐资帮助下，新修了大殿、厨房、丹房，增设了佛像、经书、法器。近几年来，在弘福寺慧海法师的大力支持下，金山寺自筹资金40万元，400多名居士自发地加工人造砂重新修建大殿、斋房、住房，寺内塑起观音、文殊、普贤菩萨，十八罗汉等全部装金。白云区还有蓬莱仙界、贵阳欢乐世界、长坡岭国家森林公园、泉湖公园等旅游景区。

　　白云区是西部陆海通道的核心位置，也是连接陆上丝绸之路和海上丝绸之路的重要纽带。白云已建成贵阳高新区、贵阳综保区等两个国家级开发平台和一个省级经济开发区，建成都拉营国际物流港。如今，区内建成450千米的车程，两条主干道贯通白云区，15分钟到达贵阳北站，30分钟到达龙洞堡机场，贵阳铁路2号线轻轨建成运营。

白云区白云寺（西普陀寺）（刘炳麟　摄）

观山湖：数谷之都，取自观山湖

　　观山湖区位于贵阳市的西北部，东临黔灵山脉，与白云、云岩、花溪等相邻，是贵阳的新城区、中心区、试验区和生态区。全区总面积为307平方千米，常住人口超过68万人。境内居住着汉族、苗族、水族、壮族、彝族、侗族、布依族、土家族、仡佬族等 12 个民族。下辖 3 个镇、7 个街道，49 个行政村、82 个社区。观山湖属于亚热带湿润温和型气候，其平均气温为 15℃，海拔为 1200 米，环境质量良好。为长江和珠江分水岭地带，是山地、丘陵为主的丘原盆地地貌。观山湖区资源丰富，有"两湖一库"：观山湖、金华湖、十二滩水库，蕴藏着丰富的水资源；有水杉、香樟、广玉兰、冬青、枫香等多种树种。

观山湖区的区名取自其境内湖泊——观山湖之名，在正式设立行政建制区前，暂名"金阳新区"，因与四川的"金阳"重名，在申请区名时改为观山湖。观山湖区现在的辖地在古代属于中国南方的古国——牂牁国的辖地。秦朝在全国推行郡县制，在贵州这一地区设在牂牁郡。三国至南北朝时期，沿用郡县为牂牁郡管辖。唐朝设羁縻州，属于当时的牂州所管。宋朝曾设矩州、大万谷落、黑羊箐等称谓。元朝为贵州长官司辖地。明朝沿用元制，依然设贵州长官司，后来将贵州长官司改为贵竹长官司后，则归贵竹长官司管辖。永乐十一年，贵州建省。万历十四年，改为新贵县，现辖区大部分属新贵县。清康熙三十四年，撤新贵县置贵筑县，辖地属贵筑县。民国元年，贵筑县并入了贵阳府，民国三年，改为贵阳县，现行辖区归贵阳县管辖。民国三十年，撤贵阳县，重设贵筑县，又为贵筑县辖区。1949 年，新中国成立后，属于第五区。1958 年撤销了贵筑县，贵阳市接管其辖地，观山湖区现在的辖地大部分属于乌当区管辖，另一部分属于清镇管辖。2000 年，为了解决老城区拥堵问题，开始建设新城区，将金华、阳关部分划为新区。2012 年，国务院同意在金华镇、朱昌镇、百花湖乡（2017 年 9 月，百花湖乡撤乡设镇，正式更名为百花湖镇）以及贵阳高新区分离出的原金阳街道等地域设立观山湖区。

观山湖区文化底蕴深厚，旅游资源丰富。有历史文物遗址灵永寺、东林寺、回龙寺、朱昌古镇等。灵永寺，在今观山湖区百花湖镇，寺庙前是百花湖，背靠九龙山，相传是建文帝避难之处，在寺中有一石碑刻有"皇太孙建文帝避难此间，始肇锡以嘉名，曰墨石……"等字。东林寺在今观山湖区金朱东路，修建于明朝末年（1644），由东旭大和尚创建，已有 400 多年的历史。朱昌镇是一座历史悠久的文化古镇，素有"南青岩、北朱昌"之称，朱昌之名来自朱昌古堡。此外，观山湖还有观山湖生态湿地城市公园、贵阳喀斯特公园、百花湖风景名胜区、九龙山森林公园、百花湖森林公园、观山湖汽车乐园景区、十二滩水库、盘龙洞、贵州省地质博物馆景区等旅游资源；也是贵州省博物馆、五彩黔艺民族服饰博物馆、西南国际商贸城、贵阳生态国际会议中心、贵州金融城、贵阳奥体中心所在地。取自区名的观山湖公园，在观山大桥南北两侧，为观山湖区的中心地区，由南湖和北湖组成。其占地面积为 5500 余亩，其中森林面积 4160 亩，一年四季都景色宜人，是观山湖区的"城市绿肺"。

观山湖是著名的"数谷之都"，2023 年数博会以来，观山湖"中国数谷"核心区以建设国家大数据综合实验核心区为目标，建成了贵阳大数据创新产业（技术）发展中心、贵阳呼叫中心与服务外包示范基地、观山湖电商发展中心等创新平台，累计打造数据融合项目 69 个，带动数据融合企业 103 家，引进和培育大数据企业 750 余家。中国国际大数据产业博览会，已成功在观山湖区举办 6 届。如今，大数据产业极大地丰富便利了区内居民的生活，如建成智慧停车泊位总数达 2445 个，促进了动态交通与静态交通的协调发展。以数博会为名的数博大道，是贵阳贵安推动大数据与实体经济深度融合的创新实践，称为贵阳城市的发展线、主轴线。

观山湖区观山湖（刘炳麟 摄）

花溪：高原明珠，取自花仡佬

花溪区位于贵阳市南部，是黔中腹地所在，为著名的生态区、文化区和风景旅游区。花溪区土地面积964.32平方千米，常住人口为100.26万人。境内有汉族、苗族、侗族、土家族、布依族、仡佬族等40个民族，少数民族中苗族、布依族人口较多。辖青岩镇、石板镇、高坡苗族乡、贵筑街道、清溪街道、平桥街道等19个乡镇街道。

花溪属于亚热带湿润温和型气候区，常年平均气温在15℃左右，空气指数优良。是典型的喀斯特地貌，有17条河流流经境内，水资源充足。花溪有许多著名的小吃，如花溪牛肉粉、青岩卤猪脚、鸡辣椒、糕粑稀饭等。

花溪之名取自民国时期，因代替花仡佬河而得名，由当时地方建设委员会秘书罗浮仙提出，贵阳县长刘剑魂援笔书颜体"花溪"两字，刻石立碑于济番桥头（今花溪大桥），"花溪"取代花仡佬河之名广为人知。今花溪辖地在先秦时期，为当时古国牂牁国所辖。秦朝时期，为且兰县辖地。汉朝，属牂牁郡。明洪武四年，置贵州宣慰使司，由安、宋两氏分任正、副使，今花溪区境属宋氏（副司）统领，后隶属贵州卫、贵阳府。万历十四年，置新贵县，花溪区境属新贵县，隶贵阳府。清朝时期，花溪为贵筑县管辖。民国三年，废贵阳府，设贵阳县，花溪属于贵阳县。民国三十一年，贵筑县县治花溪。1949年改贵筑县为贵阳专属。1952年，贵阳专署由花溪迁贵定县城。1958年2月，贵筑县撤销，所辖区乡镇全部划归贵阳市，以原市郊的黔滇、黔桂公路分界，公路以南置花溪区，以北置乌当区。至今花溪区已有50多年的历史。

花溪区历史文化悠久，民族风情独特。花溪青岩古镇，建于明洪武年间，已有645年的历史。青岩古镇原为军事要塞，现为贵州四大古镇之一，2017年被评为国家AAAAA级旅游景区。古镇内建筑交错密布，寺庙、楼阁雕梁画栋、飞角重檐相间。徐霞客曾游过青岩古镇，《黔游日记》中记录了他对青岩古镇的描写："依东界石山"南行，"则有溪自西北峡中出，至此东转，石梁跨之，是为青崖桥"。花溪区孕育出灿烂的民族文化：高坡杉坪有苗族传统"跳洞"，甲定村有芦笙歌舞会、花溪大寨布依地戏以及六月六花溪公园布依族歌会。花溪的当地群众还擅长刺绣、竹编、服饰、头饰制作工艺等。花溪保留了青岩红军作战指挥所、青岩狮子山阻击战遗址、翁西关战斗遗址、花溪红军长征历史步道等多个红色景点。

花溪被称为"高原明珠"，是著名的旅游景区。著名的花溪公园风景区就在其境内，由天河潭风、十里河滩国家城市湿地公园、苗乡高坡、青岩古镇等组成。20世纪60年代陈毅同志游览过贵阳著名的风景区花溪公园，并在此小住，写下了《花溪杂咏》七首。其第一首诗云："真山真水到处是，花溪布局更天然。十里河滩明如镜，几步花圃几农田。"描绘了素有"高原明珠"之称的花溪区十里河滩的特色"真山真水，布局天然，十里河滩，花圃农田"。区内的花溪河，是高原明珠的精华。花溪河原名济番河，俗称花仡佬河。在明末清初之前，沿河两岸居住着仡佬族的一支花仡佬，所以地名就叫花仡佬。以后花仡佬族迁徙他处，这里成为汉族、布依族、苗族等多民族杂居的地区。

2022 年，花溪区加快推进新型城镇化建设，科学划定"三区三线"，新增城镇开发边界 9.99 平方千米，完成石板现代商贸服务园、孟关现代商贸物流园控制性规划编制。建成"15 分钟生活圈"7 个，老旧小区改造 7848 户，整治背街小巷 40 条。房屋管理大数据平台建成投用，获评省级数字治理示范项目和贵阳贵安优秀数字应用场景。市域快铁开通运营，轨道交通 3 号线、S1 号线、湖林支线等有序推进，花冠路东段、松柏路支线建成通车，甲秀南路—花桐北路节点完成改造，十字街片区 3 座天桥建成投用。

花溪区花溪公园（胡丽　摄）

乌当：温泉之城，源自武当

乌当区位于贵阳市的东北面，与南明区、白云区、云岩区、开阳县、修文县接壤，曾是水东宋氏鼎盛时期政治、军事、文教活动中心。乌当区总面积 686 平方千米，常住人口有 33.6 万人。境内居住着汉族、苗族、侗族、彝族、仡佬族、土家族、布依族等 33 个民族。下辖 5 个街道、6 个镇和 2 个乡。乌当区属于亚热带季风湿润气候，是高原性气候，年平均气温为 14.6℃。是典型的喀斯特地貌，生物多样，资源丰富，其森林覆盖率 59.73%，空气环境质量优良。

乌当区的得名是因为当时辖区内有乌当乡和乌当村。历来说法有四：一说是由元代设立的武当等处长官司的"武当"转变来的；一说原乌当坝子多雾，称为"雾荡"，乌当就是由"雾荡"转变来的；一说旧时乌当村有一污水塘，称为"污荡"，乌当是由"污荡"转变来的；一说乌当村原有"裤裆井"，乌当是由"裤裆"转变来的。再三衡量，乌当由元代"武当"转变来有历史文献可做根据，比较可信。乌当区在先秦时期为当时黔中所辖之地。秦朝时期为象郡管辖，汉代属于夜郎县。唐朝实行羁縻州制度，在贵州这一带设矩州，是为矩州辖地。元代顺元路军民安抚司有武当（今乌当）长官司、洪边州。明代属水东洪边十二马头。民国时期，乌当区为贵阳所辖的第三区。1941 年，贵阳市政府成立，贵筑县辖乌当区署。乌当区作为县级区始建于 1958 年，贵州省人民委员会以（58）省办字第 119 号文批复，同意贵阳市人民委员会在接管贵筑县辖区后，在市郊成立乌当区，乌当区地域为黔滇公路和黔桂公路以北地区，包括金华、阳关、野鸭、朱昌、乌当、北衙等 30 个乡等地。1966年，花溪区、乌当区合并为贵阳市郊区。次年又恢复了乌当区和花溪区。1976 年，乌当区建立新添寨镇。

乌当区历史悠久，人文底蕴非常深厚。明代乌当古遗址和古建筑群；有洪武年间的云锦庄和洪边寨建的宋氏别业遗址、修建于嘉靖时期的乌当来仙阁、正德年间建的乌当协天宫、始建于天顺年间的洛湾万松阁、万历年间建的后所古林寺、成化年间建的乌当桥等古建筑，以及还有明代永乐年间建的永乐古城堡、朱昌古城堡，清道光年间建的乌当惜字塔、乌当明代古墓群等。1958 年乌当区东风人民公社成立，是贵州省第一个人民公社；1995 年发现的洛湾大堡旧石器时代人类文化遗址，将贵阳地区的人类活动史推进到一万年前左右。乌当区还有百宜红军烈士陵园红色遗址，百花湖、鱼洞峡、情人谷等风景名胜区。

乌当区被誉为"林中泉城""温泉之城"。拥有丰富的地热资源,其蕴藏量大、补给量足、水质优,水中含有对人体健康有益的 20 多种微量元素,具有较高的开发和利用价值,被誉为"喀斯特王国最神秘的温泉群"。近年来,乌当区依靠温泉优势,大力发展温泉旅游产业,构建贵阳"温泉之城"核心区,已探明的温泉点有 32 处,其中可开发的有 16 处,建成保利国际温泉、贵御温泉、乐湾国际旅游区、枫叶谷温泉多处国家级旅游景区。

乌当区立足于新发展阶段,贯彻新发展理念,构建新发展格局,坚持发展和生态两条线,经济实力稳步上升,城乡面貌取得了良好的改变。城市建成区面积增至 27.5 平方千米,构建"一轴、双核、多组团"的产城融合发展格局,城镇化率达 70%。乌当区作为贵阳东部产业新区建设的核心,具有广阔的空间承载中心城区拓展,交通网络便捷,形成了"三环五横五纵"路网布局。大数据产业、中高端医药(医疗)制造业、大健康产业发展快速,形成了独特的产业模式。乌当区全面贯彻党的二十大精神,紧扣"四主四市"工作思路,深入实施"强省会"行动,以加快打造"五个新高地"为主抓手,推进"美丽乌当·活力新城"高质量发展,全区各项事业正在取得快速发展。

乌当区来仙阁(王义　摄)

红花岗：红色之城，源自红花岗山

红花岗区位于贵州省北部，为遵义市的中心城区之一，历来便是遵义市的经济、政治、文化中心。位于今遵义老城西南，东临湘江，西连老鸦、大龙两山，环抱遵义老城，为历来兵家必争之地，为黔北重要门户，也是著名的"红色之城""转折之城"。总面积为624平方千米，常住人口有63.3万人，城镇化率达81.95%以上。境内居住着汉族、苗族、侗族、布依族、仡佬族、土家族等民族。下辖4个镇11个街道，40个村75个社区。红花岗区位于云贵高原向四川盆地倾斜地带，多丘陵峡谷，属中亚热带湿润季风气候区，年平均气温为15.2℃，降水充足，气候宜人。

遵义红花岗区名取自境内的红花岗山之名，1997年撤遵义地区建遵义市，原县级遵义市以山名为区名，改为红花岗区。红花岗历史悠久，自古就是黔北的中心之地。秦朝在这一地区设夜郎县，为夜郎的属地。唐贞观十三年设置播州，后由杨氏土司管理725年。明万历二十九年，在贵州实行改土归流，将其设为遵义县。1949年11月25日设立县级遵义市，1997年6月10日撤销县级遵义市设立红花岗区。红花岗有凤凰山、大板水两个国家级森林公园，老谢氏鸡蛋糕、羊肉粉、豆花面等小吃。

红花岗被称为"红色之城"，1935年中国工农红军长征到遵义，在红花岗一带占领有利地形，召开了具有伟大历史意义的"遵义会议"，取得遵义战役胜利。遵义会议的会场也成为著名的红色遗址。遵义凤凰山，是著名的风景游览景点，也是青少年接受革命传统教育的基地，这里是遵义人民怀念红军先烈的纪念地。凤凰山的红军烈士陵园规模宏大，气势壮观，百余级台阶直上山顶，与山下的文化广场和城内18处具有重大历史价值的革命遗址连为一体，构成了遵义历史文化的精髓，是开展红色旅游的重要资源。如今，凤凰山已然成为全国爱国主义教育基地，学习中国近现代史的最佳场所。红花岗还有毛主席旧居、红军总政治部旧址、老鸦山红军战斗遗址、浙大西迁等众多红色长征文化纪念景区。

红花岗区依托其深厚的文化底蕴，历来就是贵州历史文化发展的主流地区之一。遵义有700多年的土司文化，杨氏土司在播州统治700余年，也留下了许多土司文化烙印，促进了多元的黔北文化的交流融合。土司文化遗产揭开了播州神秘的历史面纱，对了解播州社会、政治、经济发展具有极高的价值。红花岗区历史人文景观丰富，居遵义之首。此外，宋杨粲墓，清陈公祠、袁公祠、郑莫祠，黔北古刹湘山寺和佛教名山金鼎山等，构成一条深厚的文化长廊。其中湘山寺，唐朝时期修建而成，曾几经易名，明末以倚山之湘江河而改名沿袭至今。寺成之后多次维修，现为省内第二大佛教寺庙。

红花岗区作为连接"黔中经济圈""黔北经济带"和"成渝经济圈"的重要节点，区域经济发展取得了巨大的成果。2022年以来，全区经济总量上升，现代服务业发展快速，电子商务位居全市首位；确立新型工业化发展以来，实现工业大突破，成为国家技术转移东部中心遵义分中心建成运营的选址地。如今，红花岗公路交通四通八达，两条国道穿境而过，建成G75兰海高速、G56杭瑞高速公路、遵义绕城高速公路；从重庆到省会贵阳的渝黔快速铁路于2018年1月正式通车。

红花岗区红军山（赵昭辉 摄）

汇川：遵义新城，取自汇川坝

汇川区位于贵州省北部，在遵义市北部地区，为遵义市的中心城区之一，汇川区是遵义市党政机关的驻地。汇川区总面积 1514.3 平方千米，2022 年常住人口为 62 万人。全区辖 8 个镇 6 个街道：上海路街道、洗马路街道、大连街道、高桥街道、董公寺街道、高坪街道、泗渡镇、板桥镇、团泽镇、沙湾镇、山盆镇、芝麻镇、松林镇、毛石镇。汇川位于云贵高原向湖南丘陵和四川盆地过渡的斜坡地带，海拔为 1100 米以上，地形以丘陵和盆地为主。汇川区是贵州省首批成立的 3 个省级经济技术开发区之一，也是遵义市政治、经济、科教文化中心和对外开放的前沿窗口。

汇川区作为遵义市的新城，2003 年 12 月经国务院批准成立，隶属于遵义市。其区名取自境内的汇川坝，20 世纪 40 年代，湘江河畔建立遵义高桥，其址叫汇川坝，即今汇川区人民政府机关所在地，汇川区因此而得名。原始社会时期，汇川就已经有人类在这里活动。汇川在春秋时期属鳖国，战国时期属大夜郎国。自秦朝设郡县以来，汇川先后属犍为郡、牂牁郡、平蛮郡。唐贞观十三年，划归当时播州恭水县，次年更恭水为罗蒙。唐贞观十六年，更罗蒙为遵义县。明万历二十八年，播州土司杨应龙叛乱，朝廷平息后结束杨氏 29 代 700 多年的世袭统治。万历二十九年，开始实行改土归流，废除土司制度，隶属四川省遵义军民府遵义县。清雍正六年，改隶贵州省遵义军民府遵义县。民国二年撤遵义府，由省直管县。民国二十四年，为贵州省第五行政督察区遵义县辖区。1992 年，贵州省人民政府批准建立省级遵义经济技术开发区，赋予省级经济管理权限，隶属县级遵义市。2003 年 12 月 26 日，国务院批准成立遵义市辖汇川区。

　　辖区保留了许多重要的文物遗址和红色资源，如著名的国家级文物保护单位海龙囤古军事城堡，海龙囤又称"龙岩囤"，今存有明万历年间杨应龙镌立的"骠骑将军示谕龙岩屯严禁碑"。古人曾盛赞曰："飞马腾猿，不能逾者。"娄山关红军战斗纪念碑建于1984年，碑高11米，碑座宽6米，碑上横刻开国将军张爱萍手书"遵义战役牺牲的红军烈士永垂不朽"15个行草大字，碑上还刻有娄山关战斗中红军将领、战士、游击队员跃马横枪，攻克天险的英雄群像；碑座东侧有"娄山关战斗简介"等。汇川区还保留了许多著名的人文风景区，如遵义市汇川区三阁公园、娄山关风景区、沙滩文化的代表人物黎庶昌故居。汇川区曾出现过许多风云人物，板桥的雍文涛（1912—2001）便是其中之一。他不仅为中国革命做过重要贡献，还参与主持草拟了我国历史上第一部《森林法》，并全身心地投入林业建设，是我国林业战线上的一位重要开拓者。

　　自2003年遵义汇川区确立为省级经济技术开发区以来，依据区域优势大力发展工业建设和城市建设。先后成立了中国江南航天工业集团、长征电器集团、遵义卷烟厂和天义电器厂等大中型企业；是中国名酒董酒和国家名优酒珍酒生产地；机电、冰箱、汽车、烟酒、精细化工等产业成为区域工业经济的基础和主导产业。海尔电器公司、贵州茅台集团公司、美国利奇公司等国际知名企业纷纷来到汇川区投资。近年来，汇川抓住贵州经济发展的总趋势，发展社会经济，积极融入重庆、贵阳"1小时经济圈"。截至2022年完成地区生产总值473.99亿元，规模以上工业增加值189.32亿元，增长6.9%，农村居民人均可支配收入20500元，增长7.5%，经济发展取得巨大的成就，居民的幸福指数不断提高。

汇川区沙滩文化黎庶昌故居（刘大泯　摄）

播州：土脉较疏通，源自唐代播州府

播州区位于贵州省的北部地区，是遵义市的重要城区之一。播州区总面积为 2487.65 平方千米，常住人口为 76 万人。境内居住着汉族、苗族、满族、彝族、侗族、白族、瑶族、土家族、纳西族、毛南族、阿昌族、朝鲜族等 33 个民族。下辖 17 个镇、5 个街道、2 个民族乡。播州属于亚热带季风性湿润气候区，平均气温在 14℃左右，无霜期长达 291 天，降雨充足，生态环境良好，森林覆盖率为 48.37%。遵义播州区辣椒产业发达，生产的辣椒远销国内外，味道极佳，品质优良，如今已形成了生产、加工辣椒的重要城区，享有"辣椒之都"的美称。

播州区在建区以前为遵义县，直到 2016 年才改为播州区，播州区取自唐朝时期所设的播州。春秋战国时为遵义县，为夜郎国鳖国地，秦朝时今县地属巴郡鳖县，汉武帝时期县地随鳖县归犍为郡，在今播州西境。汉元鼎六年，置牂牁郡，鳖县划归牂牁郡。晋永嘉五年，牂牁郡分为牂牁、夜郎、平夷 3 郡，今县地随鳖县划属平夷郡。唐贞观九年，以隋代牂牁郡的延江（今乌江）北岸地置郎州，十三年，以原郎州地置播州，复置恭水等 6 县隶之。播州所辖 6 县，境域包括今遵义县、红花岗区、汇川区及绥阳县、桐梓县地，这是播州第一次出现在史书上。元至元十四年，杨邦宪以播州、珍州、南平军地降，仍置播州安抚司。二十八年，升为播州宣抚司，隶属于四川行省，后改隶湖广行省。明洪武五年，改播州军民都镇抚司为播州长官司，今县地为播州长官司地。万历二十八年，播州改土归流，分播州地为二，今遵义县境从此奠定。雍正六年，遵义县随遵义府改隶贵州省。民国二年，遵义府改为遵义县，属黔中道。民国九年，废黔中道，遵义县直隶于省。1949 年遵义解放，11 月 25 日，建遵义县人民政府。1958 年 11 月 12 日，撤销遵义县并入遵义市，1961 年 8 月 16 日，恢复遵义县。2016 年，国务院对贵州省人民政府《关于调整遵义市部分行政区划的请示》（黔府呈〔2015〕31 号）做出批复。贵州省撤销遵义县，设立遵义市播州区。2016 年 6 月 6 日，播州区挂牌仪式在南白影剧院举行，标志着播州区正式成立。

　　遵义播州区历史悠久，古迹众多，文化源远流长，人文景观丰富。有古播文化、民族文化、三线文化、乡愁文化众多的文化：保留了著名的沙滩文化旧址禹门、尚嵇陈公祠遗址、苟坝会议会址；有"七峡九岩十二险滩六十景"之称的库区高峡平湖，景观壮丽的共青湖，偏岩河风景区水随山转，雄壮险峻；还有枫香、西坪的溶洞奇观以及三渡云门屯穿洞风景和洪关原始森林旅游景点，其中自然风光与革命遗址、历史文物交相辉映，构成了独具特色的旅游景观。清乾隆时，贵州学政洪亮吉视学各县，往鸭溪、白腊坎途中，留下了"谁云播州恶，土脉较疏通"的诗句，说明黔北土地适宜种植的优势。这里人文荟萃。在播州历史上出现了郑珍、莫友芝、黎庶昌等杰出文人。民主革命时期，涌现了一批英勇的爱国青年，如陈铁（1898—1982）。他参加过北伐战争和抗日战争，为中国的革命战争做出了重要的贡献。1949 年 11 月，与族弟、国民党 275 师师长陈德明率部通电起义，积极地投身于贵州解放事业。

播州区作为贵州黔北经济和黔中经济的核心区域，系贵州发展的"金三角"战略腹地，贵州打造"遵义都市圈"的主战场之一。为了加快其区内经济的发展，遵义市大力发展交通基础设施建设，形成水路、公路、航运为一体的交通网络运输，渝贵快铁、川黔铁路穿境而过，仁遵、贵遵复线、遵义一环高速公路及 210 国道、326 国道交会互通，乌江航道直达长江，遵义机场和茅台机场相继建成。2022 年以来，播州区社会各项事业都取得了巨大的进步，其地区生产总值同比增长了 8%，财政总收入 22.03 亿元，跻身中国西部百强区。

播州区尚嵇陈公祠（刘大泯　摄）

西秀：西南襟喉，取自西秀山

西秀区地处贵州省中部偏西，为今安顺市政府所在地，自古就是政治、经济、军事中心，素有"西南冲剧""西南襟喉"之称。西秀区全区总面积 1467.9179 平方千米，常住人口有 87 万人。居住着汉族、苗族、侗族、回族、水族、彝族、瑶族、布依族、土家族、仡佬族、朝鲜族等 33 个民族。下辖 21 个乡、镇、街道，3 个新型社区。是一座拥有 600 多年历史的古城，也是国家级主体功能区"黔中经济区"和贵安新区规划建设的核心区，全国唯一以多种经济成分共生繁荣为主题的改革试验区等。西秀区为亚热带季风性湿润型气候区，年平均气温为 14℃，降雨充足，无霜期较长，气候宜人，空气质量优良，森林覆盖率为 43%，为天然空调和大氧吧。

西秀区开发较早，旧称习安，区名取自境内的西秀山。元至正十一年，置安顺州后始得安顺之名。明万历三十年，升安顺州为安顺府。民国三年，改安顺府为安顺县。1958 年置安顺市，市、县分治，至年底撤县并市，1963 年复安顺县名。1966 年市、县第二次分置，市县治同城，1990 年再度合并为安顺市。2000 年 6 月，因撤安顺地区建地级市安顺市，遂以城南胜景西秀山之名改原安顺市为西秀区。

作为历史古城，西秀区内保留下来了许多文物遗址，如位于城南的西秀山的西塔。此塔又称"望城塔"，始建于元泰定三年，初为砖砌而成；至咸丰十年，以白色石料砌其外，建成等六边形锥状封闭檐式石塔，每当朝晖夕照，塔体如镀上一层银白色，熠熠耀目，仰视如白玉巨笔，直指苍穹，因而有"笔峰耸翠"的雅称。它与西门外花山石塔相峙，雌雄相戏，把西秀山城装点得格外壮观，故当地人又称西秀山为塔山。安顺文庙又名"府学宫"，坐落于安顺市东北之簧学坝，占地约 8000 平方米，是一座规模宏大、布局严谨、庄严典雅的古建筑群。文庙建于天启二年，毁于兵燹。后经清康熙到道光几次增建、修复，臻于完备，现存建筑 22 处。为安顺市的一个旅游景点，众多游人到此怀古凭吊。

西秀区是国务院最早确定的甲类旅游开放城市，为全国六大黄金旅游热线之一和贵州西部旅游中心，世界喀斯特风光旅游优选地区，拥有"中国瀑乡""蜡染之乡"等美誉。拥有云峰屯堡、旧州古镇、虹山湖公园 3 个 AAAA 级旅游景区、1 个红色经典旅游景点王若飞故居，以及宁谷古汉墓遗址、安顺府文庙、武庙、云山屯古建筑群、鲍家屯水利工程等多处国家级、省级重点文物保护单位。600 年历史的屯堡文化独具魅力，与秀丽的自然风光、古朴的民俗民风、多彩的民族节日组成了西秀独特的人文风光。

党的十八大以来，西秀区在安顺市委、市政府的领导下，发扬"敢闯敢试、奋勇争先"的精神，综合实力大幅攀升，产业转型升级取得突破性进展，城乡面貌实现美丽"蝶变"，改革开放迈出坚实步伐，生态环境质量大幅提升，人民群众获得感显著增强，全区经济社会发展取得历史性成就，人民群众的幸福指数不断攀升。融入"贵阳1小时经济圈"，深圳、广州、长沙、南昌、重庆都在5小时经济圈内，成为黔中经济核心区。2022年以来，西秀区完成学校建设300多所，教学水平得到极大的提升，申报认定国家高新技术企业13家，完成科技型中小企业入库19家，科研水平越来越成为城市发展的重要动力。新增城市绿地面积3.55公顷，新增城区公共停车位400个，城市绿化和基础设施建设不断完善。2022年年底，地区生产总值年均增长10.5%左右，西秀区成为带动安顺发展的主力。

西秀区云山屯（刘炳麟　摄）

平坝：黔中天台，源自平坝卫

平坝区位于贵州省中部，安顺北部地区，与贵阳市接壤。全区面积999平方千米，常住人口有35.8万人。境内居住着汉族、苗族、壮族、侗族、布依族、仡佬族、瑶族、水族、彝族等民族。平坝属亚热带湿润型季风气候，年平均气温为13.3℃，冬无严寒，夏无酷暑，空气质量优良，森林覆盖率为43.4%。平坝区耕地面积有26万亩以上，有6个集中连片的万亩坝子，是贵州省粮食生产县之一，素有"黔中粮仓"之称。境内矿产资源非常丰富，有硫铁矿、磷、白云石等20多种。

平坝区名取自"地多平旷"之意，其县名之由来源于明洪武二十三年所设之平坝卫。平坝历史悠久，在春秋时期属于当时古国牂牁辖地，战国为夜郎国属地。秦时，属象郡所辖夜郎县。汉时，属牂牁郡所辖夜郎县。隋时，属牂牁郡宾化县。唐时，辖区分割更迭较大，东南部属琰州应江，大部分地区又属清州，西南部曾属罗氏鬼国和罗甸国。明朝推行卫所制，平坝地方政权始逐步建立。明洪武十五年因路当驿站，首置驿站名沙做站（今平坝区下头铺村），逐步显示了平坝在黔中地区的重要地位。明洪武二十三年，以原"卢唐三寨及今金筑府地"置平坝卫，平坝之名由此而始，含有"地多平旷"之意。清康熙二十六年，裁平坝卫设县，名安平县，隶于贵西道安顺府。民国三年因与云南安平厅和直隶安平县重名，遂更名平坝县。1949年平坝解放后属安顺地区，2000年6月属安顺市。

平坝区历史悠久，有众多名胜古迹，其中以天台山寺庙最为有名。天台山坐落在平坝城西南12千米处的贵黄公路左侧，是众山间崛起的一峰。天台山因山上建有伍龙寺而闻名，伍龙寺建于明万历十八年，后经历代培补增修，成为如今的寺庙规模。伍龙寺建在高低不平、地势狭窄的场地上，古代的建筑师们布置了大小40多间建筑，山门、倒座、两厢、正殿、祖师殿、藏经楼、仓廪等应有尽有，空间应用得巧妙天然，环境处理得灵活多变，因而被视为"我国已日益少见的山地石头建筑类型的代表""藏在深山中的明珠""中国古代建筑中的一组绝唱"。山中诗词歌赋、碑文对联镌刻于石，均为名人之作。山脚有摩崖"人观在上"，在专供游人题咏的天街石壁上有王奉浩书刻"天台"两个大字。第一山门上有乾隆十三年书刻的"黔南第一山"五字，大殿左侧有"名山覆武"摩崖。山门上有一对联云："云从天出天然奇峰天生就；月照台前台中胜景台上观。""天台"二字三次巧嵌联中。

境内有西南佛教发源地高峰山万华禅院、保存完好的600年大明遗风天龙屯堡、黎阳航空小镇、风光秀丽的斯拉河、景色旖旎的邢江河自然景观。近年来平坝樱花也成为重要的网红打卡景点，每年樱花盛开时各地的游客到此处观赏平坝樱花。此外，平坝位于安顺与贵阳之间，也是少数民族聚居之地，各民族之间相互交流形成了独特的风格体系和饮食文化，平坝刺梨干、糟辣脆皮鱼、侗族油茶都是非常有名的特产。

平坝区是贵安新区的核心组成部分，占贵安新区规划面积1795平方千米的51%，在其经济发展方面有重要的优势条件和政策支持。平坝主动融入"贵阳—贵安—安顺"都市圈建设，大力构建以城区为主、夏云镇和高铁新城为依托的"一核两翼"发展格局，加速推进城乡一体化进程，主城区面积由8.21平方千米扩大到15平方千米，城镇化率由36.9%提高到50.71%，走出了一条旧城改造和新城建设同频共振、城镇与农村共建共享的可持续发展道路。主动融入"贵阳—贵安—安顺"都市圈建设，建成了迎宾路、产业路、贵安大道平坝段等一批重要骨干道路，城区东外环线启动建设，互联互通水平进一步提升。率先在全市实现"组组通"，成功创建"四好农村路"省级示范县。打造了夏云、天龙、乐平等省市级示范小城镇，建成杨柳湾、长龙潭、高烟坡等一批湿地公园和城市山体公园，成功承办全市第七届新型城镇化推进暨小城镇建设发展大会。[1]

平坝区邢江河（刘炳麟　摄）

碧江：大明边城，源自黔东明珠铜仁

碧江区位于贵州的东部，铜仁市的中心城区，地处湘、黔两省交界处，素有"黔东明珠"之美誉。全区面积为1008平方千米，常住人口50万人。区内有汉族、侗族、苗族、瑶族、土家族、布依族、仡佬族等26个民族，下辖15个乡（镇、街道）104个村（社区）、1个省级高新区。碧江区属于中亚热带季风湿润气候区，年平均气温17.9℃，四季分明，雨热同季，森林覆盖率为70%，是国家森林城市。锦江穿境而过，有大小河流28条，水资源非常丰富。物产资源非常丰富，有矿产资源锰、钒、钼等20多种，红豆杉、珙桐等珍稀植物，是著名的国家湿地公园。

碧江区为明朝时期铜仁府所在地，为大明边城。新石器时期，铜仁

---

[1] 刘碧：《平坝推进新型城镇化打造生态宜居城》，黔中平坝，2022年3月10日。

就已经就有人类生息繁衍，在考古发掘中发现了杜家园和岩董两处新石器古文化遗址石器残片和夹砂红陶、灰陶残片。铜仁周时为荆州西部、梁州南面的边地；春秋时属楚国辖地。秦时属于黔中郡。唐朝初年属于辰州，唐垂拱二年，置万安县。天宝元年，改万安为常丰县，隶属卢阳郡（锦州）。宋朝在边区设置一些称为"砦"的军事行政单位，当时铜仁属锦州砦。元代设置铜仁大小江等处蛮夷军民长官司。明朝洪武五年，改铜仁大小江等处蛮夷军民长官司为铜仁长官司。明朝永乐十一年，设置铜仁府，明万历二十六年，废除铜仁长官司，设置铜仁县。清光绪九年，移铜仁县治于大江口（今江口县）。民国元年（1912），将铜仁县并入铜仁府。1949年铜仁县解放，成立县人民政府。1987年，国务院批复撤销铜仁县，建立铜仁市（县级）。2011年，《国务院关于同意贵州省撤销铜仁地区设立地级铜仁市的批复》，同意撤销县级铜仁市，设立铜仁市碧江区。

铜仁市碧江区已有600多年的历史，明朝永乐置府，万历年间置县，是一座历史之城。碧江中南门有609年的历史，是贵州重要的历史文化旅游区，有明清建筑103栋，是人们"找回乡愁的一扇窗户"。碧江区也是一座革命之城，孕育了早期中国共产党军队的缔造者、湘鄂西革命根据地和湘鄂西红军的创建者周逸群等一批历史名人，如今碧江区保留了周逸群烈士故居、周逸群烈士陈列馆等遗址，是铜仁弘扬红色文化的著名红色基地。铜仁被称为傩戏之乡，碧江区保留了许多精彩的傩戏表演形式，被列入第一批国家级非物质文化遗产名录，是全国唯一的傩文化博物馆。碧江区龙舟文化具有民族特色，龙舟活动被列为第三批国家级非物质文化遗产名录。全区共有27个重点文物保护单位，还有茶园山耕读文化、隐居文化、徐氏文化。

碧江区作为铜仁市的中心城区之一，拥有有利的区位优势，历史文化底蕴深厚，成为助推碧江区发展的重要动力。近年来，碧江区在贵州省、铜仁市的领导下，以习近平新时代中国特色社会主义思想为指导，坚持高质量发展，全区经济发展良好，社会发展稳定。碧江高新区是贵州省重点打造的 3 个东西部协作示范区之一，一大批产业成功落户铜仁，累计入驻企业 228 户，被评为贵州国家级绿色工业园区。2022 年以来，其建成区面积 33.5 平方千米，城镇化率 79.49%，医疗、教育、卫生等各项民生事业取得重大进步。如今，碧江区境内水陆空立体交通网络格局建成，凸显其中心城区的区位优势，越来越成为长江中上游综合开发和黔渝经济合作的重要节点。

碧江区中南门古建筑（胡丽 摄）

万山：中国汞都，取自万重山中城

万山区位于贵州省东部，是铜仁市的主城区之一，地处武陵山脉主峰梵净山东南麓。万山区总面积为 842 平方千米，常住人口 16 万人。境内居住着汉族、侗族、苗族、壮族、白族、彝族、回族、布依族、土家族等 17 个民族。辖茶店街道、丹都街道、仁山街道、谢桥街道、万山镇、大坪侗族土家族苗族乡、高楼坪侗族乡、下溪侗族乡等4个街道、1个镇、6个乡。万山区属于中亚热带季风湿润气候，年平均气温13.7℃，无霜期长，降雨充足，四季分明。全境地势东低西高，中部隆起，是典型的喀斯特地貌，又位于武陵山山麓，东部西部地形差异明显。万山区矿产资源丰富，已发现汞、钾、锰、铜、锌、大理石、白云岩等30多种，万山是我国最大的汞工业生产基地，是"中国汞都"。

万山之名，源于大万山，元明清时期称大万山，民国时期称为万山，筑于万山丛中，以山得名。万山夏商时为荆州之域，周朝时为楚国地。秦朝时属于黔中郡，汉朝时属武陵郡。唐朝时属锦州，宋朝时属沅州。元至元十四年置大万山等处军民长官司，属于思州安抚司。永乐十二年，大万山长官司划属铜仁府管辖，黄道溪长官司、施溪长官司划属思州府管辖。清朝时期实行改土归流，裁撤大部分土司，大万山长官司由铜仁府派流官直接管理。民国二年，设置省溪县，隶属于黔中道。民国十二年，省溪县直隶贵州省。民国三十年，撤省溪县，辖地分别划入铜仁、玉屏两县。1966年设万山特区，隶属铜仁地区。1968年撤销，1970年再度恢复万山特区，隶属于铜仁区。2011年，国务院批复同意撤销铜仁地区设立地级铜仁市，设立万山区。

万山拥有历史悠久、雄伟壮丽的佛教圣地中华山，有630多年历史，四通八达、洞中有洞的"地下长城"坑道。还有著名的朱砂古镇，古镇位于万山区万山镇核心区，对现有遗址和文物进行修缮性开发利用，建造朱砂古镇，被国务院列为第六批"全国重点文物保护单位"。此外万山区民族文化丰富多彩，独具特色。民俗文化如舞龙灯，又叫保龙、灯龙，一般是农历正月初三出灯，十五结束。万山傩堂戏起源于古代人驱逐瘟疫、祈求甘雨的一种"跳神"活动。万山鼟锣，是万山区侗乡人民最为独特、古老、保存最为完整的民族文化艺术之一，万山区黄道乡被称为"鼟锣艺术之乡"。

万山作为铜仁市的主要城区之一，有万山长寿湖国家湿地公园、牙溪泰迪旅游综合体、九丰农业博览园等风景区及娱乐游玩设施。

近年来，万山区绘就"转型之城·美丽万山"宏伟蓝图，以新型工业化、新型城镇化、农业现代化、旅游产业化"四化"为高质量发展主线，在铜仁市、万山区共同努力下，全区经济社会进入转型发展期。

2022 年以来，城镇居民人均可支配收入提高，同比增长 4.7%，居全市第 8 位，农村居民经济位居全市第 4；3 条高速公路穿境而过，湘黔铁路、株六复线、渝怀复线 3 条铁路环绕四周，1 小时直达贵阳，2 小时直达长沙，交通发展取得历史性进步；在产业发展上，目前引进入驻工业企业 56 家，优强企业 19 家，万山依靠"千年丹都·朱砂古镇""转型之城·美丽万山"两个金字招牌，发展旅游，推动红色游、生态游、乡村旅游发展，万山变为旅游"白天鹅"。"十四五"期间，万山区将继续以经济建设为主线，以社会发展与居民生活质量为目标，致力于打造"转型之城·美丽万山"。

万山区朱砂古镇（刘大泯　摄）

六枝：唯一特区，取自七个枝

六枝特区位于贵州省西南部，六盘水市东部地区，是六盘水的东大门，为目前我国唯一一个以"特区"命名的县级行政区。全区总面积

1799.48 平方千米，常住人口 53.41 万人。特区内生活着汉族、苗族、回族、布依族、仡佬族、土家族等 32 个民族。辖 9 个镇 6 个乡 3 个街道，共 253 个村（社区）。属于亚热带季风温暖湿润气候区，雨量充沛，年均气温 15.6℃，年均日照 1252 小时，空气质量优良，森林覆盖率为 58%。六枝特区以喀斯特地貌为主，境内山脉有乌蒙山脉、苗岭山脉，平均海拔为 1350 米。此外，六支特区资源丰富，位于长江和珠江流域的分水岭，又有牂牁江、三岔河流经特区，河流落差大，水能资源丰富；境内有铁、煤、铅、萤石、重晶石、石灰石等 20 余种矿产资源。

"六枝"之名源于七个枝，始于清雍正九年，设置郎岱厅之后。当年，清廷以郎岱长官司陇氏地、西堡长官司沙氏地、西堡副长官司温氏地，加上永宁（今关岭县）划出的一部分设立郎岱厅。郎岱厅设置流官后，将属地划为七枝。郎岱为本枝居西南隅，正北为下枝，正东为西堡枝，西北为上枝，东北为化处枝，东南隅为木岗枝，上、下、本、西堡四枝之间为六枝。道光年间改七枝为十里，六枝作为小地名保存了下来。1913 年，郎岱厅改为郎岱县，为二等县，隶属贵西道，辖区域不变。1923 年，全省各县直属于省。1930 年，郎岱县将所辖区域划分为 8 个区。1950 年，郎岱县人民政府成立，属安顺专区管辖。1956 年划归兴仁地区，同年划回安顺地区。1960 年 5 月，撤郎岱县，设六枝市。1962 年 10 月，六枝改市为县。1965 年"三线建设"兴起，六枝矿区成立，翌年 2 月改称六枝特区，同时撤六枝县，恢复郎岱县。1967 年后划入六盘水地区。1970 年 12 月，郎岱县与六枝特区合并，合并后的政区仍称六枝特区。1978 年后隶属六盘水市。

六枝特区文化底蕴深厚，旅游资源非常丰富。风景名胜有牂牁江旅游景区、花德河省级森林公园、白水河瀑布群、岩脚古镇、懒龙桥景点等。其中六枝胜迹多集中在郎岱老城一带，有历史文化名镇郎岱镇、神秘的老王山（古郎山）、六枝郎岱书院。关于郎岱名胜记载的书籍较多，如《安顺府志》记：有东山朝霞、南岳飞仙、西陵古渡、北驿文峰、云盘古树、月朗平桥、岩疆锁钥、陇箐连云，称为郎岱八景。《郎岱县访稿》则记有世传十景。因北盘江毛口乡段江面宽广，有学者据《史记》中"夜郎者，临牂牁江，江广百余步，足以行船"的记载，认为其北岸为夜郎都邑旧址，并以王子坟、老王山遗物及彝文经书记载等做佐证。其说法有待考证，但古时位于此地的西陵渡口却江阔山雄，为贵州西部少有的景色。清代郎岱厅举人李绵心作《西陵古渡》一诗咏叹其景："西陵胜境自谁传，江水弥漫汇百川。待渡人声闻碧落，乘船客拟上青天。烽烟永靖归来日，翰墨留书忆昔年。对此诗情应更远，琳琅佳句写鸾笺。"如今成为六枝特区的主要景点之一。

六枝特区在国家政策和贵州省的大力支持下，其经济和社会发展较快并取得了许多重要的成绩。六枝特区也是贵州省较早建设的工业城区之一，拥有雄厚的工业基础和产业设备，为其现代化发展打下了坚实的基础。近年来，随着社会发展的需要，六枝特区产业转型快速，六枝特区已从一座昔日的煤城华丽转身成为一座新兴的旅游城市，先后获得"中国十佳生态旅游城市""中国生态魅力城市"称号。在交通建设方面，贵昆及株六电气化铁路横穿六枝；国道356和省道214纵贯南北；六枝经纳雍至晴隆、六枝至安龙、普定至盘州高速公路开工建设；安六高铁建成通车，逐渐形成了"四横两纵多连接"的铁路、公路网络，已成为贵州西部重要的物资集散地和交通枢纽。

六枝特区郎岱岱山书院
（刘大泯 摄）

水城：西南煤海，取自水上之城

水城区位于贵州省西部，隶属于六盘水市的核心地区，在云贵高原向黔中山地过渡的大斜坡上，地处川滇黔桂四省区接合部，素有"四省立交桥"之称。全区总面积 3054.92 平方千米，常住人口有 62 万人。下辖 9 个街道、11 个镇、10 个民族乡、105 个少数民族行政村。境内居住着汉族、苗族、彝族、白族、水族、回族、布依族等 41 个民族。水城区属于亚热带湿润季风气候区，降雨充足、气候温和，平均气温为 15℃。此外，北盘江及三岔河穿县境而过，水能资源亦十分丰富。水城厅因铅锌而设，水城特区因煤矿而置，其中已发现的矿产资源有铁、铅、锌、煤等 26 种，已探明的煤产量为 80.32 亿吨，成为全国重点产煤县和电气化建设县，是全国首批 100 个重点产煤县之一，素有中国"西南煤都"之称。

水城区之名取自水上之城。秦朝时期，水城县为汉阳县所辖。王莽时期，将原来西汉的牂牁更名同亭，汉阳更名新通，水城为新通辖地。唐朝总章二年，设汤望州（今水城境），属于当时的剑南道。宋朝开宝七年，水城属于水西地域。元朝时期，至元十六年设置罗氏鬼国安抚司，至元十七年改为顺元路宣抚司。明朝时期为当时水西宣慰司辖地。水西又分中水、下水和底水，水城即是底水。清雍正十年，因军事需要在水城坝子下钟山西麓筑土城（乾隆二十四年改修为石城）。城濠外四面皆平田，春夏河水暴涨，田地隐没，上下数十里渺渺然若湖海，故得名水城。四周围墙曲折环抱，形如荷叶浮水，故又名荷城。

清雍正十一年，为开采转运铅矿，划大定（今大方）府永顺、常平二里置水城厅，移大定府通判一员分驻其地，掌理铅务是通判的重要职责。乾隆四十一年，水城福集厂每年白铅产量长期保持在 256 万斤至

120万斤之间，因厅辖地小，夫马不敷，吏部奏准再拨平远（今织金）州时丰、岁稔、崇信三里属之，同时增设大定府照磨一员驻水城，辅佐通判掌理铅务。民国二年，水城厅改水城县，属黔西道，民国时属毕节行政督察专员公署，解放后属毕节地区。1970年12月，水城县与水城特区合并为水城特区，归六盘水地区管辖。翌年4月，特区机关从老城迁到黄土坡。1978年隶属六盘水市。1987年12月，水城特区撤销，分设为水城县和钟山区。2020年12月30日，六盘水市水城区成立，成为六盘水的主城区之一。

水城区是一座历史老城，历史文化底蕴深厚，也是一座旅游名城。这里有久经历史变化的古城——土城，修建于明朝时期，已有600多年的历史，如今保留下来了许多历史文物；有坐落在龙场碗厂的中国工农红军渡北盘江纪念馆；还有海坪千户彝寨、龙场白族文化园、米箩布依族风情园等具有民族特色的村寨部落文化；还有水城海坪彝族火把节、陡箐苗族端午对歌节、水城农民画民俗活动。古朴的历史文化与自然景观、多彩的民族文化融为一体，展现了水城人文景观的独特一面。在清朝时期著名诗人钱青选曾专门作诗词《荷城怀古》诗中描述水城之景："关山极目杳苍苍，乌撒东西古战场。"虽然今天难以看到如此一番美景，但从人们的生活中能够窥见曾经的辉煌。

如今，水城区在数十年的奋斗中取得了非凡的成就，其综合经济实力稳步上升。2019年被列为"西部百强县"，2020年水城区正式建立，各项工作翻开崭新的一页。是贵州脱贫攻坚完成较早的区之一，2019年成功脱贫，182个贫困村全部出列。截至2021年年底，水城区公路里程5661千米，水城区境内现有铁路线路总长244.8千米，成为助推其经济发展的重要动力。其城市面积扩建达25.4平方千米，城镇化率达49.85%。在旅游发展方面也取得了许多成就，建成乡村旅游重点村、传统古村落4个，A级景区20个，1个国家级旅游度假区（野玉海山地旅游度假区），1个中国最具潜力滑雪旅游度假区（玉舍雪山滑雪场）。

天生桥（王义　摄）

钟山：西部枢纽，源自上下钟山

钟山区位于贵州省西部，是六盘水市的政治、经济、文化、交通的中心。位于四川、贵州、云南的接合部，贵阳—昆明两大城市的中心点，是西南通江达海的咽喉要塞，素有"西部枢纽"之称。全区总面积为1065平方千米，常住人口有79.5万人。境内居住着汉族、苗族、白族、彝族、壮族、侗族、布依族、仡佬族等31个民族，辖5镇3乡9街道，101个城市社区、79个行政村。区境内蕴藏丰富的煤、铁、白云岩、重晶石、石灰石等矿产，其中煤炭储量达20亿吨。钟山区大部分地域海拔在1800～2200米之间，属于北亚热带季风温暖湿润气候区，气候特殊，常年无夏，春秋相连，平均温度12.3℃，被人称为"天然空调"，成为六盘水市打造"凉都"品牌的主要依据。

钟山区名取自上下钟山。清代雍正年间，今六盘水市北为水城厅，东为郎岱厅，南为普安州。民国时期，置水城县、盘县、郎岱县。1967年，在六枝、盘县、水城三个县级矿区（后改特区）的基础上，组建六盘水市，后改为省直辖市。1970年，郎岱、盘县、水城三县与三个特区合并，仍称特区，隶属六盘水地区。1987年，根据国务院批复，水城特区撤销，分设水城县和钟山区，钟山区的建制正式形成。水城坝子四周为喀斯特峰林，其东西端各有一孤峰，西为上钟山，东为下钟山，因此将其特殊的地理标志作为钟山区名。钟山区坐落于上百个喀斯特峰林中，奥地利维也纳大学费歇尔教授赞誉其为"东方日内瓦"和"高原威尼斯"。钟山区还辖一块在毕节之间的飞地，即大湾镇，贵州省最高峰韭菜坪就坐落在大湾镇的北端。

钟山区正式成为区较晚，其人文底蕴深厚，历史悠久，旅游资源丰富。保留了许多古遗址，如罗氏居宅位于老城杨柳社区和平路，始建于民国三十一年，为木结构穿斗式单檐悬山顶，坐南朝北，为当时城内第一高建筑，也是当时木结构建筑的代表，2012年公布为区级文物保护单位；杨氏居宅建于清光绪年间，为杨毓彦所建，是水城地区保存最为完整的明清四合院建筑，为研究水城清代晚期民居建筑及经济文化发展状况提供了实物佐证，有很高的研究价值和文物价值；钟山文昌阁建造时间不详，可能修建于清嘉庆初年，现作为六盘水市重要的文化活动场所，俗称观音阁；还有福集厂铅锌冶炼遗址、硝灰洞遗址等遗址。六盘水钟山区旅游景点丰富：钟山区湿地公园风景区、六盘水水城古镇、六盘水大河堡凉都花海、六盘水宝华双桥水库等。

上下钟山早在地方志中就有过记载：上钟山"盘踞平岗，横空独秀"，下钟山"巍峨特立，形如覆钟"。有清代诗人曾作《荷城八景回文诗》第七首《双钟扑地》："圆匀象有又无音，铸得神钟玉炼金。烟锁石桥横水浅，雾凝杉树碧云深。田平绕处分先后，浪白流时判古今。天与地灵钟上下，延绵果见不浮沉。"

自贵昆铁路株六复线、内昆铁路、水柏铁路和大型铁路编组站——六盘水南编组站建成后，钟山区成为西南重要的铁路枢纽。钟山区又是六盘水市的中心城区之一，在区位优势、经济、政策的大力支持下，钟山区在社会各方面都取得了巨大的发展。全区 71 个贫困村全部出列，16040 户 67932 人全部脱贫；钟山区大力发展旅游产业，实现了从老工业城市向旅游新城市的成功转型，建成"三池三湖"等景点，新建景区 16 个，其中有 AAAA 级景区 3 个，AAA 级景区 4 个；其交通发展也取得进一步优势，安六铁路建成通车，月照机场通航，六威高速、六赫高速通车运行，并且初步构建中心城区"八横八纵一环"骨架性主干路网，建成农村公路 900 千米，便利了人们出行，是钟山区发展成就的见证。

钟山区湿地公园（刘炳麟　摄）

七星关：乌蒙腹地，源自七星八景

七星关区位于贵州省的西北地区，是毕节市的政治、经济、文化中心，为毕节市市委、市政府所在地，地处川、滇、黔、渝四地的交会区域，西南地区重要的物资集散地，是乌蒙山的腹地。全区总面积 3747 平方千米，常住人口为 143 万人。辖 14 个街道、28 个镇、11 个乡（8 个民族乡）。境内居住着汉族、回族、彝族、水族、土家族、布依族、蒙古族等 38 个民族。属于亚热带湿润季风气候，年平均气温为 12℃，降雨充足，气候温和，平均海拔为 1511 米，曾被誉为"中国十大避暑旅游城市"。七星关矿产资源丰富，矿产有铁、煤、锌、大理石、高岭土等 20

多种，地下储水量为 4.33 亿立方米，水能资源丰富。

七星关区名取自境内的名关七星关。七星关历史悠久，早在原始社会时期，就已经有人类在这片土地上生活。先秦以前，夏朝时期为梁州的南域，商属卢国南境，战国时期为夜郎国西北境。秦朝设郡县，属蜀郡东南地，西汉时期为牂牁郡所辖之地。蜀汉章武元年，置平夷庲降都督府，成为南中地区一个重镇。唐朝时期，在西南地区实行羁縻州制度，以今七星关城区境内的倒天河（彝名"禄遮液"）为名，置禄州羁縻州。元置平迟、安德两长官所和毕节驿（"毕节"源于彝语"比跻"取汉文而来）。明朝时期，设毕节、赤水 2 卫，管理今黔西北和滇东北镇雄、威信以及川南叙永、古蔺等地。清康熙二十六年裁毕节、赤水 2 卫，改置毕节县。民国二年，在全国范围内废府、州、厅置县，置黔西道，治毕节县。民国三年，改黔西道为贵西道，治安顺县。民国十二年，废道，所有县均直隶于省。1949 年，建立贵州省毕节专区，专员公署驻毕节县。1970 年，毕节专区改称毕节地区，地区行政公署驻毕节县。2011 年，国务院批准撤销毕节地区和县级毕节市，设立地级毕节市，毕节市设立七星关区，以原毕节市的行政区域为七星关区的行政区域。

七星关区历史悠久，是西南地区的文化名城，素有"乌蒙腹地、三省红都、文化名城"之称，同时也是贵州的旅游文化景区之一。七星关区拥有众多的文化资源，如史前文化、夜郎文化、明清儒学文化、古彝文字、卫所文化、红色文化。七星关区历史文化遗址有青场老鸦洞旧石器时代遗址、路氏翰林山庄、汉代平夷古城、七星关古城；红色革命遗址有中华苏维埃川滇黔省革命委员会旧址，红二、六军团政治部旧址，贵州抗日救国军司令部旧址，夏曦烈士纪念碑；作为贵州少数民族聚居区其民族文化有彝族村寨三官寨、大南山苗寨、大屯土司庄园。七星关不仅历史文化底蕴深厚，其风景名胜更是人间一绝，如著名的风景区拱

拢坪国家级森林公园、小河风景区被人称为旅游胜地，七星关也被称为
"中国十大避暑旅游城市"。

作为毕节市唯一的区，七星关在政策、经济上得到了巨大的支持，
在贵州省、毕节市政府的大力帮助下，如今毕节七星关是贵州发展较快
的区之一。近年来，七星关建成高速公路总里程210.2千米，国道达172
千米，农村公路总里程达3791.45千米，实现了100%村村通油路。七星
关经开区成立以来，为全区新型工业化提供了重要的动力，如今有164
家企业入驻，解决了七星关的大量劳动力。教育是国之大计，七星关非
常重视教育的发展，已新改扩建公办学校142所，新增学位7.8万个，
教师队伍建设也不断加强。如今，毕节七星关加强企业转型，发展高新
技术产业，其中最典型的案例就是2015年入驻的贵州致福光谷产业园
区，数家国家高新技术企业汇聚于此，在众多领域取得了累累的科研成
果，成为毕节七星关高新技术产业发展的指明灯。

毕节市七星关境内的川滇黔省革命委员会旧址（刘炳麟　摄）

附　录

明清两代贵州省的府州县与今地名对照

明朝：

（一）府州县

1.贵阳军民府	治今贵阳市
①开州	治今开阳县城
②广顺州	治今长顺县广顺
③定番州	治今惠水县城
④新贵县	治今贵定县旧治

附：程番府

成化十二年治今惠水县城，隆庆二年移治今贵阳市，隆庆三年改名贵阳军民府

2.安顺军民府	治今安顺市
①永宁州	治今关岭县境打罕坡
②镇宁州	治今镇宁县火烘寨
③普安州	治今盘州城

附：安顺州洪武十六年置，治今安顺市，后升为府

3.平越军民府	治今福泉县城
①黄平州	治今黄平旧州
②余庆县	治今余庆县城

③瓮安县　　　　　　治今瓮安县城

④湄潭县　　　　　　治今湄潭县城

4.都匀府　　　　　　治今都匀市

①麻哈州　　　　　　治今麻江县城

②独山州　　　　　　治今独山县城

③清平县　　　　　　治今凯里市清平

5.黎平府　　　　　　治今黎平县城

①永从县　　　　　　治今黎平县永从

附:新化府　　　　　治今锦屏县新化,后废

6.石阡府　　　　　　治今石阡县城

①龙泉县　　　　　　治今凤冈县龙泉坪

7.思州府　　　　　　治今岑巩县城

8.思南府　　　　　　治今思南县城

①安化县　　　　　　治今思南县

②务川县　　　　　　治今务川县城

③印江县　　　　　　治今印江县城

9.铜仁府　　　　　　治今铜仁市

①铜仁县　　　　　　治今铜仁市

附:乌罗府　　　　　治今松桃县乌罗,后废

10.镇远府　　　　　　治今镇远县城

①镇远县　　　　　　治今镇远县城

②施秉县　　　　　　治今施秉县城

11.遵义军民府　　　　治今遵义红花岗区

①真安州　　　　　　治今正安县城

②遵义县　　　　　　治今遵义市红花岗区

③桐梓县　　　　　　治今桐梓县城

④绥阳县　　　　　　治今绥阳县

⑤仁怀县　　　　　　治今赤水市

12.乌撒军民府　　　治今威宁县城

13.天柱县　　　　　治今天柱县城

14.荔波县　　　　　治今荔波县城

（二）卫所

1.贵州卫　　　　　　治今贵阳市

2.贵州前卫　　　　　治今贵阳市

3.威清卫　　　　　　治今清镇市

4.镇西卫　　　　　　治今清镇市卫城

①威武所　　　　　　治今清镇市境

②赫声所　　　　　　治今清镇市境

③柔远所　　　　　　治今平坝区境

④定南所　　　　　　治今普定县城

5.平坝卫　　　　　　治今平坝区

6.普定卫　　　　　　治今安顺市

7.安庄卫　　　　　　治今镇宁县安庄

①关索岭所　　　　　治今关岭县

8.安南卫　　　　　　治今普安县江西坡

①安南所　　　　　　治今盘州杨那山

②安笼所　　　　　　治今安龙县城

9.普安卫　　　　　　治今盘州

①乐民所　　　　治今盘州乐民

②平夷所　　　　治今云南省富源县

10.乌撒卫　　　　治今威宁县城

11.毕节卫　　　　治今毕节市城

①七星关所　　　治今毕节市七星关

12.层台卫　　　　治今毕节市层台

13.赤水卫　　　　治今毕节市赤水河

①白撒所　　　　治今毕节市境

②阿乐密所　　　治今四川省古蔺县阿落密

③摩尼所　　　　治今四川省古蔺县摩尼

14.普市所　　　　治今四川省叙永县普市村

15.永宁卫　　　　治今四川省叙永县城

16.龙里卫　　　　治今龙里县城

17.新添卫　　　　治今贵定县城

18.平越卫　　　　治今福泉市城

19.黄平所　　　　治今黄平县旧州

20.兴隆卫　　　　治今黄平县城

21.偏桥卫　　　　治今施秉县城

22.清平卫　　　　治今凯里市清平

①炉山所　　　　治今凯里市香炉山

23.镇远卫　　　　治今镇远县城

24.清浪卫　　　　治今镇远县清溪

25.平溪卫　　　　治今玉屏县城

26.铜鼓卫　　　　治今锦屏县城

27.靖州卫　　　　治今湖南省靖州

①天柱所　　　　　　　治今天柱县城

②屯镇汶溪所　　　　　治今天柱、晃县间

28.五开卫　　　　　　治今黎平县城

①新化屯所　　　　　　治今黎平县境

②新化亮寨所　　　　　治今锦屏新化

③隆里所　　　　　　　治今锦屏县龙里

④中潮所　　　　　　　治今黎平县中潮

29.都匀卫　　　　　　治今都匀市

30.古州卫　　　　　　治今榕江县城，后废。

31.敷勇卫　　　　　　治今修文县城

①修文所　　　　　　　治今修文县境

②于襄所　　　　　　　治今息烽县青山

③翟灵所　　　　　　　治今息烽县九庄

④息烽所　　　　　　　治今息烽县城

32.威远卫　　　　　　治今遵义市红花岗区

（三）土司

1.贵州宣慰司　　　　　治今贵阳市

①贵竹长官司　　　　　治今贵阳市

②水东长官司　　　　　治今贵阳市区

③中曹蛮夷长官司　　　治今贵阳市中曹司

④白纳长官司　　　　　治今贵阳市骑龙

⑤龙里长官司　　　　　　　　治今龙里县境

⑥底寨长官司　　　　　　　　治今息烽县底寨

⑦养龙坑长官司　　　　　　　治今息烽县养龙司

⑧青山长官司　　　　　　　　治今息烽县青山

⑨札佐长官司　　　　　　　　治今修文县札佐

⑩乖西长官司　　　　　　　　治今开阳县境

2. 贵阳军民府属长官司

①小程番长官司　　　　　　　治今惠水县小程苑

②程番长官司　　　　　　　　治今惠水县城城南程番

③上马桥长官司　　　　　　　治今惠水县上马桥

④大龙番长官司　　　　　　　治今惠水县大龙

⑤小龙番长官司　　　　　　　治今惠水县小龙

⑥方番长官司　　　　　　　　治今惠水县方番

⑦卧龙番长官司　　　　　　　治今惠水县卧龙

⑧洪番长官司　　　　　　　　治今惠水县洪番

⑨卢番长官司　　　　　　　　治今惠水县卢番

⑩金石番长官司　　　　　　　治今惠水县金石

⑪卢山长官司　　　　　　　　治今惠水县卢山

⑫木瓜长官司　　　　　　　　治今长顺县睦化

⑬大华长官司　　　　　　　　治今长顺县大华

⑭麻响长官司　　　　　　　　治今长顺县麻响

⑮罗番长官司　　　　　　　　治今惠水县境

⑯韦番长官司　　　　　　　　治今惠水县境

3. 金筑安抚司　　　　　　　　治今长顺县广顺

4. 安顺军民府属长官司　　　　治今安顺市宁谷

①宁谷长官司　　　　　　　治今六枝特区境

②西堡长官司　　　　　　　治今镇宁县西北

③十二营长官司　　　　　　治今紫云县境

④康佐长官司　　　　　　　治今镇宁县慕役

⑤慕役长官司　　　　　　　治今关岭县顶营

⑥顶营长官司　　　　　　　治今都匀市境

5.都匀府属长官司　　　　　治今都匀市邦水

①都匀长官司　　　　　　　治今都匀市平浪

②邦水长官司　　　　　　　治今平塘县六硐

③平浪长官司　　　　　　　治今麻江县城

④平州六洞长官司　　　　　治今麻江县乐坪

⑤麻哈长官司　　　　　　　治今麻江县平定

⑥乐平长官司　　　　　　　治今独山县城

⑦平定长官司　　　　　　　治今三都水族自治县烂土

⑧九名九姓独山州长官司　　治今独山县丰宁上司

⑨合江州陈蒙烂土长官司　　治今都匀市

⑩丰宁长官司　　　　　　　治今遵义市红花岗区

⑪都匀安抚司　　　　　　　治今黄平县旧州

6.播州宣慰司　　　　　　　治今瓮安县草塘

①黄平安抚司　　　　　　　治今瓮安县瓮水司

②草塘安抚司　　　　　　　治今凯里市

③瓮水安抚司　　　　　　　治今余庆县城

④凯里安抚司　　　　　　　治今福泉市杨义司

⑤余庆长官司　　　　　　　治今黄平县重安江

⑥杨义长官司　　　　　　　治今正安县城

⑦重安长官司　　　　　　　　治今凤冈县境

⑧真州长官司　　　　　　　　治今岑巩县城

⑨容山长官司　　　　　　　　治今岑巩县城

7.思州宣慰司　　　　　　　　治今岑巩县龙田

①都坪峨异溪长官司　　　　　治今铜仁市漾头

②都素蛮夷长官司　　　　　　治今万山区黄道溪

③施溪长官司　　　　　　　　治今石阡县城

④黄道溪长官司　　　　　　　治今凤冈县龙泉坪

⑤石阡长官司　　　　　　　　治今石阡县境

⑥龙泉坪长官司　　　　　　　治今石阡县河坝场

⑦苗民长官司　　　　　　　　治今黎平县永从

⑧葛彰葛商长官司　　　　　　治今黎平县潭溪

⑨福禄永从蛮夷长官司　　　　治今黎平县八舟

⑩潭溪蛮夷长官司　　　　　　治今黎平洪州

⑪八舟蛮夷长官司　　　　　　治今从江县曹滴洞

⑫洪州泊里蛮夷长官司　　　　治今榕江县境

⑬曹滴洞蛮夷长官司　　　　　治今从江县西山

⑭古州蛮夷长官司　　　　　　治今锦屏县新化司

⑮西山阳洞蛮夷长官司　　　　治今锦屏县湖耳

⑯新化蛮夷长官司　　　　　　治今锦屏县亮寨

⑰湖耳蛮夷长官司　　　　　　治今锦屏县欧阳

⑱亮寨蛮夷长官司　　　　　　治今锦屏县钟灵

⑲欧阳蛮夷长官司　　　　　　治今剑河县境

⑳中林验洞蛮夷长官司　　　　治今锦屏县隆里

㉑赤溪湳洞蛮夷长官司　　　　治今思南县城

㉒龙里长官司 治今龙里县

8.思南宣慰司 治今思南县

①水德江长官司 治今德江县城

②蛮夷长官司 治今思南县境

③思印江长官司 治今印江县城

④沿河枯溪长官司 治今沿河县祐溪

⑤朗溪长官司 治今印江县朗溪

⑥镇远溪洞金容金达蛮夷长官司 治今镇远县城

⑦施秉蛮夷长官司 治今施秉县城

⑧偏桥长官司 治今施秉县境

⑨邛水十五洞蛮夷长官司

（团乐、得民、晓爱、陂带、邛水五长官司并） 治今三穗县城

⑩臻剖六洞横坡等处长官司 治今施秉县西北

⑪铜仁长官司 治今铜仁市

⑫省溪长官司 治今江口县省溪

⑬提溪长官司 治今江口县境

⑭大万山长官司 治今万山区

⑮乌罗长官司 治今松桃县乌罗

⑯平头著可长官司 治今松桃县平头

⑰溶江芝子坪长官司 治今重庆市秀山土家族

　　　　　　　　苗族自治县溶溪乡

9.卫属长官司 治今贵阳市

①大平伐长官司 治今贵定县大平伐

②小平伐长官司 治今贵定县小平伐

③新添长官司 治今贵定县城附近

④把平寨长官司　　　　　　　　治今贵定县把平寨

⑤丹平长官司　　　　　　　　　治今罗甸县东北

⑥丹行长官司　　　　　　　　　治今平塘县境

清朝:

贵阳府亲辖　　　　　治今贵阳市

贵筑县（府附廓）治今贵阳市

长寨厅　　　　　　治今长顺县城

龙里县　　　　　　治今龙里县城

贵定县　　　　　　治今贵定县城

修文县　　　　　　治今修文县城

开州　　　　　　　治今开阳县城

定番州　　　　　　治今惠水县城

大塘州　　　　　　治今平塘县西境之大关（大塘）

罗斛州　　　　　　治今罗甸县城

广顺州　　　　　　治今长顺县北境之广顺

安顺府亲辖　　　　治今安顺市

郎岱厅　　　　　　治今六枝市之郎岱

归化厅　　　　　　治今紫云苗族布依族自治县县城

普定县（府附廓）原治今安顺，民国迁治于今普定县城

镇宁州　　　　　　治今镇宁布依族苗族自治县县城

永宁州　　　　　　治今关岭布依族苗族自治县县城

清镇县　　　　　　治今清镇市

安平县　　　　　　治今安顺市平坝区

平越直隶州　　　　治今福泉市城

湄潭县　　　　　　治今湄潭县城

瓮安县　　　　　　治今瓮安县城

余庆县　　　　　　治今余庆县城

都匀府亲辖　　　　治今都匀市

都匀县（府附廓）治今都匀市

八寨厅　　　　　　治今丹寨县城

丹江厅　　　　　　治今雷山县城

都江厅　　　　　　治今三都水族自治县之都江

麻哈州　　　　　　治今麻江县城

独山州　　　　　　治今独山县城

三脚屯州同　　　　治今三都水族自治县县城

清平县　　　　　　治今凯里市之清平镇（炉山）

凯里县丞　　　　　治今凯里市

荔波县　　　　　　治今荔波县城

镇远府亲辖　　　　治今镇远县城

镇远县（府附廓）治今镇远县城

台拱厅　　　　　　治今台江县城

清江厅　　　　　　治今剑河县城

施秉县　　　　　　治今施秉县城

天柱县　　　　　　治今天柱县城

黄平州　　　　　　　治今黄平县城

思南府亲辖　　　　　治今思南县城
安化县（府附廓）原治今思南县城，光绪八年迁治于今务川县治今务川
仡佬族苗族自治县县城
印江县　　　　　　　治今印江土家族苗族自治县县城

石阡府亲辖　　　　　治今石阡县城
龙泉县　　　　　　　治今凤冈县城

思州府亲辖　　　　　治今岑巩县城
玉屏县　　　　　　　治今玉屏侗族自治县县城
青溪县　　　　　　　治今镇远县之青溪

铜仁府亲辖　　　　　治今铜仁市碧江区
铜仁县（府附廓）原治今铜仁市，光绪六年迁治于今江口县城
松桃直隶厅　　　　　治今桃桃苗族自治县县城

黎平府亲辖　　　　　治今黎平县城
古州厅　　　　　　　治今榕江县城
下江厅　　　　　　　治今从江县之下江
开泰县（府附廓）治今黎平县城
锦屏乡　　　　　　　治今锦屏县城，原为锦屏县，道光时改为锦屏乡
永从县　　　　　　　治今黎平之永从

大定府亲辖　　　治今大方县城

水城厅　　　　　治今六盘水市水城区

平远州　　　　　治今织金县城

黔西州　　　　　治今黔西市

威宁州　　　　　治今威宁彝族回族苗族自治县县城

毕节县　　　　　治今毕节市

兴义府亲辖　　　治今安龙县城

普安县　　　　　治今普安县城

兴义县　　　　　治今兴义市

安南县　　　　　治今晴隆县城

贞丰州　　　　　治今贞丰县城

册亨州　　　　　治今册亨县城

普安直隶厅　　　治今盘州市（光绪三十四年改称盘州厅）

遵义府（无亲辖）治今遵义市

遵义县（府附廓）治今遵义市

桐梓县　　　　　治今桐梓县城

绥阳县　　　　　治今绥阳县城

正安州　　　　　治今正安县城

仁怀县　　　　　治今仁怀市

仁怀直隶厅　　　治今赤水市（光绪三十四年改名赤水厅）

参考文献

著作:

[1]韦应学编著:《走读贵州》,宁夏人民出版社2019年版。

[2]刘大泯:《贵州文化教育相关问题研究》,开明出版社2021年版。

[3]贵州省政协文史资料研究委员会:《贵州文史资料选辑》,贵州人民出版社1984年版。

[4]遵义市民政局,遵义市历史文化研究会编:《遵义地名故事》,西南交通大学出版社2016年版。

[5]何仁仲主编:《贵州通史》,当代中国出版社2003年版。

[6]柴兴仪主编:《中华人民共和国地名词典·贵州省》,商务印书馆1994年版。

[7]刘大泯主编:《贵州县名溯源》,《当代贵州》。

[8]范松:《黔中城市史——从城镇萌芽到近代转型》,贵州人民出版社2012年版。

期刊：

［1］刘新华，杨滨莲：《铜仁古城话沧桑》，《贵州文史丛刊》，2002年第3期。

［2］《汇川区、桐梓县娄山关景区——娄山关红军战斗遗址》，《党史文苑》2020年第2期。

［3］宗学良：《浅析道真自治县傩文化的传承与保护——以道真县傩舞为例》，《戏剧之家》，2018年16期。

［4］申雄宇：《务川仡佬族历史文化资源保护与产业化研究》硕士学位论文，山东大学，2019年。

［5］叶启伟：《威宁：谱写民族文化新篇章》，《理论与当代》，2012年第3期。

［6］容敏：《贵州省赫章县彝族铃铛舞文化研究》，硕士学位论文，贵州师范大学，2021年。

［7］何广：《用足交通优势做大区域经济》，《贵州日报》2023年5月7日。

［8］杨天祥：《千户苗寨——天下西江》，《大众科学》2019年第8期。

［9］宋祖顺：《民国时期贵州行政区划调整中"消失"的县名》，《文史天地》，2023年第5期。

［10］王尧礼：《贵州建省》，《贵州文史研究丛刊》，2019年第1期。

［11］何静梧：《贵阳：贵山之阳建山城》，《当代贵州》，2004年第1期。

［12］张桂江：《铜仁源于铜人出水》，《当代贵州》，2005第5期。

［13］刘刚：《修文得名"偃武修文"》，《当代贵州》，2005年第9期。

［14］王丫勺：《习水因水而名》，《贵州当代》，2004年第7期。

［15］吴德军，张琪：《从江县："省尾"一跃成"桥头堡"》，掌上从江，2023年4月30日。

［16］刘碧：《平坝推进新型城镇化打造生态宜居城》，黔中平坝，2022年3月10日。